U0138762

教學原理
統整、應用與設計

張世忠　著

五南圖書出版公司 印行

序　言

　　筆者為回應讀者對《教學原理：統整與應用》一書初版之熱烈響應，有感教學理論更新與新時代師資培育之需求，包括適性化教學理論與差異化教學策略，以及教師的科技學科教學知識（TPACK）等內容，再次修正《教學原理》成新版《教學原理：統整、應用與設計》。本書主要是介紹有關教學理論與方法，是師資培育教育方法學課程中非常重要的，許多學校將它列為必修科目。然而，坊間目前出版的教科書大多偏重於教學原理、理論方法之介紹，教師傳授時，也採用傳統講述法，缺乏良好的示範及觀摩，以致許多職前教師不知道如何將它應用在真實之情境。回顧筆者在初任中學教師時，亦將所謂教學方法課程忘得一乾二淨，只好土法煉鋼，靠經驗摸索，自行尋求合適的教學方法。因此，現今筆者在教授這門課時，採用不同的思維，拋去傳統的束縛，設計一些多采多姿教與學活動，例如：分組討論、教學觀察與評論、教學展示、網路輔助教學等，讓職前與現職教師能結合理論與實務，並將它運用在實際教學情境中。

　　這本書是教學實況與理論結合的成果作品。它除了有系統、有組織地統合整編相關教學原理外，亦將實際應用例子、師生的對話、教學活動之過程與結果都收錄其中，讓讀者能親臨教學情境，一目瞭然如何運用相關教學理論與方法在實際教室中。另外，本書新版，除修訂各章節內容外，新增教師知識與學科教學知識（PCK），和科技學科教學知識（TPACK）等章節，讓新教師瞭解並應具之教師知識與該學科教學知識，教師創造性地將科技、教學法與學科內容三種關鍵知識統整起來，進而超越三者的新興知識型態。新版亦增加論述適性化教學之理論基礎和應用，提供差異化教學策略是為不同程度的學生提供多層次的學習支援，幫助不同需

求的學生都能夠獲得適性、適才的學習輔導。另外，修正教學單元設計與實例，讓新教師不只學會有關教學理論與方法，亦知道如何編寫教學單元與設計；最後，協同教學與同儕教練之模式與教學設計，讓新教師應用最普遍有效之教學模式與單元設計。本書掌握了最新符合新世紀與新願景之師資培育項目，它是一本非常實用且具挑戰的教科書，亦可作爲在職教師進修研討會之參考書籍用。

本書分爲三部分：概念篇、理論篇、設計篇，共有十四章，第一部分概念篇有四章，第一章介紹一些基本教與學的概念，教與學意義及目標。第二章介紹優秀教師之七大原則，及有效教學準則與實例。第三章介紹教師知識與學科教學知識（PCK），教師需要具備什麼知識才能勝任教學工作，尤其是該領域之學科教學知識。第四章說明科技學科教學知識（TPACK）的意涵，特別介紹新TPACK情境模式與發展。

第二部分理論篇有六章，從第五章至第九章有系統地分別介紹各個教學理論與應用，教學理論的演進有如生物的演化論一樣，隨時間的推進而有不同的理論發展。在1970年代以前，國內教學策略主要受行爲教學論所主宰（第五章），其教學效果如何，大家有目共睹，但其很有限而且不彰顯。1970年代之後，由於認知心理學開始發展出認知教學論（第六章），Piaget教學模式的提出對於教學品質的提昇助益良多，使學生的學習更有效而有意義。1980年代，繼續發展互動教學論（第七章），它是綜合行爲和認知教學論，強調教與學互動過程與結果。到了1990年代，國內強調建構教學論（第八章），使得學生的學習能夠主動建構知識而獲得眞正的學習；然後發展多元智能論，認爲一個成功的教學必須要能引導學生充分發揮他們的潛能，其主要目標是要開發學習者多元智能（第九章）。第十章是因應教育部推動十二年國民基本教育以「因材施教」等爲核心理念，因此，適性化教育的觀念與議題逐漸受到重視，本章先描述適性化教學之意涵，與適性化教學之理論基礎，再

說明適性化教學之應用與個人化系統教學。

第三部分設計篇有四章,第十一章介紹教學單元設計與實例,包括教學能力指標與流程,教學單元設計要領與實例。第十二章是介紹差異化教學策略與設計實例,每個學生都是不同的個體,即便同齡的學生,各自的學習準備度、興趣、學習風格、文化經驗和生活環境都有差異。第十三章是介紹協同教學之教學模式、教學策略及實施設計。第十四章介紹同儕教練之模型及實施設計,它是培訓協同教師最好的方法,各校可自行搭配同儕教練及一些協同教學小組。

能順利出版此書,令人感到興奮及安慰。本書新版能早日付梓,要感謝師資培育中心學生,他們與筆者共同合作之辛勞;內人魏智美女士的支持,讓筆者無後顧之憂,是一股生命供應的動力;黃惠君與尤靜怡同學上課內容全程之聽抄與整理,讓本書更具體且更有說服力;葉美君與許綾娟助理電腦打字、資料整理、圖片繪製;以及五南圖書出版公司黃文瓊副總編大力支持,編輯部責編們文字修飾排版,他們對教育書籍出版的熱忱,令人感動;還有一些為這本書默默貢獻的幕後英雄,一併致上最高的謝意。

張世忠 謹識

目　錄

壹、概念篇

參、設計篇

壹、概念篇

第一章

教與學的基本概念

　　記得電視上的這一則廣告嗎？有一個小家庭（先生、太太、小孩）在一片綠草如茵、放眼望去充滿朝氣蓬勃的景象中，此時，影片中出現了這麼一段口白：我是從生了孩子後，才開始學習當爸爸的。這是一位初為人父的心情寫照。要當爸爸了，卻沒有接受過任何的職前訓練，難怪目前家庭與婚姻問題愈來愈嚴重。這不禁讓我們懷疑教育下一代真會是這麼簡單嗎？我們常說一代不如一代，現在的小孩子真是愈來愈難教，尤其面對13-18歲的青少年，一位教師除了本身必須擁有的專業知識、適切的口語教學表達能力外，還需要一些教學方法或策略的訓練，方能勝任有效教師之工作。

　　父母需要接受訓練，才能培養健康的下一代；教師更需要專業化，才能培養優秀之學生。教師專業化是當前二十一世紀我國教育改革的要務之一，因為唯有透過教師專業化，才能使教師具有充足之專業能力，進而提昇教學品質及提高學生的學習效果，並落實教育改革之目標。尤其是我們需要優秀的基層教師去執行與落實，否則教改的願景將是夢想，紙上談兵罷了。

　　教師專業化的歷程包括師資培育職前之養成教育階段和現職教師之在職教育階段。尤其是職前養成教育階段非常重要，它是師資專業化之基石。新制師資培育法自1994年公布後，開創我國師資多元化的時代。以往國小的師資由師範學院來培育，高、國中師資由師範大學和政治大學教育系來培育，如今一般大學也可以設立教育學程，培育中小學的師資。近幾年來，教育部正推動九年一貫課程，採用課程統整理論及合科教學策略，師資培育機構及各級教師正積極試驗如何應用課程統整原理，並嘗試協同教學模式。多元化的師資培育帶來良性的競爭，唯有具備優良的教師特質及專業素養，才能在二十一世紀培育出優秀的學生。

　　目前師資培育的訓練包括下列三方面，如表1-1：(1)教育基礎的課程：包括了教育概論、教育史哲及教育心理學等方面的課程，主要是訓練職前教師具有教育概念及教育基本知識；(2)教學方法的課程，包括：教學原理、教材教法、班級經營及輔導原理等課程，主要是讓職前教師具備多元教學方法及輔導學生的知能；(3)教學實習課程，主要是讓職前教師

配合師資培育所學的知識及方法，實踐並運用在中小學之學生上，藉著實習之經驗及良師的指導，使他們成為一個合格的教師。本課程「教學原理」是教學方法最基礎，也是最重要的課程之一。首先，讓我們先來認識教與學的意義。

表1-1　師資培育之職前訓練科目

教育基礎科目	教育概論、教育心理學、教育哲學、教育社會學、中等教育、科學教育、兩性教育、人際關係等
教育方法科目	教學原理、課程設計、教材教法、輔導原理與實務、班級經營、教育測驗與評量、教學媒體、電腦輔助教學等
教育實習科目	教學實習、教育實習等

第一節　教與學的意義

就「教」與「學」的概念而言，「教」便是教導，「學」便是學習，合起來主要意義就是教導學習者自動自發的學習。因此，真正的教學並非提供知識，而是激勵學生心嚮往之；換句話說，教學不著重於灌輸知識，而在於引導學生主動學習。此刻，教師所面臨的是一包羅萬象的新複合年代，各種跡象顯示，身為現代教育工作者，必須適當地調整我們的教學方式，假如學生從我們的教導方式學不來，我們就當改用適合於他們的學習方式來教導他們，改變與學生之間的互動關係。這是有別於傳統師生間關係的重要轉捩點。

我國古代文獻最早根據《說文解字》的解釋，教是「上所施，下所效」，「上」是指教師或長輩，「下」是指學生、弟子或晚輩。換句話說，教師所教導的均由學生來仿效或學習（賈馥茗，1983）。但比較好的解釋可從字源上來闡述：

一、中文字源上

中國《禮記‧學記》：「君子如欲化民成俗，其必由學乎。玉不琢

不成器；人不學不知義。是故古之王者建國君民，教學為先。」這是第一次出現在《禮記‧學記》篇講到「教學」這兩個字，照道理說這有點談到教育的意思，不過它認為是教學。由典故看來，教學很重要，因此教師非常重要，它會影響「育」、影響到人而加以琢磨。但是中國的解釋並未將定義說明清楚，換句話說，他們知道教學很重要，但並沒有闡釋何謂教學。因此接著我們從英文字義來解釋，可從下列四方面來探討（Dunkin, 1987）。

二、英文字源是Teaching or Instruction，從字源產生四種意義之解釋

1. Teach and Learn意義相通，指教的事實或內容，指教材

何謂教呢？真正的教必須要產生學，教學是能誘導學生主動學習。因為有許多國中生，教師教了老半天，可是學生卻聽不懂。教師一定要有此概念，教不在於傳輸多少內容，而在乎學生學多少。所以，教的活動一定要產生學生的學習，即只會教，學生卻不會學，那是白教。故教一定要誘導學生主動學習，否則教學效果會打折扣。任何的教學活動，特別是教數學或理科，教師教了老半天，學生仍是聽不懂、不會做，其實不是教師不會教，而是教學的過程中，學生沒有產生有效學習所致。所以，教與學是相通的。

2. Token（a sign or symbol），指教學的媒體或方法

一般的教師較不知道如何使用此法。因為真正的教不僅是在內容上，而且還要善用教學的媒體和技巧，使學生能夠很順利的產生學習。即教師要會使用有效的教學策略，這也是教學原理所要學習的。一般的大學教授很有學問，課堂上講了很多東西，但學生普遍聽不懂。再加上臺灣學生上課往往很少表示意見，更別提問教師了。況且大學教授專注於研究，本身沒學過教學技巧，所以在教書方面，不見得教得比中小學教師好。因此，中學師資除了專業內容外，尚須修習教育學程，主要學習教學媒體與方法能應用於教室教學，故不見得數學優異就能當中學數學教師，還得全方位考量教師的特質。

3. Impartation of knowledge and skill，由外而內的注入，強調「灌

輸」的方式

T：詢問職前教師（師資生）數學教學經驗，何謂由外而內的教學方法？

S1：我習慣先將整章的內容大概向同學介紹，因為教的學生程度都比較差，沒辦法講很深的東西。基本上可以的話，會先以圖形的方式解釋，讓同學有了觀念後，才真正進入課本的內容。此種方法對學生來說較能接受。

T：對一般教師，你的觀察呢？特別是前段班的教法？

S2：一般教師是「講光抄」、「背多分」，學生在學習上沒有動力。我的方法是鼓勵學生發問，採取獎勵的方式，積極引導學生。

T：臺下很多數學職前教師，以前數學是如何上課的？是灌輸式的多？還是啟發式的？

S3：高中時代的數學教師是屬灌輸式，教兩個禮拜就一次小考，而且考試成績是從最高分發到最低分，所以同學就會奮發圖強。雖然同學大學聯考數學都考得不錯，但那是逼出來的結果。

T：其實一般數學教師喜歡用解題技巧、儘量做題目。但是這樣的學習是不是讓學生產生對數學的欣賞，「請問數學系這麼多的同學，自己真的很喜歡數學的舉手？」沒有人。

T：既然以後要教數學：第一步要學習喜歡數學 → 欣賞它 → 研究 → 內容與技巧 → 如何教。如果你不喜歡數學，那你一定是賣數學，義務做完就好。因此，教師一定得先自己去認同並喜歡數學。

4. Elicitation of Potential，由內而外的引出，將學生的潛能引發出來

這是啟發式的教學方法，從哈佛大學Gardner所提出的七種智能，每一位學生都有多元智能的潛能，只是尚未被啟發出來，因為傳統只強調一、兩種智能，譬如數學邏輯，我們拚命教學生算，其他如語言、音樂、空間、人際關係等等這些智能卻都沒有被激發出來，因為我們的教學偏重在一、兩種智能，現在則鼓勵教師要多元智能教學。

三、教學的意義

進一步闡述如下（修正黃正傑，1997）：

1. 教的活動加上學的活動

教學不能只有單方面的傳輸，而學生沒有任何學習活動。傳統所謂「講光抄、背多分」就是教師只強調單向的教學，重視成績。但是教學真正的意義不在於教師講多少，而是學生學了多少。即教學一定要學生產生學習，看到此點會刺激教師如何教學。

2. 師生之間的互動

教師在課堂上所教的內容不等於學生所學的內容，為了瞭解學生學習了多少，教學一定要先產生互動。藉著師生互動，明白學生目前學習的情形，教師則應適時地調整教學步調、方法與內容，不至於等到期中或期末評量才知道學生的學習效果。既然教學一定得有師生的互動，就連簡單的數學算術，教師也可以在講臺上與學生有所互動。

3. 學生與教師、教學資源之間的互動

教師要善用教學資源，捨棄「一枝粉筆打遍天下」方式，才能有助於學生的學習動機，增加教與學之效果。教學資源包括：模型、投影片、圖畫等。即教師要懂得利用教學資源，譬如帶隊參觀博物館也是。

4. 需要妥善計畫相關要素和策略的教與學活動

教學有無準備會影響教學成果，教師在上課前要準備教材、分析目標、設計教學活動、準備教具、使用學習方法與策略。故教學不是如此簡單，縱使對課程再熟悉的教師，對教學也要有所計畫，連舉例也要有所改變。它是師生共同成長的教與學，而不是單向的。

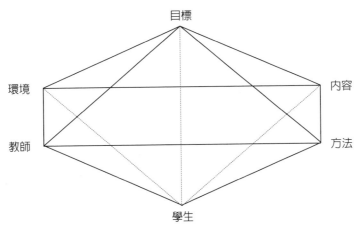

圖1-1 教學活動六個要素

綜合而言，教學活動包括六個要素，如圖1-1：(1)目標；(2)學生；(3)內容；(4)環境；(5)方法；(6)教師（黃政傑，1996）。圖1-1可以代表這六要素的教學架構。此圖是一個雙面的四角錐體，上下兩個頂點分別代表教學目標與施教學生，顯示教學活動是要引導學生學習，以達成教學目標；而四角錐體底面的四點，分別代表教學內容、環境、方法及教師，意即透過這四個要項的安排與作用將會引導學生達到教學目標，且這四項要素都相互影響學生的學習效果。因此，在實際教學的情境上，教師依據教學目標和學生特性，配合教學環境，採用各種教學方法，讓學生主動去學習或獲得知識、情意和技能等內容的過程。

第二節 教與學目標

在認識教與學的意義之後，接著來看教與學目標。任何的教學活動都有目標，猶如航海的燈塔或羅盤，否則教學就會像一艘船一樣，航行在茫茫大海中，卻不知道要去哪裡。教學目標依不同年級層次或不同學科而有所不同，有些是一般目標，例如：「中原大學要培養全人教育之師資」、「提高國際觀及本土觀」等。有些乃是特定的教學目標，例如：「本單元

讓學生瞭解並學會函數之概念」、「學生學會操作基本文書處理」等。

教師先引言詢問學生何謂「教學目標」：

T：同學們，你們認為理化科的教學目標應該是什麼呢？

S1：我認為要將書本知識靈活地運用在日常生活。

S2：要培養由觀察而提出問題，經由實驗的求證，再提出結論的科學精神。

T：同學說得都很好，還有人要補充嗎？

S3：培養獨立思考、合作解決問題的能力。

T：OK！其實理化科真的是與我們日常生活緊緊相依的科目，對於一些現象的發生，由於我們的習慣，它是既定這樣的某項結果，以致知其然而不知其所以然。譬如我們都知道燃燒會產生熱，但是「為什麼」呢？多留心周遭的事物，增加自己敏銳的觀察力，而用實驗的方法加以驗證，如果能探究出其原因，我們對於這些現象的應用就能更加得心應手，使我們的生活更美好，這是理化科的教學目標！

一、意義

教與學目標可從教與學兩方面涵義來看：從教師教學方面而言，所謂教學目標即教學時所要達成之預期的結果；從學生學習方面而言，教學目標即是學生達成其預期的學習效果。前者稱為教學目標，後者則稱為學習目標，兩者是名異實同，在教學過程中相互運用（高廣孚，1995）。因此，綜合而言，教學目標是教師在教學中所預期要達成的目標或學習成果（intended learning outcome）。

二、分類

教學目標大致可分為下列三大類：

1. 認知領域（Cognitive domain）：知識（Knowledge）。
2. 情意領域（Affective domain）：態度（Attitude）。
3. 技能領域（Psychomotor domain）：技能（Skill）。

㈠認知領域

依據Bloom（1956）的分類，包括六個層次：

(1) 知識（Knowledge） (2) 理解（Comprehension）

(3) 應用（Application） (4) 分析（Analysis）

(5) 綜合（Synthesis） (6) 評鑑（Evaluation）

以上認知六個層次，如圖1-2，以知識為最基層、最廣泛，它是以上各層的基礎。第二層是理解，乃對知識理會及瞭解，植基於知識之層次。第三層是應用，是以理解知識為基礎，加以發揮應用在其他事物上。第四層是分析，它是對前三種層次能力之剖析，及各部分相互相關之分析。第五層是綜合，將各部分片斷所學知識加以統整或構成一個完整組織的能力。第六層是評鑑，是認知領域之最高層次，訓練學生評價或判斷之能力，採用以下五層為基礎。

評鑑

綜合

分析

應用

理解

知識

圖1-2　認知領域層次圖

1. 命題設計

許多教師常以命題艱深度考倒學生而沾沾自喜。從教育眼光來看，大多數學生考不及格，不僅會讓學生失去信心，亦說明教師之教學能力太差或沒有效果。因此，優秀教師命題要以Bloom認知六層次為基準，其比例大約是知識及理解部分占60%，應用及分析部分占20%，綜合及評鑑部分占20%。考試結果最好能呈常態分布，表示命題具分辨力。

2. 發問題目設計

發問題目必須事先設計，其比例為知識和理解占60%，應用和分析占20%，綜合和評鑑占20%。教師可以在每個單元上課前一至兩週，事先擬好與單元教學有關題材之問題，可以使得教師在與學生問答的活動中，更具安全感與方向感，才不至於讓課堂上的討論顯得雜亂而漫無目標。根據Bloom所提之認知領域的教育目標分類，問題依其所涉及之認知層次，可分為知識、理解、應用、分析、綜合、評鑑等六類。各層次問題並無好壞之分或重要性之別，故應兼顧各類問題。一般而言，可先提記憶性問題為基礎，再深入思考性問題。有鑑於上課時間之限制，各類問題之比例亦需考量。

3. Bloom認知領域目標的分類與實例

(1)知識（Knowledge）：這是認知目標中最低層次的能力，包括記憶名詞、事實、規則和原理等。

例1：如國文領域常與過去所學的歷史和地理的知識發生關聯，自然領域常和過去所學的物理及生物等科目發生關係，就可指導學生結合舊日有關的經驗，以促進記憶。

例2：在數學領域單元結束時，常用口頭問答或測驗考察學習結果，並藉複習以完成整理工作，有助於記憶。

(2)理解（Comprehension）：指能瞭解所學過知識或概念的意義。欲測量是否產生理解，可以要學生用自己的話解釋概念的意義，或使用課本以外的例子說明概念的意義。

例1：教外國語文時，可要求學生試譯為本國語文，如單字、片語、句型、課文的翻譯。

例2：數學或自然領域教學時，遇有重要的概念、定理、公式，可要求學生加以解釋。

例3：國語文教學時，要學生限時閱讀一篇文章後，說出各段落的大意及其相互的關係或其中矛盾、衝突的地方。

(3)應用（Application）：這是指將所學到的規則、方法、步驟、原理、原則和概念，應用到新情境的能力。

例1：數學領域教學時，要學生將學到的面積測量方法，實際操作測量教室或其他特定圖形的土地總面積。

例2：學生透過教學已經明白實施民主政治的重要性，詢問他們如何才能舉行理想的班會。

(4) 分析（Analysis）：指將所學到的概念或原則，分析為各個構成的部分，或找出各部分之間的相互關係。

例1：上社會歷史課時，學生已讀過有關太平天國的史實，可請學生分析太平天國之亂為什麼會發生？太平天國失敗的原因是什麼？

例2：上自然領域課時，指導學生分析質量、體積與密度之間的關聯。

例3：上國文課時，要學生分析一篇文章各段落之間的關係，以及前後的呼應。

(5) 綜合（Synthesis）：指將所學到的片斷概念或知識、原理原則與事實等，統合成新的整體。

例1：指導擔任班會主席的學生，如何綜合眾人的意見，提出簡要的結論。

例2：數學解題時，如何根據每一個條件與資訊，綜合歸納出一個解決方式。

(6) 評鑑（Evaluation）：這是認知目標中最高層次的能力，是指依據某項標準作價值判斷的能力。

例1：舉辦班級讀書會，指導學生如何根據客觀的評選標準，選購良好的閱讀書籍。

例2：指導學生根據文章的內部組織要項，評斷一篇文章的優劣之處。

㈡ 情意領域

依據Krathwohl（1964）等分類，包括五個層次：

(1) 接受或注意（Receiving or Attending）

(2) 反應（Responding）

(3) 價值判斷（Valuing）

(4) 價值組織（Organization）

(5) 價值性格化（Characterization by a Value）

在進行道德或情意教學時要引發學生的注意力，激發他們的教學動機，這是情意領域最低的層次，如圖1-3。第二層次是反應，即學生表示願意積極參與學習活動。第三層次是培養學生如何價值判斷，如何評價內容及作品。第四層次是教導學生將學到的價值作適當的組織和安排，並成為自己的價值觀。第五層次是以情意為最高層次，亦即品格之養成。價值經過組織後，儼然已成為固定的人格特徵（高廣孚，1995）。

圖1-3　情意領域層次圖

(三) 技能領域

依據Simpson（1972）等的分類，包括六個層次：

(1) 知覺（Perception）　　　　(2) 心向（Set）

(3) 模仿（Imitation）　　　　(4) 練習（Mechanism）

(5) 熟練（Complex response）　(6) 創作（Origination）

教師在進行技能教學時，先做動作講解和示範，讓學生觀察而獲得一些技術上的知覺，這是技能領域之最低層次，如圖1-4。第二層次是心向，學生心理上產生強烈的學習慾望。第三層次是模仿，不僅有心向，學

生進一步想去嘗試模仿。第四層次是練習操作，學生對技能動作反覆練習，而達到第五層熟練的階段，表示能面對複雜的情境。而技能的最高層次是學生能在技術上創新，有所改進，並能獨具創意。

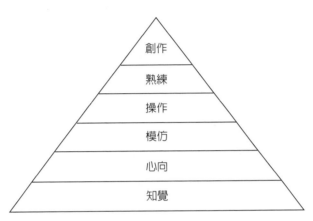

圖1-4 技能領域層次圖

第三節 教學創新相長

　　教與學是應相互成長的，筆者這幾年從事師資培育之教學工作，發現愈教則學習得愈多。好像剛開始學習電腦時，大概花了幾天時間學習基本文書處理、電子郵件及基本網路操作，這些是授課的基本技能：打字、蒐集資料及溝通用途等；但當我愈熟悉這些電腦功能時，愈覺得自己對它們的瞭解不足。當然這並非完全事實，只是當我瞭解電腦這臺神奇的機器後，愈使用它愈明白其中的奧祕，所謂「學然後知不足」。

　　教學亦是相同原理，以前主要採用投影片代替粉筆之書寫，現在則可採用彩色投影片，甚至使用PowerPoint展示教學內容，激發學生之學習動機。尤其近幾年來，網際網路技術的成熟，多少改變了人們彼此間的互動行為，舉凡通訊、消費、娛樂、媒體、金融業務等，都或多或少受到網路的影響。再者，一股對傳統教育方式的衝擊也悄悄地正在進行，那便是「網路電腦教學」。透過網路的環境，學習者有豐富的軟體工具可

資使用，並經由軟體操作以取得自己想要的資源，其中或於全球資訊網（World Wide Web）中直接瀏覽文件，或於討論群（News Group）中往返申辯以求得解答，或於電子郵件（E-mail）中交換彼此訊息及心得，而這一切的過程也適切地描繪出學習者如何建構屬於自己有意義的知識（賴伯勇，1998）。

網路不僅是用來蒐集各種資訊或聯絡溝通之用，這學期，筆者就採用網路輔助教學，建立課程之網頁，採用學校Learning Space系統，並可讓學生進入討論區相互討論。以往發大量講義給學生之景象已經減少，並彌補了課堂間討論時間不足的現象，甚至可以運用本系統繳交作業與學習評量。學生也隨著教師使用現代科技與多元教學方式來學習，真是精采極了。另一方面，為了讓學生覺得新奇與好學，筆者每年授課之講義內容皆不相同，並增加最新資訊，如九年一貫課程、教學統整、協同教學、同儕教練等，適時增加合適之內容，連舉例也不相同。教學方式亦每年不一樣，從分組討論、教學觀摩至教學展示，轉換小組協同教學、同儕教練，乃至網路教學等，都讓學生胃口大開，擴大學生眼界，並增強他們教與學之能力。

教學創新不是一個口號或名詞，它代表教師的改變及成長；教學創新亦不是天馬行空或遙不可及，它意謂著教師每天的教學更新。教學創新所影響的不僅是教師如何教，亦影響學生如何學，教學創新影響學生的學習革命與改變。因此，當教師改變他們的教學方式時，學生也隨著而改變他們傳統學習的方式。九年一貫的課程實施後，在課程內容上有了突破性的改變，然而，最重要是教師在教學上也需要加以調整或創新，不要侷限在傳統教學的框架中，多製造一些教學創新的環境。教學需要更多的用心與創意，並且多使用問題陳述或發問方式引發學生的學習動機，這個學習動機必須是活潑、有創意的想法，能讓學生有更多機會從做中學習。再者，教師運用教學策略及方法必須能增進學生參與，引發學生興趣的多元學習，並給予學生自由發表的空間，及同時配合學生特性或程度，適當地調整教學方法。以下是筆者對如何增進教師教學創新之祕訣，提供給現職教師參考。

一、要有教學創新的信念

什麼是創新？由字面上來看，是要具有獨創和新穎。「創」，是要反求諸己，由自己構思出來；「新」，是不要與原來的相同。首先對自己的教學要有信心，打破你的偏見或毫無創意之錯誤觀念。每天寫下十則不同的句子，每則都在陳述自己是有創意的人。例如：「我是最有創意的人。我具有表演或藝術天分。我天生就有創意。我是全校最有創意的教師。我每天都有很多新的創意點子……」

二、找回自己的創造力

創造力的培養，奠基於深厚的經驗和知識基礎上，幻想、空想都不是創造力的表現；真正的創造是「推陳出新」，在原來的基礎上求改變、求創新。例如：每次上課產生一種關於教材、教學方法或班級經營的新點子。不妨閉上眼睛回想以前或童年時光，如何充滿創意的畫面，那樣勇於嘗試與冒險。另外一種妙方就是切實維繫人際關係，從與其他人上課、開會或討論中激發創意新點子。

三、改變教學習慣或生活方式

列出可以改變的所有教學習慣或方式，然後逐項改變這些習慣，不論有意改變的一項習慣需要一天、一星期、一個月或是更長的時間。以下舉例可能列為改變項目的教學習慣，例如：講述方式、一人講眾人聽、對學生說話的方式、在教室上課的習慣、念教科書、批改學生作業的方式（包括常用的評語）等。可以找一些培養教學創新之夥伴，共同為特定目標而努力，亦可常藉由觀察別人教學，獲得啟發，進而改變自己教學習慣或方式。另一方面，讓你的生活充滿歡樂，以玩樂的心發揮創意，在不要求結果及不害怕犯錯的前提下，激發創意，擴展潛能。

四、設計教學創新之環境

環境對創意之影響，超乎你的想像。你要仔細思考你的工作環境氣氛

有無助長你的創造力，可否讓你的五種知覺（視覺、聽覺、嗅覺、觸覺和味覺）處於協調與和諧狀態，進而激發靈感。創新或創意有時是一種自然的刺激，它提醒你經歷心流時刻，使你輕易達到最佳的工作成果。出外走走亦是創意升起或支援的時機，讓你脫離具體空間之限制。

五、隨時積存創意錦囊

記錄點子最簡單或最有效的方法即，是創意錦囊。例如：隨身攜帶活頁式小紙片或札記，隨手記下讓你覺得有趣的點子、文章、故事、圖片、笑話、幽默的言談，把這些札記隨時放在身邊，如書桌上、公事包或床頭櫃等。當你需要有教學創新的構思時，不妨翻翻這本小寶典，由現有的題材再去聯想新的事物，再取出有創意的構思，最後總會想出一些創新的新點子。創意也來自對自己教學的反省，因此，在教學後反省教學而產生的創意，更有必要記錄下來，以便能透過不斷反省、經常記錄、持續教學創新構想、溫習創意及整理個人的實踐知識等等循環的過程，使自己的教學創新能力不斷提升。

六、擴大自己的視野

旅行不僅是滋養創意核心的最佳工具，也能強化你的智慧，擴大自己的視野。藉由旅行可以跳脫框架，你去到一個從來沒去過的地方，你的腦筋便會活絡起來；長期停留在某個地方，你可能會落入一成不變的常軌，讓你的思想了無新意。旅行可揭露新的觀點，學習新的事務，衝破創意的障礙，創造興奮與冒險的感覺，並幫助放鬆心情，重獲內心的平靜。

七、運用科技促進創新

科技是表達創意的新形式，運用科技促進創意，激發點子的軟體，是教學創新重要的工具。資訊融入各科教學亦是潮流所趨，例如：演講或教學，資訊管理軟體便不可缺少。網際網路的各種資源亦是創意點子來源，教師應學會資訊科技或如何取用資源，將是新世紀教學創新不可缺少之技巧。

第四節　教與學活動（一）

主題　教不等於學

一、第一次分組討論，組員彼此介紹互相認識

㈠問題討論：學生在課堂所學到的往往不等於教師所教的

　　1. 問題原因為何？

　　2. 如何解決？請舉例說明。

　　綜合學生討論的結果，歸納如下。

㈡問題原因

　　1. 學生方面

　　⑴學生的學習態度（興趣的高低、對教師的接受程度）。

　　⑵學生吸收程度不一。

　　⑶班級人數過多，教師之教法不能讓每個學生適應。

　　⑷每個學生之立足點不同，例如：智商、家庭背景、學習經驗等。

　　2. 教師方面

　　⑴教學方法不當。

　　⑵表達能力不夠好。

　　⑶上課氣氛沉悶。

　　⑷準備不夠充分。

　　⑸無法掌握學生的學習與理解能力。

　　⑹教學吸引力不足。

　　⑺未能使學生確知課程目標，使學生無法於課程中充分瞭解教師所要表現的最終目的。

　　3. 課程方面

　　⑴教材過於艱深或死板。

　　⑵課程內容多或進度過快。

　　⑶考試壓力影響學習。

(4) 輔助課程教具不足。

㈢ 解決方法

1. 學生方面

(1) 建立學生的自信心、創造力、學習力。

(2) 給予獎勵或懲罰的方式，提高學生的專心程度。

(3) 對於趕不上進度的學生進行補救教學。

(4) 實施小班制，以充分瞭解學生之差異與學習情況。

(5) 讓學生分成小組，使同儕間相互切磋與指導。

(6) 盡可能地因材施教，採多元化教學。

2. 教師方面

(1) 充實自身的教學能力，不斷進修。

(2) 與學生雙向溝通、互動。

(3) 改善教學方法。

(4) 帶動上課氣氛。

(5) 利用學習回顧單瞭解學生需求。

(6) 善用其他領域資源（如：網路、多媒體等）。

(7) 多瞭解學生之人格特質、家庭環境、性向、能力等。

(8) 視學生學習情況，適時且適當調節進度。

(9) 自我的期許，並透過自我反省提昇學習品質。

(10) 與其他教師交換心得。

3. 課程方面

(1) 改善課程設計，適當安排教學進度。

(2) 可運用輔助性教材（如：投影片、錄影帶等）。

(3) 使教學內容生活化、結合時事，引發學生興趣。

二、學生學習心得評論

　　過去對於教學單純地將它視為一種學習方式，就是教師教，學生聽，只是在傳輸知識而已；但教學主要是在教人，而不是教書，透過各種不

同的方法，讓受教者能從中取材其最適當之方法，著重師生間的互動。換言之，教即學、互相成長、分析回饋，教師應站在學生的立場加以思考，教師只是擔當引導的角色，刺激學生主動學習，以達到學習效果。另一方面，教師的教學目標要明確，並且能有效掌握教學的方向，要讓學生瞭解為什麼學？獲得了什麼？才能做得更出色。教師多方面的思考，分析自己潛意識中的教學想法，再與現實調整統合，最終期能培養國家未來的人才，讓他們懂得應用知能，快樂生活。

第二章

優秀教師與有效教學

第一節 優秀教師的七大原則

怎樣才算是一位優秀的教師？這是見仁見智的問題。優秀教師本身必須是一位不斷學習、不斷成長、終生尋求進步的教學與學習者；他或她的教學方法不是一成不變的，主要不僅是傳授一些知識或技能，更重要的是能幫助教師在學生的生命中產生更深遠的影響力，激發學生的潛能，並建立積極的人生觀。從教學經驗中一直揣摩最適合學生的學習方式，教師的教學態度是認真的、是關心學生的、是能與學生真心互動的。因此，要作一個有影響力的教師，並作改變生命的教學，他們必然充滿豐富的內涵，有豐盛的生命從內在湧流出來。

右列七項是構成優秀教師一些基本要素或原則，如表2-1，這七項原則是根據教師（TEACHER）英文字母加以衍繹出來。這是美國學者Howard Hendricks（1987）所寫的一本書《改變生命的教學》，筆者讀完之後的啟示，配合教學實施的經驗加以修正與應用，值得一再揣摩與回味。無論你所教的是哪個年齡層或主題，瞭解與應用這些原則，你會發現教學是如此有趣並且充實。你將會目睹你在學生的生命中造成關鍵性改變與影響（張淑惠譯，1990）。

表2-1 教師的七大原則

T（Teacher）	教師的原則
E（Education）	教育的原則
A（Activity）	活動的原則
C（Communication）	溝通的原則
H（Heart）	真心的原則
E（Encouragement）	鼓勵的原則
R（Readiness）	準備的原則

一、優秀教師應是不停止學習與成長的人（教師的原則）

教師應能教學相長，一個好教師最大的威脅就是滿足於現狀，沒有產生任何改變。優秀教師要不斷地自問：「怎樣才能改進我的教學？」教師是教材的詮釋者、學習者與研究者，在教與學的過程中，要自我啟發、相互學習，激勵自己不斷成長。現代的教師自許為專業人員，專業的角色需

要社會的認同，就要展現專業責任，終身學習，不斷地學習技能，拓展教學方法，加深知識與技術，才能做更有智慧的判斷。在這開放、多元、專業化的社會中，若教師無法自我成長，如何協助學生成長？若不能自我學習，獲取知識，如何與時俱進，精益求精？若不能實施研究，解決問題，如何改進課程與教學？若不能自省批判，如何革新教育，改革社會？所以，教師必須不斷的學習和自我成長才能達到專業的目標。

在多元開放和專業的社會中，教師無法一成不變，以過去的知識，在現在的環境下，教育要面對未來的學生。所以，教師必須是不停止學習和成長的人，如此才能展現專業的才能，教育進步思想與資訊爆炸時代下的學生。因此教師要：(1)持續不斷的研究與閱讀；(2)參加持續性教學訓練課程；(3)常常觀摩別人的教學；(4)認識並瞭解你的學生，例如：中小學教師可利用週末假日、每年的寒暑假在職進修或作簡單的小型研究。教師在心態上更是一直在進步，就連上課舉例比喻都得時常更新，最好能配合時代潮流。

二、真正的教學並非是提供知識，而是激勵學生心嚮往之（教育的原則）

這一段敘述涵義為何？找同學起來說看看。其意義為何？

S1：讓學生自發性的學習，學生才會學得好。逼迫或打罵的方式並不能增加學習動機，學生有心去學才是最主要關鍵。

　T：但是我們的教學不是說時間不夠，教師盡量講課那就是提供知識啊？心嚮往很難？

S2：所以要互相討論，利用其他的技巧，引發學生的興趣。

　T：換句話說，你如何讓學生引發興趣？同學要記得，如果學生對你那科（不管你教哪一科）有興趣，他就會主動去學，比教師所傳授給他的還要多。因為學生會自動去蒐集查閱資料，所以，啟發式的教法點到為止，教師不需每樣都規定學生去做。

教師必須激起並引導學生自動自發，刺激學生學習，不能取代他們學習。教學成效的高低，不在於教師教了多少知識給學生，更重要的是在於

吸引多少學生主動學習，激發學生多少學習動機和興趣，改變學生多少學習態度，可啟發學生認知到多少。俗諺：「師傅帶進門，修行在個人。」你可以牽馬到河邊，但不能強迫牠喝水。這告訴我們，引發學生的內在動機，才能使其產生主動學習的心態，達到教學的成效。

如何提昇學生的內在動機呢？大致上可從教學工作、學習環境、學生個人學習三方面來探討：(1)在教學工作上，因材施教，配合學生的能力，訂定適當的目標，以多元化的評鑑方式，適時給予合適的獎勵，強化其學習意願。(2)在學習環境上，要提供良好的學習環境和關懷學生的情緒或困擾問題，讓學生在安全、溫暖、被接納、被關懷與適度競爭觀摩的學習環境，在師生良好互動的學習氣氛中，進行學習活動。(3)在學生個人學習上，鼓勵學生自我設定目標，給予較大的學習創作空間，自我評量完成學習目標。教學並非只提供知識，而是創造一個理想的學習環境，激勵其學習動機，自己訂定明確難度適中的學習目標，達到目標時獲得喜悅的酬賞，同時強化其學習動機，使其堅定嚮往學習之心。

三、心嚮往之後，更要讓人動起來，願意進而透過行動來反映所學（活動的原則）

學生對該學科產生興趣之後，自然會動起來。好的教師不能將焦點放在他們所做的事上，而是應該放在學生所做的事上。教學的真正功能，乃在於創造學生自我學習最有利的環境。設計教學活動的三要點為：(1)我聽見，我易忘記；(2)我看見，我會記得；(3)我做了，我會明瞭，更會改變。因此，教學活動的關鍵在於師生雙方都必須有共識。譬如：教師在上課之前必須清楚配合教學單元目標，設計不同的教學活動，引發學生的求知動機，提昇學生參與感。

為了讓學生動起來，教師在教學上就不能單單採用講述式教學法，而應在多元化的教學方法，選用適當的方式，準備教材，傳達知識訊息功能，使學生獲得學習的意義，建構自己的知識，進而發展所學。因此，教學最重要的是要在引發學生之學習動機後，讓學生具有先備知識，進而動起來，自己去蒐集資料、整理資料、分析資料，思索如何解決問題，證實

自己的知識，使所學之知識為自己所用。

四、教學過程中，教師要用學生熟悉的情境作為橋梁去導引學生（溝通的原則）

溝通是一種教學的橋梁（前導組體），常常聽學生說「有聽沒有懂」、「聽無」，這表示教師的教學無法產生有效的溝通。教師能與學生有效的溝通是與學生互動的重心，不論教師教授何種科目，其效果常受到彼此溝通品質的影響。因此，溝通不應只是被視為一種目的，應是師生彼此學習交流的重要方法。最偉大的教師，是最偉大的溝通者。

事實上，每個教師都瞭解溝通的重要性，但往往缺乏訓練，或缺乏運用能力而苦惱。例如：如何讓自己的教學成為有效的教學？又如何讓學生達到有效的學習？然而，教師應能給予學生熟悉的情境，然後加以引導。例如：教師應能適時運用其情境，當情境和感覺在人們心中還是很清晰時，回饋是最有用的；如未能立即處理情境，將會失去分享感覺的好處。溝通的目的乃在於希望教師的教導，學生能有最有效的學習，進而建立自己的知識。也希望開放他們的感覺，彼此尊重與關心。減少權威、專制的程度，使其獲得經驗，進而培養責任感，並學習自我成長。

當教師幫助學生解決問題時，最好以「傾聽」代替「問問題」；但當教師為了更瞭解他們和他們的環境時，有時問問題是不可避免的。因此，在問問題時應要多注重他們的「感覺」及「如何」，強調瞭解他們對情境的感覺。事實上，除非教師的溝通模式能回應學生的需求，瞭解他們的環境並增加學生的信心，否則任何教學計畫都無法達其完美效果。所以，教師應要以學生熟悉的情境作為橋梁去引導學生學習。教師本身即是橋，學生從橋上走過，橋便快樂的消失，進而鼓勵學生建造自己的橋。

五、教師要用真心來讓學生動心，進而激發熱情（真心的原則）

這非常不容易，所謂「教書匠」是說教師只管教書，即「上課出現、下課不見」。而真心讓學生動心的教師是偉大的教師，他會主動去關心學生的學習狀況，瞭解學生的個別需要，此領域已超越知識之外了。教學

最大的影響不是頭腦對頭腦之間的傳遞，而是心與心的交流。教師最偉大的精神即是真正關心學生，師者之所以受人尊敬，亦是那份對學生不求回報、真心付出的教育大愛。如果你問許多學生：「你今日會成功，最大的原因是什麼？」他們都會不約而同的回答：「因為我遇到了一位好教師。」

作為一個對學生有影響力的教師，要認識你的學生、獲得學生的信任，讓他們願對你傾訴和分享。真心關懷能創造出無限的力量，能讓學生從失敗中再站起來，面對挫折而不畏懼。教師也能從學生身上發現到因挫敗而被埋藏的潛能，並且不斷尋找新的機會，讓他們能發揮所長。也許醫生只能在某一神奇時刻引領新生命來到世界，但教師卻能看著學生每天有新的問題、新的想法、新的人際關係，及感受其生命再生的喜悅，進而對其生命的價值有所體認與影響。我們知道建築師若用心建造，一棟建築物可以矗立百年；教師若能對學生付出真心的教導，對學生的影響也將是永遠的。

六、用鼓勵肯定學生的成長，使成長的火苗愈燒愈旺（鼓勵的原則）

這是行為主義之「增強作用」，即學生做對要有所獎賞，不論是口頭讚賞或物質獎勵；學生做錯了，也儘量用鼓勵替代責罰。如果要讓學生的行為有所改變，使學生的學習變成有趣的旅程，有必要對學生施以行為改變技術。選定既有目標，且要用心去發掘每一個學生的潛力和引起他們興趣的事物，加以鼓勵，而且是立即鼓勵，使學生獲得立即增強。每當學生有些微進步或傑出表現時，必須不吝嗇地給予鼓勵，也就是說，給學生有成長時的鼓勵，使學生有和他們一起成長的感覺和體驗。教師是那個燃燒火苗的煽風助燃者，使學生有成長路上伴我成長的喜悅。下面是一個教學具體實例：

T：請學生上臺解題，學生做錯題目，P=F/A，同學的單位寫錯了，同學如何使用鼓勵的原則，讓學生不會感到挫折，又能引發進一步求知動機？

S：先向學生解釋何謂壓力，導正其觀念後，請學生再演算一次給教

師看。

T：以上只是對題目闡釋，並沒有用到鼓勵的定律。如此只對題目說明，對學生沒有鼓勵亦無褒貶。我們可說：「喔！數字答對了，但是單位沒有注意到。」即指正學生之前要先稱讚一下。教師可運用外在動機（稱讚、獎勵）激發學生的內在動機（興趣、喜歡等內在驅力）去主動學習。

七、教師要有開放心胸，讓自己準備接受每一節課都可以不同（準備的原則）

一般教師不敢使用開放式教學與發問，一來怕被學生問倒，覺得沒面子。有些學生可能會故意找特別難的題目問（考）教師，讓教師當下產生挫折感或不知如何面對全班學生。二來教師常為了趕課，根本沒有多餘的時間開放給學生問問題。

然而，為了達成有價值的學習目標，教師是需要多方充實的。尤其目前教育的趨勢是「開放教育」、「課程統整與教學」、「多元智能」、「資訊科技」等等，教師就是從事教育媒介最重要的成敗關鍵。教師的責任加重了，不再只是教育文化工廠的知識灌輸者，而是充滿知識、引導學生成長的指導者。當學生和教師展開互動時有跟大師匯聚的感受，學生真正的「喜樂充滿」。所以，教師對每日不同的課程不但不要憂心，而是知道自己早已準備好，教師必須開放心胸（Open Heart），也要開放思慮（Open Mind），更要開放眼界（Open Eye），好讓自己準備接受每一節課都可以不同，以滿足學生的需求。

第二節　有效教學

有效教學主要並不是衡量教師具備哪些知識和技能，而是要衡量學生所獲得的學習效果，觀察教師對學生的影響，包括學生在認知、情意和技能等方面之學習效果。同時，有效教師還會營造良好和諧的班級氣氛，讓教師與學生，以及學生同儕之間有良好的互動關係。因此，有效教學並不

是像傳統教學採取高壓灌輸方式，只一味追求成績，而是讓學生能主動學習，充分發揮自己的潛能。

優秀教師一直尋求有效教學方法或策略，包括教學主題安排、教學活動設計、教學方式的變化、教學目標的達成，甚至班級經營與師生互動之關係。筆者修正採用美國教育心理學者Borich（1988）的歸納，共有六項教師之行為可以作為研判有效教學之依據，分述如下。

一、有效教學的指標

㈠ 教學的明確性（clarity）：指教學有目標、有系統、內容清楚明確

何謂教學的明確性？舉例來說，上完一堂數學，別人問你說這堂課上些什麼？結果你不知道。也就是說，你（教師）這節課的主題不明確。所謂明確性，即是指這個單元的主題或經過口述出來的結論，必須使得學生知道你的意思。如果不是很明確，這裡說一點、那裡說一些，又講個笑話、聊天，結果整堂課，重點並沒有講到，所以明確性就沒有掌握得很好，故有效教師第一原則是教學明確性。

㈡ 教學的多樣性（variety）：指教學活動方法和內容富有變化、多彩多姿

在師資培育訓練中有三項重點：(1)教育基礎課程（如：教育心理學、教育哲學等）；(2)教學方法課程（如：教學原理、教學媒體、教材教法等）；(3)教學實習：將教學的概念、理念結合方法，運用在教學實習中。起碼經過教育學程26個學分訓練後，準教師在上課時跟沒有受過訓練的會不一樣。以往是從經驗中、失敗中不斷去嘗試學習，現在則是結合理論與經驗。那麼，如何學到教學的多樣性，可從三方面著手：(1)觀摩別人；(2)研究方法；(3)實際練習。譬如何謂建構教學方法，剛開始先多觀摩別人如何教，然後研究它的方法或祕訣，經過練習並應用於往後的教學實習中。

㈢ **教學的任務取向（task-orientation）：認真努力並幫助學生達成學習目標**

　　我們的任務取向是指教學目標。這一點很可惜地被其他所取代。如升學主義，凡是以升學為目標，不管如何教，目的是讓學生儘量背誦、記憶，因此在升學主義之下，教師只知道結果，儘量填鴨和灌輸，不管學生學習得快不快樂，只強調學習的成果——成績好。然而，建構主義則是著重學習過程，以快樂、興趣為主，慢慢引導學生衍生學習結果。

㈣ **投入教學的程度（engagement in the learning process）：教師準備教學及實際用於教學時間**

　　每一個教師，上課前準備愈充分，教的會愈好。其實經過一堂課後，學生都知道教師這堂課是否有準備；即使教過3至5年，對課程教材非常熟悉，上課前也要有所準備，不論是器材、教學活動設計等，甚至連舉例都要有所改變和創新，對準教師尤其重要。充分的準備還可以應付學生即時的需求。

㈤ **成功的班級經營（success class management）：指教室的管理或經營**

　　良好的班級學習氣氛，有助於學生有效的學習，例如：秩序不佳，會影響多數人上課的專心程度和學習氣氛。

㈥ **師生互動關係（mutual interaction）：指師生彼此的交流或溝通**

　　有效學習強調師生有良好的互動，良好的互動有助於學生勇於發問，並提出問題，教師也樂於解答。尤其在傳統教學壓力下，教師宜鼓勵學生多發表他們的想法和意見。

二、有效與無效教學之實例

　　建構一個有效教學的方式，一般而言需要依據學生的特質，並設法把它由內而外引發出其潛能；至於是否要用魔鬼訓練營之方法來教導，則有待觀察與考驗。曾經有一位家長（教師）要他的兒子學鋼琴，他認為學

琴的孩子不會變壞，於是高興地買了一臺新鋼琴，然而，這位兒子學不到一個月就說不練了，因為他沒有興趣，也不喜歡學鋼琴。家長經過一番折騰，發現沒有效果，就把鋼琴以八折價格賣掉。

另一位家長（教師）並沒有主動要求孩子學鋼琴，直到有一天學校教師對他說，他的兒子具有音樂天賦，於是這位家長連忙找了一臺二手鋼琴讓孩子彈練。經過一段時間，發現孩子愈彈愈有興趣，並會主動去練習，於是這位家長就為他尋求一位鋼琴教師，正式教導。

Bruner在《教育的過程》一書中指出，任何學科都可以某種方式（教學方法）教導任何孩子（Bruner, 1960）。成功有效教學之實例，如蘇格拉底採用詰問法教一位奴童學數學，他一直不斷地問「為什麼」，而不是直接教他原理和公式，讓這位奴童自己去思考和回答問題，最後這位從來不懂數學的奴童也慢慢學會了。在不斷發問過程中，會激發其潛能。另外一個例子是日本教育家鈴木鎮一的啟發教學法，她說：「任何兒童都可以培養，只要是教育的方法正確。」她剛開始教一位初學者學音樂，不是教他讀樂譜或背音符，然後學唱歌，而是帶領他或她營造一種音樂學習氣氛，讓孩子對音樂有欣賞，進而樂於學習。猶如沒有一位父母教孩子說話是先讓他背單字和學文法，因此，教師要先彈幾首好聽的音樂讓初學音樂者來享受（黃光雄，1996）。

無效教學方法猶如在陸地上教游泳技巧，卻不實地下水去學游泳。舉理化科教學來說，包括一些實務的東西你不操作，不做實驗，就是無效的教學方法。例如：做擴散實驗，拿一個試管，一邊是鹽酸氯化氫，一邊是氨水，氯化氫和氨水會產生氯化銨的白色煙霧，結果白色煙霧會靠近氨水或是鹽酸一端呢？猜猜看？國高中有做過實驗沒有？我猜你們沒做過實驗，有做過應該要印象深刻才對，忘光了！答案是靠近鹽酸，因為鹽酸的分子量較重，跑得較慢。另外一個例子，還有一種以偏概全的無效教學推理，典故是一位男教師教中學歷史時，喜歡講古代歷史中女人如何禍國殃民例子，如：褒姒、慈禧太后等。他會有如此想法，主要是他在大學時代交女朋友，多次失敗，讓他對女人懷恨終生，以致反射在他的教學中，這便是一種無效的教學方法。

三、四種類型層次教師

㈠ 能傳輸或講述知識的算是一般差強人意的教師

如：地震原因，是因為斷層或板塊擠壓。

㈡ 能說明或闡釋事理的是不錯的好教師

如：921大地震，闡釋板塊如何移動、車籠埔為何會斷層。

㈢ 能引導或指引學習的是優秀的教師

將概念解釋清楚之後，學生會主動學習，如：知道地震的嚴重性，以後可能會多注意關心這方面的訊息。

㈣ 能啟發或激發學生的是最偉大的教師

藉著地震的主題，啟發學生要珍惜所擁有的事物，把握現在。更進一步，引導學生做人或做事要有眼光，如：建築設計的材料、防震的功能等。

在教學上不見得四種同時存在，你可能一步一步、或解釋或引導或激發。

第三節 教與學活動（二）

 主題 如何成為有效教師

一、回想國高中（職）時代，你認為哪一科目的教師教得最好？有哪些教學特點？

綜合學生討論的結果，歸納如下：

＊生物教師：上課有條理，闡釋清楚，平易近人，常會讚美學生。

＊英文教師：會以同理心去瞭解、尊重學生，教材準備充分。

＊數學教師：教學會以引導的方式，使學生能由淺入深的逐步瞭解。

＊國文教師：以戲劇方式教學，激發學習興趣。

＊英文教師：運用例子使學生記住重要的文法，內容講解詳細，會觀察反應並帶動班級氣氛。

＊歷史教師：講解清晰、流程順暢，並補充稗官野史的故事，易於提昇學習興趣。

＊數學教師：常用生活情境與範例去引導學生學習，上課氣氛輕鬆、活潑，有幽默感，且易於讓學生感受到他的教學熱忱與對學生的關懷。

二、你期盼如何使自己成為有效教師？

1. 課前的準備、課後的檢討。

2. 充實自身的專業能力，並訓練自己有適切表達能力教授所屬的課程。

3. 用真心、愛心、耐心去關懷學生。

4. 能鼓勵學生開發他們的潛力、表達他們的想法。

5. 與學生達到良好的互動與溝通。

6. 觀摩其他教師之教學經驗。

7. 廣納學生的意見。

8. 用愉快的心情、合宜的儀容，展現在學生面前。

9. 建立與家長之間溝通的橋梁。

10. 創造有益學生之學習環境。

11. 對自己情緒的宣洩要適當控制。

12. 多以讚美和鼓勵代替懲罰。

三、提出任何有關有效教學實行問題或困難

1. 教具經費不足。

2. 學生素質差異。

3. 學生人數多。

4. 家長要求過高。

5. 學生是否專心而達有效的吸收。

6. 個性內向的教師如何帶動班級氣氛？

7. 對無經驗之教師如何處理突發狀況？

8. 當學生不理會教師、無法管教時，該怎麼辦？

9. 現階段之教學環境無法採用開放式教學。

10.升學的壓力不能解除。

四、學生學習心得評論

聽到大家的心得與經驗，經由多次分享瞭解到大家對於有效教師應有的態度、心情及教學。有效教師要能順應時代的變遷，在方法上作調整，如採用建構式的教學，再配合多媒體及分組教學以達到有效的教學等。尤其本章教師的七大定律是需要每位教師時時自我提醒、自我反省的圭臬，多站在學生的立場上思考，期許大家將來都成為好教師。

經由本課程進行分組討論，再由同學上臺進行「口頭報告」，可加強自己的表達能力，多磨練演技，「空有滿腹墨水，只可惜卻表達不出來」這是何等的悲哀！在進行的同時，別忘了給予同儕適時且適當的鼓勵。每次的分組討論亦可以激發我們更多的思考空間。

第3章

教師知識與學科教學 知識（PCK）

教學是一複雜的心智過程，在這過程中，「教師需要具備什麼知識才能勝任教學工作」是一重要的課題。在多元開放和專業的社會中，教師無法一成不變，以過去的知識，教現在的學生，來面對未來的社會。因此，教師必須透過持續地學習和成長，才能展現教師本身之專業知能。教師知識與學科教學知識（PCK）一直是許多師資培育學者所關心的主題，近年來已成為教育專業化運動潮流之主軸。

第一節 教師知識的意義與內涵

一、教師知識的意義

林進材（2002）在進行教學知識研究時指出，「教師在教學中扮演著決定性的角色，是決定教學成敗的關鍵性人物」，可見教師在教學歷程中是重要的靈魂人物，而教師知識就是主導這個角色演出成敗的幕後導演。

教師專業知識可以說是教師教學的重要基礎，不只包含了各式各樣的內容概念，也是一個動態且連續的發展歷程（吳美靜，2003）。教師知識是指教師在某一教學情境中，為了達到有效教學所應具備的一系列理解、知識、技能與特質等等。它不受限於學科部分的教學原理或是技巧，廣泛包含教育心理學、學生的心理輔導、教室管理等，都屬於一般教師知識範疇之內（Wilson, Shulman, & Richert, 1987）。簡紅珠（2002）指出，從國內外有關教師知識的論述及實證研究中可以發現，教師知識的探究可從兩大主軸來釐清：一是從命題知識（propositional knowledge）的觀點，二是從實踐知識（practical knowledge）的立場。前者是將教學知識視為「知識庫」的觀點，意指教師所應具備的理論知識；後者則是從「實踐知識」的角度來定義，認為教學知識是個人經驗的累積。簡言之，教師知識即理論和實務的結合，以使教學更具有效性，所以對於教師知識的體系，應有完整的瞭解。以下針對教師知識的內涵，進行分析與瞭解。

二、教師知識的內涵

　　一個專業的教師，應該具備怎樣的專業知識與能力？Shulman（1986; 1987）以其在教師知識方面的研究，從學者專家的角度提出了七個教師教學應具備的知識範疇，這七項知識的內容如下：

㈠ 學科內容知識（subject matter knowledge）

　　學科領域中的概念及架構，不同學科領域其學科知識架構不同，即教師對特定科目知識體系的瞭解。

㈡ 一般教學知識（general pedagogical knowledge）

　　指各學科均適用的教學原則與策略，如：教學原理、教育心理學、班級經營、發問技巧、教師管理等。

㈢ 課程知識（curriculum knowledge）

　　指教師對整體教學方案的理解。教師本身要瞭解任教科目的課程發展，並且能掌握課程間橫向面及縱向面的安排，也就是教師具有設計、組織與銜接課程的基本知識。

㈣ 學科教學知識（pedagogical content knowledge）

　　學科教學知識即教師為進行特定學科的教學，融合學科知識與一般教學知識。指教師針對不同學科內容，將自己任教學科知識加以轉化，進而形成教學的思維與行動，發展出教學方法與策略。

㈤ 學習者特性的知識（knowledge of learner and their characteristics）

　　教師對學生發展層次、已有的知識與概念瞭解情形。

㈥ 教育情境知識（knowledge of educational contexts）

　　指對於教育環境的認識，如：對學生的期望、對學校之期許與文化、校內各種社會關係、行政長官與家長之期望及班級年級差異等方面的理解。

㈦ **對教育目標與教育價值，以及其哲學與歷史淵源的知識（knowledge of educational aims）**

指對於教育目的、價值以及教育相關的哲學與歷史淵源的認識。

教師的知識所包含的層面相當多元，身為一個教師，最重要的工作就是教學，若能提昇此七種知識的增長，必能有助於學生在課堂上的理解，也可能提高學生的學習成效。在此七類知識中，Shulman（1987）特別強調「學科教學知識」的重要性，他指出學科教學知識（PCK）乃是融合了學科內容知識（SMK）及一般的教學知識（PK）於教學當中的一種化合產物，使教師知道如何針對學習者的能力和興趣，而將特定的教學主題加以組織、表徵及調整以進行的教學，它是教師知識的核心，更是一般學科教師和學科專家在知識體系中最大的不同處。

除了Shulman（1987）的分類方式，一些專家學者也提出有關教師知識的分類方法。

Tamir（1988）以「知識與技能」和「一般教學法知識與學科教學知識」作為分類的向度，將教師知識分為六類：

1. 一般通識知識。

2. 個人表現：包括教師在班級上如何看、說、聽和移動。

3. 學科知能：就知識與技能來探討學科。

4. 一般教學法：從知識與技能來探討學生、課程、教學與管理、評量等四項。

5. 學科特定教學法：包括從知識與技能來探討學生、課程、教學與管理、評量等四項。

6. 教學基礎知識。

其中，Tamir不同於Shulman所提的在於，Tamir強調「技能」觀念。有關教師的個人表現，教師除了需具備「知道什麼」的「命題知識」之外，尚需具備「知道如何使用」的「程序性知識」；亦即教師在教學中不能只知道傳授知識，更重要的是要瞭解教的方式及過程技巧，讓學生明白學習的方式，才是一個完善的教學歷程。

　　Reynolds（1992）認為一位專業教師必須具備理解的能力，他認為教師的理解是包含與教學執行直接關聯的技巧、能力、知識與信念。所以綜合相關文獻，整理出教師能勝任教學，應理解四種領域，將「特定內容的教育學」置於理解的中心，作為與其他三種領域的共同交集（如圖3-1），分別為：

　　㈠ 通識課程：指教師瞭解的廣度。

　　㈡ 內容：指教師瞭解的深度。

　　㈢ 教與學的一般原理：泛指與特定學科無關的教育學知識。

　　㈣ 特定內容的教育學：相當於Shulman（1987）所言的學科教學知識，作為教師瞭解的中心。

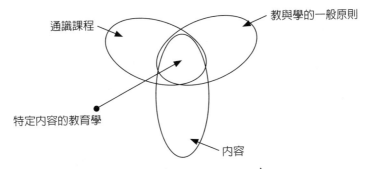

圖3-1　教師教學應瞭解的四個領域（Reynolds, 1992）

　　Grossman（1994）將教師知識作詳細之定義，認為教學的專業性與其他職業不同的地方，在於教師知識的特殊性，主要分為四類，如圖3-2：

㈠ 學科知識

　　在學科知識方面包含有各學科的實質結構、章法結構與學科內容，即學科領域中重要的概念、事實及發展新知識的方法等。

㈡ 一般教學知識

　　在一般教學知識方面包含學習者與學習、班級經營與管理、課程與教學，以及其他。

㈢ 學科教學知識

在學科教學知識方面關於學科教學目的與概念，包括瞭解學生的知識、課程架構知識與教學策略知識。

㈣ 情境脈絡知識

在情境脈絡知識方面包括有關教師教學所處環境的認識與運用，如：學校或社區整體教育目標的瞭解、軟硬體教學資源的運用情形等。

教師對於任教學科目的教學目的、想法、信念，對於學生該學科某些特定主題上的理解及迷失概念等，還有教師要熟知學習理論的知識，學生心理、身體和認知的發展及性別的不同，與課程發展歷程、學校課程之間、跨年級課程等知識。Grossman（1994）針對教師知識建構架構圖（如圖3-2），其中可看出學科教學知識是居於教師知識中的軸心地位，並且將「課程架構知識」、「瞭解學生知識」、「教學策略知識」視為學科教學知識的一部分。由此可知，教師專業知識的分類並非絕對，且各類知識之間是互相關聯的，甚至是存在著包含關係的。

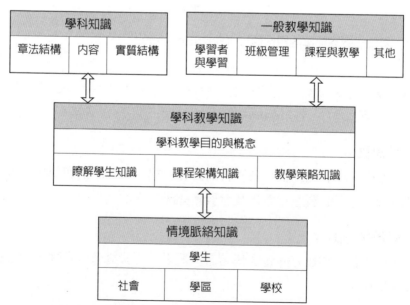

圖3-2　教師知識成分架構圖（Grossman, 1994）

綜合上面的整理，學者對教師知識的定義與分類不盡相同，但大致上是以Shulman所提出的教師知識的架構為基礎，再作意義的擴充與闡釋。教師知識的意涵是指教師為了達成教學工作，所具備的各種關於課程、學科、教學上的知識，和個人的想法以及在教學上所運用的技巧；在教學歷程中，教師對於教學情境的界定、教學內容的理解、瞭解學習者學習的特性，以及運用適當的教學策略來展現教師的專業。其中，學科教學知識（PCK）是屬於教師專業知識最重要的一環，對教師而言，應從特定學科教學的角度來思考，針對不同的學科、教學對象，整合知識範疇與運用原則，以達到有效教學的實現，因此，以下將進一步針對學科教學知識的概念加以探討。

第二節　學科教學知識的意義與內涵

一、學科教學知識的緣起

有關學科教學知識的緣起，是美國教育學者Shulman（1986）對當前美國教師檢證制度的缺失所提出的觀點。在十九世紀末的美國，教師證照標準相當重視學科知識，教師必須知道其所要任教的學科才有資格教書。然而，過去幾十年來，師資培育學者將研究重心轉移至探究能增進學生學習成就的有效教學法與教學技巧，如：發問技巧、候答時間等；緊接著，師資培育與證照的重心轉移至重視一般教學法，在此期間，學科知識均未列入考量中。Shulman批評許多州的師資檢證過程中，往往僅分學科知識與教學知識兩部分的考量，以紙筆測驗測出教師的學科內容知識，只是測出教師對某些學科事實的記憶；而用教案設計和評量來確認學生的個別差異、教室管理以及教育政策等作為教學知識的評鑑，完全看不見「學科」的影子，所以企圖能在師資檢證制度中重新重視學科知識在教學中的重要性。

Shulman於1985年在美國教育研究學會（American Educational Research Association，簡稱AERA）的年會上指出，所有關於教學效能的研究中，

沒有將教師教學的學科知識納入，是研究範疇中「迷失的派典」（Missing Paradigm）。Shulman（1986）根據與史丹佛大學的同事共同進行的「教學知識成長」（Knowledge Growth in Teaching）研究計畫中發展出「學科教學知識」（Pedagogical Content Knowledge，簡稱PCK）的概念。

二、學科教學知識的意義與內涵

Shulman（1986）是第一位首創「學科教學知識」（PCK）觀點的研究者，他針對教師所應具備之知識，區分成以下三大類別：(1)學科內容知識（content knowledge）；(2)課程知識（curriculum knowledge）；以及(3)學科教學知識（PCK）。在以上三種知識當中，又以學科教學知識最為重要，並認為PCK是針對學科內容知識在教學過程中進行轉化之歷程。他認為學科教學知識涵蓋學科教學有關的各個層面，教師在教授各學科主題時，能以其對學科內容和教學的知解，透過最有效的表徵形式，例如：類比、說明、範例、解說等，呈現某一學科內容，是一種最適於可教性的學科知識，同時瞭解學生先備知識和迷思概念，並能擬定教學策略來重整學生的概念。為了將某學科內容主題有效傳達給學生，學科教學知識還包括有關學生如何學習該學科的理解，也就是能洞悉不同年齡、背景的學生在學習某些主題之前已具備的概念。

Shulman（1987）描述：「PCK是內容和教學法的混合物，在於瞭解某個特定主題、問題或議題的統整、呈現，以及如何適合於各種不同興趣或不同能力的學習者，在教學中的呈現」（p.8）。Carlsen（1999）定義PCK為：「內容知識的特定形式，這些內容包含了許多面向，與教學本身是密不可分的」（p.137）。教育領域的研究者大部分都同意PCK本身是獨立的知識領域。學科教學知識涉及特定的主題，因此與一般知識和教學法不同，PCK是特定主題的教學，也與學科主題知識不同（Van Driel et al., 1998）。然而，PCK的影響擴及科學領域教師的學科知識、教學法及教學情境、背景。

及至1987年，Shulman將教師所具備的知識歸類為七個不同的領域：(1)學科內容知識；(2)一般的教學知識；(3)課程知識；(4)有關學習者的知

識；(5)教育情境脈絡知識；(6)學科教學知識；(7)教育目標、目的、價值及其哲學和歷史基礎的知識。在這些知識內容中，以「學科教學知識」最為重要，因為它融合了學科知識與教學法的知識，是指特定學科獨有的教學知識，也因此使教師專業地位得以建立。根據Shulman的見解，PCK乃是以上七種知識的綜合運用，並將PCK定義為一種融合學科教材和教法的知識，使教師在考慮學生不同能力和興趣之下，將學科內容知識以學生能接受的方式演示在教學上的知識，因此開啟了後續學者對於教師PCK之相關研究。

Grossman、Wilson和Shulman（1989）認為學科教學知識是一種包含教學策略和方法的知識，目的在於使學生容易理解學科內容且引起其學習的興趣，並培育學生對學科內容的概念性瞭解，它包含了：(1)教師所教學科之目的的知識與信念；(2)對學生在學習該學科的理解、概念和錯誤概念的理解；(3)特定主題的課程知識，以及水平和垂直的課程知識；(4)教導某一概念或主題之教學策略與表徵知識。

Cochran、DeRuiter和King（1993）引入建構主義觀點來修正Shulman的學科教學知識概念，而提出了學科教學知解（Pedagogical Content Knowing，簡稱PCKg），這擴展了學科教學知識觀點，增加了對學習的動態過程和知道如何去教學（knowing how to teach）之發展的重視。PCKg的定義，乃是指教師對整合學科知識、教學知識、學生知識與教學情境知識這四個知識的理解。除了對這四個知識的統整性理解外，更重視彼此間的互動關係，及知識成長的動態關係。Cochran等人所提的PCKg比Shulman的PCK多了兩個成分：第一種是教師對學生的瞭解，這包括要瞭解學生的能力、學生的解題策略、學生的年紀及發展的層次、態度、動機、學科知識的先前概念等方面；另一種是教師對社會、政策、文化或外在環境因素的瞭解。Cochran等人重視且強調教師必須在對學生與對學習環境脈絡兩個成分的瞭解下，發展他們的教學知識與學科知識。

Geddis（1993）對於學科教學知識的觀點，主要著重學科教學知識，在教學過程中的角色，能將學科內容知識，轉化成可教的內容知識，亦即是教師對學生學習的理解，及學科內容知識傳遞的專業知能。主要成分包

含：(1)學生的迷思概念：是何種原因使學生學習感到困難與容易；(2)改變迷思概念的策略：有效使學生降低迷思概念的教學策略；與(3)替代的表徵方式：能有效呈現概念的表徵方式。可以發現，對學科內容知識的理解，在學科教學知識轉換過程中扮演重要的角色；同時對於學生迷思概念的理解、因應策略的掌握及替代表徵方式的提供，以學科教學知識轉換圖（如圖3-3）表示：

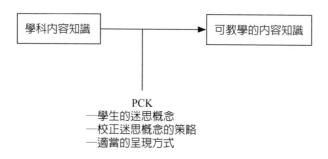

圖3-3　學科教學知識轉換圖

資料來源：引自Geddis（1993: 581）.

　　段曉林（1996）從微觀與巨觀的觀點來探討學科教學知識（如圖3-4）。首先以微觀之觀點指出學科教學知識是教師在教室教學情境中，針對特定單元所具備的學科教學知識，其內涵有：(1)學科知識，教師能對單元學科中選擇適合學生程度部分教授，並能瞭解特定單元的學科教學目標；(2)學生對特定單元的學習知識，如學生先備概念、學習困難；(3)表徵方式與表徵策略，教師能用類比、隱喻、圖示等有效的表徵方式或教學策略等呈現給學生；(4)課程知識，教師能選擇適合所教授的課程資源或教材給學生；(5)評量知識，教師能用適當的評量方式診斷出學生在此單元的學習狀況；(6)情境與文化之知識，教師能瞭解特定學生群的文化，所面對學生群之課室情境以因應合宜之教學法。其次，就巨觀的觀點而論，範疇源自於教師的學科知識、一般教學知識、課程知識、評量知識、學生知識、學校情境與文化知識等領域知識之融合產物。巨觀的學科教學知識可以由特定單元中之學科教學知識發展而出，亦能由各種知識領

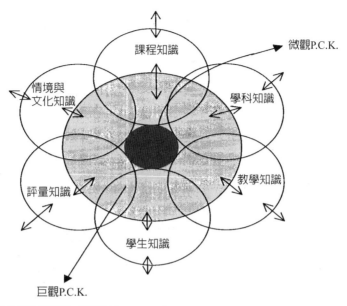

圖3-4　學科教學知識圖（段曉林，1996）

域融合而成。

　　Magnusson等人（1999）針對科學教師的PCK，列出了PCK的五個組成成分，如圖3-5，分別為：(1)科學教學的導向（Orientations to Science Teaching，簡稱OST）；(2)教師對科學課程的知識（Knowledge of Science Curricula，簡稱KSC）；(3)教師對於學生針對特定科學主題理解之知識（Knowledge of Students' Understanding of Science，簡稱KSUS）；(4)科學評量與科學素養知識（Knowledge of Assessment of Scientific Literacy，簡稱KASL）；(5)有關教授科學之教學策略的知識（Knowledge of Instructional Strategies，簡稱KIS）。

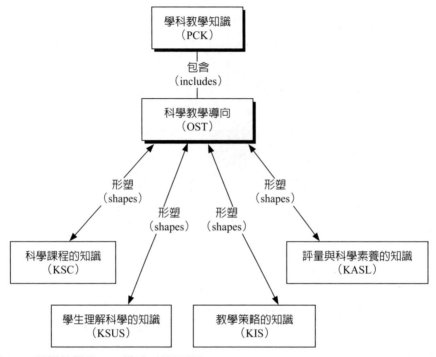

圖3-5 科學教學的PCK模式（簡易版）

From Magnusson, S., Krajcik, J., and Borko, H. (1999). Nature, sources, and development of pedagogical content knowledge for science teaching. In J. Gess-Newsome & N. G. Lederman (Eds.), Examining Pedagogical Content Knowledge: The Construct and Its Implications for Science Education (p. 99). Dordrecht, The Netherlands: Kluwer.

　　教師的PCK是一種隱晦知識（hidden concept），教師會身體力行這些知識，但不會口語表達出具體的知識內涵。Gess-Newsome（1999）探究PCK的形成模式，基本上有兩種模式，如圖3-6和圖3-7，她比喻PCK可以是學科知識（Subject Matter Knowledge，簡稱SMK）、教學法知識（Pedagogical Knowledge，簡稱PK）和情境脈絡知識（Contextual Knowledge，簡稱CK）的融合，這三者之間的結合，可以是混合物或化合物，當這三種元素結合在一起時，它們可以發揮最大效能的PCK。混合物的模式就是整合各領域知識，此時之學科知識與PCK不易區分；化合物是將學科知識等三類知識轉化出的特定新知識PCK體系。

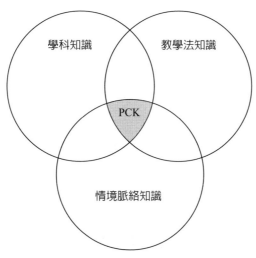

圖3-6　混合物模式

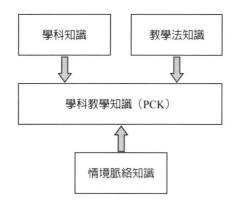

圖3-7　化合物模式

　　許多學者雖然對PCK的看法不盡相同，但是主要的內涵還是以Shul-man最初對學科教學知識所提教師應具備的七項知識基礎為主。綜合多位學者的說法，歸納學科教學知識應具有以下幾種特質：

　　㈠教師具有一種專業且完整的知識：學科教學知識的研究凸顯學科教師的專業知識，可區分教師、學科專家之間的差異。

　　㈡教師在教授特定內容知識時，能熟悉教學目的與教學脈絡，使用

最適當的表徵方法與教學策略。

　　㈢顧及學生的知識與理解，瞭解學生的先備知識與概念，以學生的生活背景為出發點。

　　㈣學科教學知識為知識的融合體：它是多項教學相關知識的融合體，學科教學知識與其他知識領域並沒有明顯的界限。

　　㈤學科教學知識呈現動態發展：學科教學知識會隨著教學情境而不斷發展，因此，教師累積教學實務經驗而增長內涵知識，並且當學科教學知識有所改變時，教學才能進行有意義的轉變。

第三節　Shulman 教學推理模式

　　教育的成敗，繫於師資的良窳；教師是教育活動的核心人物、教室裡的靈魂角色，任何課程改革在教室中實施成敗的重要因素在於教師（Mitchener & Anderson, 1989）。九年一貫課程改革的實施，賦予教師在發展課程、自編教材以及教學實施上均有相當程度的彈性和自主（教育部，1998），教師必須具有專業的知能才能勝任教學，其中以教師的教學被視為教師專業的核心（謝秀月，2001），而教師的內在自我知識將影響教學取向或目標（McDiarmid, Ball, & Anderson, 1989）。因此，教師所具備的知識將影響其教學活動，要如何提升教師的知識來達到有品質的教學，已是教育所關注的議題。若教師能不斷地學習建構自己的教學知識以促進專業成長，對於實施教學改進與政府推動教改都能有所幫助。

　　Shulman（1987）認為學科教學知識是將學科內容知識和教育學知識予以統整的學科教學知能，使得我們可以瞭解個別主題、問題或議題應該如何去組織、表現和適合於各種不同興趣與能力的學習者，並且能在教學中予以呈現。擁有學科教學知識的教師能彈性運用適當的教學策略和表徵，將學科教材的意義傳遞給學生，讓學生明白教材的意義（王國華、段曉林、張惠博，1998），也可以使教師知道如何針對學習者的能力與興趣來將特定的教學主題予以組織、表徵及調整，以利教學之進行（陳筱雯，2004）。它是教師知識的核心，也是有效教學的基礎，亦是學科教師有別

於學科專家的地方（張世忠、羅慧英，2009）。Abell（2008）更提出即使過了20年，學科教學知識仍然是有用的，可見得學科教學知識的重要性。相關研究（林美淑，2005；黃桂妮，1997；鄭章華，2000）指出，教師的學科教學知識確實對教學有所影響；要提升教師的專業能力應該從學科教學著手，才能有效協助教師改進課堂教學，進而實踐優質的教學與提升學生的學習品質（林國凍，2009）。

　　單文經（1992）認為教師的教學專業必須「知」、「能」兼具，除了具備教學專業知識內涵的「知」，更應有將教材知識化為實際教學行動的「能」。Shulman（1987）認為教學過程中最獨特的地方，在於教師必須依照教學目的轉化學科內容知識，並且有技巧的把學科內容知識轉化成學生容易理解的知識，因此提出「教學推理與行動模式」（The Model of Pedagogical Reasoning and Action），作為瞭解教師如何運用知識基礎形成教學行動的架構。該模式分為理解、轉化、教學、評量、省思及新理解等六階段，其呈現順序並非固定不變，而是相互循環的。教師學科教學知識若能透過教學推理與行動模式，會在不斷的反省與新理解中逐漸發展（張靜儀，2006）。

　　Shulman（1987）將「教學推理」（Pedagogical Reasoning）定義為教師在進行教材知識傳授時，把教材內容轉化為在教學運作上強而有力的、並且能適應學生不同能力與背景的形式，以使學生易於瞭解並樂於接受的過程。意指教師在瞭解一組概念之後，到付諸教學行動讓學生能吸收概念之前，教師必須把自己的學科知識轉化為學生可以理解的知識，在這當中，學科教學知識的發展與形成所必須審視、參酌、考量、決定，並將各種決定付諸實施的過程，就是「教學推理與行動模式」（單文經、張惠昭、蘇順發，1999），以此作為瞭解教師如何運用知識基礎形成教學行動的架構。

　　Wilson、Shulman與Richert（1987）將此行動過程步驟化為「理解、轉化、教學、評量、反省、新理解」六個階段，其模式如圖3-8所示，內涵說明如下：

㈠理解（**comprehension**）

　　教學首要在瞭解目標、教學科目的結構，以及一些外在的概念，期望教師能對所要教授的學科內容有所瞭解，包含學科的教學目的與內容結構、相關概念之間的關聯性和其他相關學科的關係。

㈡轉化（**transformation**）

　　教師教授學生需要理解的概念時，必須作某些轉化上的處理，轉變成學生能接受的型態，以便進入學生的心中。其過程可分為四個步驟：

　　1. **準備**：在進行教學之前，對教材的批判詮釋和分析、課程技能的發展和教學目的之澄清，將教材重新切割、組織，成為適合教學的材料，建立一套課程、教材的庫藏。

　　2. **表徵**：思考學科概念可以使用的表徵方式，包含類推、隱喻、舉例、示範、解釋、作業或模擬等。

　　3. **選擇**：教師考量教學目標、教學情境等因素之後，必須選擇重新組織教材內容，包括教學風格、組織、管理、流程和策略等形式。

　　4. **依學生特性而調整**：學生在教師的學科教學知識發展過程中，有著極大的影響，學生的迷思概念在教師形塑學科教學知識時，扮演著重要的角色（Park & Oliver, 2008）。教師教學必須考慮學生的概念、先前概念、迷思概念、困難、文化、動機、社會階級、年齡等，調整教學上的呈現方式，以符合不同特性學生的學習需求。

㈢教學（**instruction**）

　　對學生學習活動，形成一套教學計畫與策略，是教師教學歷程中可直接觀察的部分，包括管理、演示、互動、分組、提問、發現或探究教學等顯著的教室教學形式。

㈣評量（**evaluation**）

　　在教學中及教學後，教師要用適當的方法進行評量，以瞭解學生的理解程度。另外，教師也應隨時評鑑自己的教學表現、成效，並依據經驗作調整。

㈤反省（**reflection**）

　　教師在課後回顧自己的教學表現，批判與分析班級和自己的教學表現，並從中得到省思與啟發，也就是由經驗中再學習。

㈥新的理解（**new comprehension**）

　　經由教學推理過程之後，教師對教育目的、學科內容、學生特質的知識、教學方法、乃至於自我知識，皆有所精進，會從經驗中得到新的理解與學習，以便進行下一個單元。

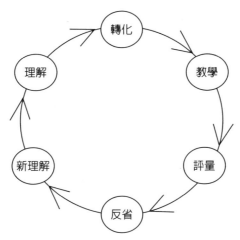

圖3-8　教學推理模式（Wilson, Shulman, & Richert, 1987）

　　教學推理與行動模式並非刻板的單一直線順序，而是一循環式的歷程（李曉萱，1999）。此模式的特色由三個成分所組成：(1)知識基礎；(2)過程；(3)評量—反省，認為教師的能力除了表現在行為上，也表現在心智能力與思考能力的運作上（邱憶惠，2002），視為教師達成教學知識理解的途徑。Husu（2000）認為教師的推理是影響教師知識與實務工作的差異性所在，透過不斷的教學推理過程，使教師的學科教學知識不斷重新排列組合，可使教師的學科教學知識不斷成長、變得更為豐富，以達到教學的目的。

　　透過Shulman的教學推理與行動模式，教師從對教材的理解、經過思

考轉化成教學實務在教室中實行，在實際教學中不斷的從各種資訊中評估教學效果與理想的差距，進而反省思考，產生新的教學知識並逐漸發展和成長。Geddis（1993）和Ebert（1993）強調學科知識在轉換成學科教學知識過程中的重要性，亦符合Shulman教學推理與行動模式的重要理念。邱憶惠（2002）也認為運用此模式能清楚探究教師知識，並提升教師專業。因此，本研究在教學過程中，藉由Shulman教學推理與行動模式的循環步驟，探討對教師學科教學知識之發展情形。

第四節　教師 PCK 發展與研究

相關PCK研究中，以資深教師而言（林美淑，2005；邱美虹、張欣怡，1998；張世忠、李俊毅、謝幸芬，2013；Jang, 2009），在理論與實際的專業中，能建立自己的專業認知與能力，逐步發展教師的知能。教師反省的因素扮演相當重要的角色，有經驗和較強學科背景的教師，能更好地表徵他們的PCK。以新手教師而言（邱美虹、江玉婷，1997；Geddis et al., 1993; Van Driel, De Jong, & Verloop, 2002），對於教學具高度熱忱且師生間互動良好，但新手教師的教學方法是從早年經驗中學習出來的教學知識，以形成其獨特的教學風格，故早年經驗對其教學知識發展的影響頗深，所以，新手教師對於學生知識的探究，以及教學的文化情境知識較為缺乏，教學經驗明顯不足。

Van Driel、De Jong與Verloop（2002）在他們對職前科學師資的PCK研究中指出，學科專門知識在PCK的發展中是不可缺少的，而PCK會在教師實際教學中更進步。教師取得對教學策略和表徵的知識在特定科目的教學和學生的認知，這PCK有助於使教師能夠預先知道學生對特定科目學習上的問題。De Jong、Van Driel與Verloop（2005）更設計一個從師資培育教學中學習的化學單元，認為學習是一個有效的教學經驗與工作坊的連結。透過實際教學中的學習，雖然個人發展會依據教師本身而異，然而，教師發展出自身在模型教學上的PCK。Park與Oliver（2008）根據其針對三位有經驗的化學教師之研究，提出了一個修正的PCK模式，該模式同時強調從

行動中反思與反思在行動上，以作為PCK發展之重要成分。教師的PCK是在教學中和教學後反思成長，他們在合作的情感下增進教學效能，以學生的意見或作品來增進教師PCK，他們發現學生的迷思概念是形成教師 PCK 的主因，並且每位教師執行PCK的特異性。

李佳慧（2005）以一位國小自然與生活科技領域教師為對象，探究其運作課程在教學內容的特色，以及使用Shulman所提的教學推理與行動模式分析個案教師教學中所使用的教學模式與教學策略，利用教室觀察、教師訪談、文件蒐集等方式來蒐集有關教學內容與教學方式的資料。研究發現，個案教師在理解課程方面，科學過程技能的教學內容順序具有整體技能先於局部技能、漸增的複雜度及多樣化的特點；強調單元教學內容的組織性與整體性，增加教學內容的整體性，以及增添額外的教學內容或刪除課本教學內容的方式，增加單元的完整性。在進行科學概念的教學時，採用「提供情境」的教學方法；在進行實驗設計的教學時，採用「模擬演示」的教學模式。運用小組合作時的經營策略、使用多元教學用具輔助的策略，採用多元評量，個案教師在課程教學中所具備的學科教學知識包括教師的自我知識、對學習者知識、課程知識、學科知識、學科教學法知識、一般教學法知識與情境脈絡知識。

張靜儀（2006）基於學科教學知識是教師首要的知識，因此將其應用在教學設計中。本研究採個案研究法，參與教師為一位資深、教學受肯定的國小自然科教師，研究者與參與教師根據Shulman教學推理模式作為教學設計之基礎，並且在參與教師所任教的三個五年級班級實施一學期，共八個單元。為探討此課程設計是否能引起學生的學習動機，研究者採用了以測量學生學習動機所發展的IMMS量表，並以t值考驗本課程設計，研究結果為國小自然與生活科技領域教師所需要之PCK內涵為學科內容知識、瞭解學生學習科學的知識、教學策略與教學表徵的知識；應用PCK設計單元教學的步驟，為先以概念圖表示教師對本單元相關概念的瞭解，找出學生學習此單元概念時會有什麼困難，如何將單元概念應用在日常生活中，以及教師對既定主題所可能使用的方法。參與教師依照本教學設計進行之教學，其學生在教材動機量表之施測結果較對照組教師之學生平均分數更

高，且經過t考驗後，均達.001之顯著水準，顯示依PCK設計之教學較一般教學法更能引發學生的學習動機，是可行的教學策略。

國內學者張世忠、蔡孟芳和陳鶴元（2012）根據Magnusson、Krajcik與Borko（1999）發展的PCK模式，設計一套有效評量PCK的工具來評估目前臺灣現職國中科學教師的PCK樣貌，以及檢驗教師的科學教學導向和PCK組成因素之間的關聯。結果發現，科學教師的最高平均值是科學課程知識，最低值為評量與科學素養知識。在性別上，只有在科學課程知識有顯著的差異，男性教師認為他們在科學課程知識是明顯的高於女性教師。依教學經驗不同，所得三個因素：科學課程知識、學生理解科學知識和評量與科學素養知識，及PCK整體在統計上有顯著差異。目前科學教師使用最頻繁的教學導向是講述方式，而講述式受試教師群當中，在教學策略知識和科學教學導向之間有統計上顯著性相關，然而其相關性為弱的並且是負相關。研究亦發現，評量與科學素養知識和活動導向式教學有顯著相關性。

張世忠、李俊毅和謝幸芬（2013）亦選擇〈熱與溫度〉為單元內容，主要的目的在於探討一個發展的同儕教練為基礎模式，對科學教師的PCK之影響。三位中學科學教師和他們教授八年級學生參與本研究，資料蒐集包含學生對教師學科教學知覺問卷前後測試，每位科學教師針對模式中指派的問題和作業、同儕教練會議、科學教師所作的反思日記和科學教師的晤談。研究發現，學生對教師的PCK知覺在整體的得分上沒有達到顯著差異水準，在四個向度中，只有教學表徵達顯著差異水準。為了更加清楚教師之PCK改變的情境和狀況，研究者加以描述各向度內單題之變化情形。有關同儕教練對教師之「教學表徵」之改變內涵說明，則可以參考以下四方面：「運用熱對流與輻射的模型」、「熱脹冷縮的示範活動」、「以量筒粗細比喻比熱的大小」和「增加圖片解說海陸風形成的原因」等。本研究的發現與建議可作為未來在職教師發展科學教師之PCK的參考。

第四章

科技學科教學知識
（TPACK）

　　國際科技教育學會（International Technology Education Association, ITEA, 2000）建議所有教師應具備下列三大領域的資訊素養：電腦科技的基本操作與概念、將科技用於個人或專業發展上，以及將科技用於教學上。教育部於2008年提出的《中小學資訊教育白皮書》中，三大願景之一是「教師能善用資訊科技提昇教學品質」，並訂定「善用資訊科技、激發創意思考、共享數位資源和保障數位機會」之核心理念，每一位教師皆應有將資訊科技有效地應用於教學設計、教學實施、教學管理及教學評鑑等方面的知能，教師應能運用資訊科技提昇工作效能與專業發展（教育部，2008）。各教育先進國家，無不積極規劃、推展資訊教育，以教育其國民適應資訊化社會，推動資訊教育也就成為一種「進步的必然」（何榮桂，2002；沈中偉，2008）。因此，教育科技已成為教育改革必要的趨勢之一，鼓勵教師使用不同教學科技工具，以及透過科技裝置發展教師科技、課程內容、教學法以加強專業成長（李美鳳、李藝，2008；陳茹玲，2011；劉芷源，2010；Jang, 2010）。

第一節　科技學科教學知識的意涵

　　教師創造性地將科技、教學法與學科內容三種關鍵知識統整起來，進而超越三者的新興知識型態。為了能夠完整瞭解課程之內容知識、教學法和科技能力之間複雜的關聯性，研究學者運用科技學科教學知識（Technological Pedagogical and Content Knowledge，簡稱TPACK）理論架構，經由多面向來檢視特定的知識類別。TPACK源自Shulman（1986）提出的學科教學知識（Pedagogical Content Knowledge，簡稱PCK）架構，PCK是課程內容和教學法的交集知識。

　　Koehler與Mishra（2005）提出了TPCK的概念。TPCK主要由以下三種知識要素所構成，分別為：學科內容知識（Content Knowledge，簡稱CK）、科技知識（Technology Knowledge，簡稱TK）及教學法知識（Pedagogical Knowledge，簡稱PK），三者（CK、TK、PK）之間交互重疊導致相互關聯的四種知識：學科教學知識（PCK）、科技內容知識

（TCK）、科技教學知識（TPK）與科技學科內容知識（TPCK）。因此，TPCK 是一個超過三個組成部分（CK、TK、PK、PCK、TCK、TPK與TPCK）形成的知識。Thompson與Mishra（2007）根據「第九屆國家科技領袖年會」（9th Annual National Technology Leadership Summit）討論結果，增加特殊情境下，提出將TPCK的名稱改成TPACK，念作「tee-pack」，除了增加發音上的流暢性外，更強調以下兩個概念：(1)為求資訊科技之整合，更強調了科技知識（T）、教學法知識（P）、學科內容知識（C）都是有效科技技術整合不可少的部分；(2)為了強調幫助教師利用科技改善學生學習，這三種知識領域不應該各自分離，而是形成一種整合的套裝知識（Total Package），其TPACK架構如圖4-1。

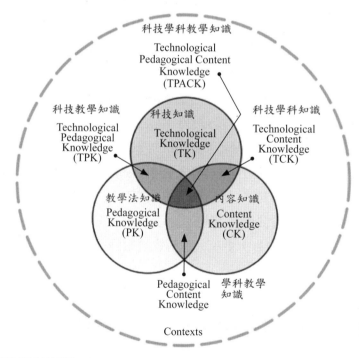

圖4-1　科技學科教學知識（TPACK）架構圖

　　情境上，科學知識存在於內容知識與課程知識中，並和這兩種知識有關聯。Pamuk（2011）進行實習教師科技學科教學知識發展的質化研究，

結果發現在教師能夠將科技融入教學之前，必須要先具備教學學科知能的能力。這一發現驗證TPACK概念主要是建構在學科教學知識架構上。另外，Mishra和Koehler（2009）提出科技教學知識架構包含情境知識，以及教師對學生先備知識、學習困難、如何互動、評量學生學習的能力（Grossman, 1990; Tamir, 1988）。研究學者建議將學生特定學習困難和概念融入情境教學，帶入科學學科教學知識，以補足架構的不足。

TPACK被廣泛地運用在量化（Archambault & Barnett, 2010; Chai, Koh, & Tsai, 2010; Jang & Tsai, 2012; Koh et al., 2010）和質化研究上（Harris & Hofer, 2011; McGrath et al., 2011）。此外，研究學者針對實習教師（Hardy, 2010; Lee & Hollebrands, 2008; Özgün-Koca, Meagher, & Edwards, 2010）和在職教師（Trautmann & MaKinster, 2010）將科技融入教學的知識來進行研究。近年來，根據不同的學習情境，運用TPACK在探討教師專業的發展，例如：數學（Niess et al., 2009）、科學（Graham et al., 2009）。也依據不同族群的研究參與者，包括實習教師（Chai, Koh & Tsai, 2010, 2011; Chai, Koh, Tsai, & Tan, 2011; Koehler & Mishra, 2005; Koh et al., 2010; Sahin, 2011; Schmidt et al., 2009）和在職教師（Archambault & Barnett, 2010; Jang & Tsai, 2012），發展出許多學科教學知識的問卷。依照原始科技學科教學知識的七種子類別模式發展出其他類別（參見Jang & Tsai, 2012）。有研究學者加入了不同領域，例如：輔助科技與教育科技（Marino, Sameshima, & Beecher, 2009），包含設計、運用、倫理、能力在科技學科教學知識模式裡（Yurdakul et al., 2012），更深入瞭解實習教師在情境學習環境的學科教學知識。

第二節　資訊和通訊科技（ICT）融入教學

美國教育傳播與科技學會（Association for Educational Communications and Technology，簡稱AECT）對「教學科技」（Instructional Technology）重新提出的正式定義為：關注學習的過程與教學資源的設計、發展、運用、管理和評鑑的理論與實務（Seels & Richey, 1994），ICT被廣泛使用在

教室教學中。事實上，研究建議科技與系統結合可以增加教師和學生互動溝通的機會（Chou, 2003; Jang, 2010; Wang, 2008）。研究學者進行研究，探討資訊和通訊科技能發展和實際教學的連結（da Ponte, Oliveira, & Varandas, 2002; Hakkarainen et al., 2001; Rodrigues, Marks, & Steel, 2003; Sutherland et al., 2004）。Sutherland等人（2004）指出，依據教室氣氛與主題內容不同的科技工具來選擇適當的ICT工具，都具有獨特的功能，也能有效地運用在不同的學習環境。因此，研究學者發展許多資訊和通訊科技去檢視有哪些工具可以有效地協助教師教學與學生學習。

　　研究學者在不同領域，例如：數學（Dalgarno & Colgan, 2007; Keong, Horani, & Daniel, 2005）和科學（McFarlane & Sakellariou, 2002; Rodrigues et al., 2003）做過ICT的研究。根據此研究的目的和背景，我們主要會強調討論資訊和通訊科技在科學的教學和學習。McFarlane和Sakellariou（2002）指出，使用ICT工具對學生發展科學探究和推理能力有所幫助，讓他們能夠將實際操作和科學知識架構作連結。有一位科學教師利用模擬及模型軟體課程，運用在學生科學學習上（La Velle et al., 2003）。六位學生來排名四個學習策略（包括：課堂活動、教學闡釋、電腦操作、實際演練），結果顯示學生偏好電腦操作與實際演練。這個模擬及模型軟體課程同時也幫助教師反思他對科學概念的闡釋和舉例。

　　研究學者同時也進行研究，強調教師藉由數位學習平臺，持續發展運用科技融入教學的專業。大部分科學教師將ICT和教學作連結，重新整合自己的科學概念，增加對教學、學習、教育目標的知識（Rodrigues et al., 2003）。教師透過在數位學習平臺的科技整合和經驗分享，加強他們資訊和通訊科技的能力和信心。在另一研究中，大學化學系教授在四門化學系課程運用一系列ICT的工具（例如：課程網站、電子平臺、數位影像，以及網路學習計畫），激發探究學習、視覺和知識的分享（Barak, 2007）。教授們指出，運用資訊和通訊科技可增強個人學習、師生互動、學生互動，還有理解概念。同時也提到運用ICT在教學目的或補強不足時，若沒有足夠的知識將會對於資訊和通訊科技的能力造成限制。藉由在科學教學中使用網路，實習教師的態度和自信也能提升（Sorensen et al., 2007）。

　　為了改善和加強教學與學生科學學習，使用過許多種類的資訊和通訊科技。根據先前研究清楚地指出，雖然融入科技在教學中有困難之處，但是在科學教學上，ICT的運用變成迫切的議題，科學教師ICT知識的發展就如同他們在融合科技、教學法和學科知識，能夠發揮最大的教學成效。儘管工具會影響教師的教學成效，卻少有研究在探討最常使用ICT工具的臺灣國中科學教師和他們TPACK之間的關聯。因此，此研究與先前不同在於，我們使用具有效度的科技學科教學知識問卷來檢視在國中學校裡，探討最常使用的資訊和通訊科技與科學教師TPACK的影響。

　　資訊和通訊科技（ICT）的選擇和TPACK發展有互惠的關係，不同的ICT工具，具有獨特的功能，根據內容和教學方法在上下文中的相互關係，需要使用不同的技術和應用知識（McGrath et al., 2011）。教師具有使用網路相關經驗，比起使用較少的教師，顯示出有較高的TPACK自我效能和正向態度（Lee & Tsai, 2010）。教師運用電子白板筆，比起不使用的教師，有更高的TPACK（楊婷婷、張世忠，2012；Jang & Tsai, 2012）。藉由科技的運用，教師設計科技融入課程，以及課程成效評估能力都有所進步（Trautmann & MaKinster, 2010）。目前研究指出，在使用ICT及其在TPACK的影響僅有少數是以科學教師為主。此外，儘管原始的TPACK模式運用在許多先前的研究中，研究學者也反映出如何區別科技學科教學知識七個子類別的困難性（Archambault & Barnett, 2010; Chai et al., 2010; Jang & Tsai, 2012; Koh, Chai, & Tsai, 2010; Lee & Tsai, 2010）。

第三節　新 TPACK 之情境模式

　　目前科技學科教學知識包含七項因素的架構已被運用在許多研究上，然而，研究學者仍爭論如何分辨科技內容知識（TCK）、科技教學知識（TPK）與科技學科內容知識（TPCK）。雖然有清楚的定義，但是在TPACK的原始模式下，卻無法區分其差異（Angeli & Valanides, 2009; Archambault & Barnett, 2010; Chai et al., 2011; Graham, 2011）。研究學者應對學科教學知識有足夠的瞭解後，才能有系統地、精確地運用科技學科教

學知識。儘管TPACK概念源自學科教學知識，但目前TPACK模式仍缺乏強調一些核心要素，包括學生理解的知識以及評量的知識。因此，藉由在學科教學知識的問卷，得知科學教師對於學生先備情境知識和學習上的困難，來發展TPACK模式（Jang & Tsai, 2012）。此模式不僅涵蓋學科教學知識的要素（科學內容知識、科學學科知識、學科教學知識），同時也考量學生在科學相關領域的先備知識和學習困難。

　　Jang與Tsai（2012）提出新情境化的TPACK模式彙整成四項，除了內容知識（CK）和科技知識（TK）之外，其中有關學科及PCK合併為情境中教學內容知識（PCKCx），科技教學知識、科技內容知識以及TPCK則合併為情境中科技教學內容知識（TPCKCx）。此TPACK模式考量到情境，同時也可釐清在原始的科技學科教學知識模型中與科技相關的一些模糊項目。因此，此TPACK模式有存在這樣的優勢。新模式是藉由研究所得數據來建立科技學科教學知識架構，並為科技學科教學知識以及定義其細項要素和釐清範圍。Jang與Tsai（2012）提出一個新的TPACK模式，以及定義該模式為「教師對於內容知識（CK）、情境中教學內容知識（PCKCx）、科技知識（TK）、情境中科技教學內容知識（TPCKCx）的統整理解。」如圖4-2，圖中的箭頭代表TPACK的發展是新經驗和學習活動的成果。從圖來看，持續發展的科技學科教學知識是新教學經驗的成果，並構成其動態的發展，也證明從學科教學知識（PCK）到科技學科教學知識（TPACK）的轉變（Jang & Chen, 2010）。下面對於這四個面向有更進一步的描述。

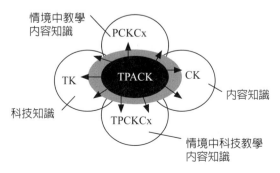

圖4-2　科學情境的科技學科教學知識（TPACK）之模式

一、內容知識（CK）

內容知識是泛指任何科目的教師本身所有的知識範疇（Shulman, 1986, p.9），不僅是論據概念，也包含相關的架構和規則。教師必須維持對學科廣泛的知識基礎，才能夠具有邏輯且有組織性地取得及教授知識。教師的內容知識是指對課程統整的設計（Grossman, 1990），讓教師本身能夠辨別主要及次要概念，並可運用在相關的教學活動中。在實際教學上，內容知識可使教師根據學生選擇適當的教學單元、核心概念和關聯性，以適切的答案回答學生。基本上可以說，內容知識提供了學科教學知識的基礎，但內容知識本身無法區別學科知識在教師和專家學者間的不同（Deng, 2007）。不同之處在於，教師如何將內容知識轉變在教學用途上，以及如何讓學生可以理解的形式（Shulman, 1986, 1987）。

二、情境中教學／內容知識（PCKCx）

學科教學知識是指科學教師運用所有的內容幫助學生對於學科能有進一步的瞭解（Shulman, 1986）。此學科知識是指教師教學知識、情境知識，以及內容知識相互作用產生（Grossman, 1990）。轉變的過程中，教師連結學科內容知識的要素和主要觀念、辨別不同陳述（例如：類比、插圖、例子、解釋、示範和提示）的概念，以及設計教學和課程活動（Shulman, 1987）。

情境中教學／內容知識是有關概念的表述和構想、教學技巧，讓概念困難或簡單學習的知識，瞭解學生的先備知識，以及在特定情境下的認識（Mishra & Koehler, 2006）。Barnett和Hodson（2001）認為教室環境是複雜且不確定的，「教師好比學習者，需要根據各種身處的社交環境，運用不同的知識。」（p.432）科學教師必須熟悉教學環境，建立適合和開放的學習環境，提升學生互動，並以學生的意見和需求為主。

三、科技知識（TK）

二十一世紀的到來，因科技的進步，工具、溝通、資訊以及工作的

本質有了很大的變化（Niess, 2005）。因此，在電腦與網路科技發達的時代，教師必須考量在教學中使用電腦與多媒體科技的可能性。科技知識是指簡報、多媒體、互動電子白板，以及更多先進的科技，例如：網路和數位影像，包含操作特定科技的技巧。科技知識也包括如何安裝及卸除電腦周邊設備裝置和軟體程式，還有建立及儲存檔案。科學教師必須要具備運用多樣化科技在教學和學習環境上。此外，要瞭解運用不同科技會得到不同教學成效，例如：簡報適用講述型的課程，多媒體動畫可用於連續呈現複雜的過程，部落格則讓學生分享心得以及作為社交聯繫。此實驗在問卷中列出四項最常使用的資訊和通訊科技：(1)簡報；(2)多媒體（例如：動畫、影像）；(3)互動白板；(4)網路平臺工具（例如：Facebook、Blog、Google、YouTube）。

四、情境中科技教學／內容的知識（TPCKCx）

　　情境中科技教學／內容的知識視為讓教師能具備在特定情境中，設計強調科技的教學及學習的獨立知識個體。秉著運用科技的知識和自覺，教師能夠重新思考之前因傳統的而無法安排的課程內容，因為科技能有更好的呈現（Angeli & Valanides, 2009; Jang, 2008）。換言之，為了能讓科技變成教學和學習的一部分，教師需要「發展與科技及其影響教學意涵的學科概念」（Niess, 2005, p.510）。這個概念的核心是認為科技並不僅是傳達資訊的工具，而是豐富學生學習的認知夥伴。當教師的內容、科技與教學法知識獲得良好的整合時，有助於發展他或她的TPACK，會加強學生建構特別情境中的知識，它是一種堅固的知識系統，能提昇學生的學習。

第四節　科技學科教學知識的發展

　　Chang、Tsai與Jang（2014）研究發現，大部分臺灣國中科學教師（89.5%）有整合ICT工具於科學教學當中。國中科學教師整體的TPACK，在性別變項顯示無顯著差異。我們進一步檢驗教師們在性別變項上，個別的TPACK因子的情形，發現男性教師在科技知識（TK）問項

的評比顯著比女性教師高。其他研究顯示，科技相關的變項有出現性別差異。Vekiri與Chronaki（2008）發現，小學各年級的不同，學生在科技使用上顯示有性別差異，男學生比女學生在校外更常使用電腦，電腦自我效能與價值信仰更為正面。Yuen與Ma（2002）檢驗職前（實習）教師的電腦接受度，發現電腦是否容易使用，對於女教師的使用動機之影響高於男性職前教師；而男性職前教師對於實用性、有效性的覺察，高於女性職前教師。然而，研究者發現，科技相關的變數產生不同的結果，根據性別變數基於不同的研究範圍，教師的科技知識成為發展教師教學技能、整合科技與提升教學效能的必要條件（Lee & Tsai, 2010; McGrath et al., 2011）。

就教學經驗而言，經驗教師的PCKCx顯著高於新手教師，新手教師的TK 和TPCKCx顯著高於經驗教師。PCK相關研究顯示，一般而言，經驗教師的內容教學知識隨著年資與實務經驗而逐漸發展。Friedrichsen等人（2009）與van Driel、Verloop和de Vos（1998）指出，經驗教師能更好地整合內容與教學管理的知識，因他們更有機會可以透過實際教學經驗而累積，而新手教師的整合技巧與知識仍在發展中。推論其可能是服務年資達26年以上之科學教師皆為校內資深教師，無論在教學法或學科專業知能方面皆累積十分豐厚的知識與經驗，相較起服務年資在5年以下資歷較淺之教師，明顯較具自信心。因此，服務年資在26年以上的資深教師，在「情境下的教學內容知識（PCKCx）」層面素養的自覺表現，高於服務年資在5年以下之教師。

另一方面，較無經驗的教師對TPACK的組成因子中的科技知識（TK）較感興趣，包括相關科技教學內容知識（TPCKCx），且評比高於且顯著較具教學經驗的教師。本研究發現的一個可能解釋為新手教師多半為年輕教師，處於職涯的起步階段，他們較願意花時間學習科技與科技應用於教學的知識。然而，自目前的研究無法做出結論，關於差異和差異背後的理由為何。建議未來的研究可以探討男性、女性教師的科技知識有何不同，經驗教師和新手教師在PCKCx、TK和TPCKCx有何不同。

國中科學教師整體TPACK素養對應四種最常使用的ICT工具，有明顯的差異。考慮教師所選擇的ICT工具，科學教師使用網路平臺工具的CK和

PCKCx，顯著高於使用其他ICT工具者（例如：簡報、多媒體動畫和互動式電子白板）。而使用互動式電子白板者，他們的TPCKCx顯著高於其餘三種ICT工具者。Jamieson-Proctor、Finger和Albion（2010）做了一個研究在於檢驗職前教師TK的自信，發現職前教師認為使用文書處理、簡報軟體、電郵、網路瀏覽器和網路搜索的能力，較強於多媒體發展、創作、視覺思考軟體、數位影片編輯和網頁發展等方面。本研究的發現與Jamieson-Proctor等（2010）的相符，科學教師在不同的ICT工具上呈現不同程度的科技能力。

　　科學教師使用四組當中ICT不同的工具，多媒體（n=261, 54.6%）是最常使用的ICT工具，簡報第二（n=177, 37.0%），網路第三（n=25, 5.3%），互動式電子白板（n=15, 3.1%）第四。在教師當中以多媒體（例如：動畫和影片）為最常使用的ICT工具的群體，男性的TK顯著高於女性教師，新手教師的TK和TPCKCx顯著高於經驗教師。透過研究發現，男女性教師使用動畫和影片多媒體者認為自己的科技知識是達顯著不同的。此外，新手教師和經驗教師當中以動畫和影片多媒體者，認為TK和TPCKCx亦達顯著不同的。

　　然而，Chang、Tsai與Jang（2014）的研究結果顯示，我們無法指出不同點為何，因而需要更多實證研究作深入的探討。ICT工具種類繁多，將來在使用上會有更多功能上的結合，未來需要更多調查教師教學技巧和整合不同的ICT工具之間關係的研究。

貳、理論篇

第五章

行為主義教學
理論與應用

　　教學理論的演進有如生物的演化論一樣，隨時間的推進而有不同的理論發展。各種不同的教學策略都有其理論基礎，也受到教學理論發展的影響。在1970年代以前，教學策略主要受行為教學論所主宰，其教學效果如何，大家有目共睹，但其很有限而且不彰顯。1970年代之後，由於認知心理學開始發展出認知教學論，Piaget教學模式的提出，對於教學品質提昇助益良多，使學生的學習更有效而有意義。1980年代，繼續發展互動教學論，它是綜合行為和認知教學論，強調教與學互動過程與結果。其中又發展訊息處理理論，對於形成長期記憶的學習過程投下很多的關注，使得教學策略開始注視學生的長期記憶。到了1990年代，更進一步提出建構教學論，使得學生的學習能夠主動建構知識而獲得真正的學習；然後發展多元智能論，認為一個成功的教學必須要能引導學生充分發揮他們的潛能，其主要目標是要開發學習者多元智能。2000年是九年一貫課程統整論，強調課程統整與協同教學。本章先探討行為教學理論的意義與教學應用，其餘教學理論分別在各章中詳述。

　　行為主義自Watson於1913年擷取Pavlov的古典制約作用與Thorndike的連結主義理念而創立科學心理學的理論體系後，正式成為心理學的一門學派。隨著時代變遷，一些行為學派的心理學者提出不同於Watson的理論建構，心理學史上也以此為分野，將1930年代以前Watson的理論稱為「古典行為主義」（Classical Behaviorism），1930年代以後的行為理論稱為「新行為主義」（Neo-Behaviorism）。新行為主義中也因其理念的不同，進一部分化為「形式行為主義」（Formal Behaviorism）、「非形式行為主義」（Informal Behaviorism）和「極端行為主義」（Radical Behaviorism）（張春興，1996）。其中，極端行為主義的代表人物就是B. F. Skinner，雖然他的一生充滿了極端的讚揚與批評，但不可置否的是，他所提出的操作制約理論對心理學和教育學兩方面都產生了莫大的影響，即使行為主義的學術地位已式微，但它在實務上依舊廣受喜愛和運用。本章分別就古典行為主義、嘗試錯誤學習理論和操作制約新行為主義來討論其學習理論及教學應用。

第一節　古典行為主義

古典行為主義主要以二十世紀初俄國生理學家Pavlov和美國心理學家Watson為代表人物，以下依其代表學者、實驗、基本理論等來介紹。

一、古典制約作用（Classical Conditioning）

在古典制約中，有機體對誘發刺激所作的反應行為係一種對應關係（respondent behavior），反應行為是被動的。

實驗：鈴聲→肉粉→唾液分泌

實驗時讓狗站在實驗臺上，並用繩索縛住其身軀，控制其活動範圍。當制約刺激鈴聲呈現的時候，狗會有一些探索的活動，並且未有唾液的分泌；幾秒鐘後送出非制約刺激的肉粉給餓狗吃，此時，記錄器即顯示有大量唾液的分泌。巴氏依照「鈴聲→肉粉→引起唾液分泌」的次序，讓狗接受了多次經驗。最後鈴聲呈現時，雖然沒有肉粉出現，狗依然分泌了多量的唾液。換句話說，鈴聲的刺激引起狗流出唾液，就是制約反射的完成（林寶山，1988，p.67）。

俄國生理學家Pavlov（1849-1936）在研究狗的消化腺分泌變化時，無意中發現消化腺分泌量的變化，與外在刺激的性質或刺激出現的時間有密切的關係。以唾液為例，將食物置於飢餓的狗之前，牠的唾液分泌會增多；但Pavlov發現，盛裝食物的器皿與送食物者的腳步聲，也都會使得狗的唾液分泌增加。也就是說，本來與唾液分泌無關的中性刺激，因為與食物相伴出現的時間條件而對唾液分泌產生影響。所以，Pavlov進一步以可操縱的外在刺激，如：鈴聲與燈光，來與食物配對並詳細記錄唾液分泌量的變化，終於建立了廣為後人所接受的「古典制約作用」（張春興，1996）。

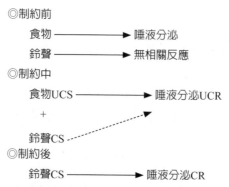

◎制約前

食物 ──────→ 唾液分泌

鈴聲 ──────→ 無相關反應

◎制約中

食物UCS ──────→ 唾液分泌UCR

　　　+

鈴聲CS ------→

◎制約後

鈴聲CS ──────→ 唾液分泌CR

圖5-1　古典制約反應（採用張春興，1996，表5-1加以修正）

　　在談Pavlov的古典制約理論之前，必須先對其理論中的基本元素作定義：(1)非制約刺激（Unconditioned Stimulus，簡稱UCS），指能引起個體固定生理反應的刺激，如能引起唾液分泌的食物。(2)非制約反應（Unconditioned Response，簡稱UCR），指存在於個體本身，毋須經過學習就會產生的反應，如唾液分泌。(3)制約刺激（Conditioned Stimulus，簡稱CS），指原是一種中性刺激，在與UCS重複配對出現後，亦能單獨引起UCR的刺激。(4)制約反應（Conditioned Response，簡稱CR），制約作用形成後，由CS引起的反應。詳見圖5-1，說明如下：Pavlov認為UCS會引起UCR是很自然的事情，就像是食物（UCS）的出現會很自然地引起狗的唾液分泌（UCR）；但如果在食物（UCS）出現的前後（時間順序），將一個本來對狗而言是中性、與唾液分泌無關的刺激（CS），如鈴聲，重複配對出現達一定的次數後，只要單獨呈現鈴聲（CS），狗就會分泌唾液（CR）。

二、古典行為主義

　　Watson（1878-1958）將Pavlov的古典制約作用運用在嬰兒懼怕反應的研究中，他以一名11個月大嬰兒為受試者，安排的實驗程序如圖5-2所示。

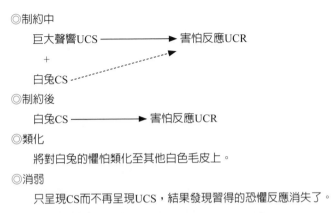

◎制約中
　　巨大聲響UCS ─────────→ 害怕反應UCR
　　　　＋
　　白兔CS �ⁱˢ----------↗
◎制約後
　　白兔CS ─────────→ 害怕反應UCR
◎類化
　　將對白兔的懼怕類化至其他白色毛皮上。
◎消弱
　　只呈現CS而不再呈現UCS，結果發現習得的恐懼反應消失了。

圖5-2　Watson古典制約實驗（Watson & Rayner, 1920）

　　Watson採用Pavlov古典制約作用的原理來解釋人的行為，他認為在行為的基本成分上，人與動物是沒有區分的。人類及其他動物的主要學習歷程是制約作用的結果，任何新經驗之獲得，都是制約學習造成的。他表示：「心理學是自然科學中一個純屬客觀實驗研究的分支。心理學的研究目的在瞭解、預測和控制個體的行為……」同時，他主張教育萬能，認為所有的行為都可以透過「S-R刺激與反應連結」的制約歷程來習得。他曾明言：「給我一打健康的嬰孩，只要形貌得宜，然後在我自己設定的世界中撫養他們長大，我可以保證我能訓練其中任何一個成為我要的專家，無論他的天賦、愛好、能力或種族為何……」（Watson, 1913）。

三、古典制約中的行為法則

1. 類化（generalization）
　　當古典制約學習連結關係產生之後，對於與制約刺激類似的刺激，也會引起相似反應。

2. 辨別（discrimination）
　　個體在古典制約學習連結中，對不同程度的制約化刺激有區別能力，或對類似而未強化過的刺激不作反應。

3. 消弱（extinction）

當制約化學習形成之後，如果增強物不再出現，則制約化刺激與反應之間的連結作用將會慢慢消失。

4. 自然恢復（spontaneous recovery）

當消弱作用發生後，經過一段休息，制約化的刺激單獨出現時，仍會引發制約化反應。

5. 二級制約學習（secondary-order conditioning）

經過制約作用之後，形成一個刺激反應的連結，然後再以此CS作為UCS，因而形成另一個刺激反應的新連結，稱為二級制約學習。二級制約學習中，充當UCS的原CS，稱為二級增強物（張春興，1996）。

第二節 嘗試錯誤學習理論

美國心理學家Throndike是第一位根據動物行為實驗研究而建立的學習理論，他不採用Pavlov刺激的原理，而是從動物的多種反應中，選定某項預期其學習者，每當反應出現時給予立即獎勵，因而加強以後重複出現的機會。同理推論人類的學習經常是盲目地嘗試錯誤的過程，將錯的動作逐漸淘汰，將有效的正確動作固定而保留。

一、實驗：飢餓的貓→關入迷籠→出籠得食

將飢餓的貓關入其所設計的迷籠中，然後在籠外放置食物，使貓可以聞到食物的味道，但貓必須開啟迷籠的機關才可以出籠，然後吃到食物。一開始，貓的行為非常紊亂，偶然中踏到機關才得以打開籠子，離開迷籠吃到食物。然後再把貓放回迷籠中，經過重複的練習，貓終於學得一進迷籠就可以馬上踏機關出籠的有效行為（Throndike, 1898）。

在實驗室中以嘗試錯誤的方法來引導出正確的結果，Throndike認為在嘗試錯誤的過程中，正確的反應受到強化，錯誤的反應則減弱。其學說要點中的嘗試錯誤學習理論提到：學習的歷程是經由一連串的嘗試，在刺激與某一適當反應經由嘗試錯誤學習的過程中連結，而此連結的強弱受到

該反應是否能獲致滿意效果而定。

二、學習定律

Throndike（1913）認為人類和動物的學習，經常是盲目地嘗試錯誤的過程（trial-and-error learning），其中將錯誤的動作逐漸淘汰，並將有效的正確動作固定而保留，也因此衍生出他著名的三個學習定律。

1. 練習律（law of exercise）

練習次數愈多，個體的某種反應與某一刺激之間的連結則愈加強，反之則減弱。

2. 準備律（law of readiness）

刺激反應之連結依個體身心準備狀態而定，個體在準備狀態下反應時，則感到滿足，有過滿足的經驗，則以後在相同情境下自會出現相同的反應。

3. 效果律（law of effect）

反應後獲得滿足效果者，反應將被強化，刺激反應之連結加強；反之，無效果之反應將逐漸減弱。

第三節 操作制約學習理論

B. F. Skinner是行為主義心理學專家，1904年3月20日出生於美國賓夕法尼亞州。Skinner原先主修英國文學，並因個人興趣而修習胚胎、解剖等生物學課程。Skinner原立志成為一個職業作家，大學畢業後因生活困頓，才思枯竭久無創作成果，1928年獲得哈佛大學心理研究所之入學許可，決定改攻讀心理學，1931年獲得博士學位。因研究老鼠的行為，發現操作制約（operant conditioning）的學習理論，奠定其行為主義的基礎。在操作制約中，有機體操弄環境而獲致某種後果的行為，這些後果同時也決定有機體未來是否會再做出類似的行為，所以，操作行為是自發性的。

一、實驗：老鼠→壓到槓桿→食物

Skinner的操作制約實驗是在1938年，以他自己設計的Skinner Box進行的。Skinner Box外部是方形的設計，內部構造極為簡單，主要裝置是槓桿網罩、食物盤及可供傳送食物丸的裝置等。Skinner的實驗是把飢鼠放入Skinner Box中，初時飢鼠會四處走動，在無意間會壓到槓桿，這時，實驗者即將食物丸傳送到食物盤中，老鼠即可獲得食物。而每次老鼠壓桿皆可獲得食物，在經過多次的實驗後，老鼠學會了主動去壓槓桿以取得食物的行為（林寶山，1988）。

行為主義古典制約學習行為是被動的，操作制約學習則是主動的。換句話說，Pavlov的古典制約為何是被動的，乃是說這隻狗是用鈴聲刺激，當鈴聲刺激時，是否會產生動作，為什麼牠是被動，兩者如何分辨？鈴聲刺激時，狗是否出現行為？只有鈴聲時，狗未分泌唾液。那何時會分泌唾液？當肉粉送上時。如果拿掉肉末，牠也是會分泌唾液，但基本上，其行為是被動的。就猶如升學聯考一樣，如要考高中，學生現在還是不讀書，行為很被動，要如何使其真正想讀書，則只好天天考試。所以為什麼我們常說，學習是被動的，等到你明天要考試，回家才知道要K書。因此，你的行為是經過外界刺激，而非主動學習，所以你是被動的。那隻狗是被動的，即使牠以後分泌唾液，牠還是受著外面的刺激影響。然而，Skinner Box的老鼠不一樣，牠為了獲得食物，其行為是出自於主動，是靠著其一步一步慢慢嘗試錯誤中開始學習，最後吃到食物。

二、增強原理

Skinner認為所有的行為都是受到外在環境決定的，外在環境所呈現的結果可以決定個體行為出現的頻率及保留的程度，所以，若能妥善安排每次行為出現的結果，就可以使個體學到我們欲之學得的行為，而減少我們不想其出現的行為。Skinner主張積極地塑造學生良好行為，比消極地懲罰學生來得重要，但他並不完全反對試用懲罰（並非體罰），他指出，除非我們以正增強的方式完全控制個體早年的行為發展，否則我們會無法

放棄懲罰。可知教師在必要時，即學生已形成不當行為，才可適度採取懲罰。

　　增強的呈現方式（schedules of reinforcement）是Skinner行為主義學說探討的重點。增強呈現方式分成兩類：一類是連續性的增強（continuous reinforcement），即對每次行為反應都給予增強；另一類是間歇的增強（intermittent reinforcement），即只是偶爾予以增強（Skinner, 1969）。下列是一些增強原理的應用，行為改變技術的幾個技巧：

　　1. 獎勵的應用

　　教師或父母可以利用某些增強物去加強學生或孩子良好的行為表現。這些增強物包括如下：

　　(1) 口頭的稱讚。

　　(2) 微笑或示意點頭。

　　(3) 給予特殊待遇，如：特別座或看電影。

　　(4) 給學生加分。

　　(5) 給學生「笑臉貼紙」。

　　(6) 給獎狀或獎品，如：品學兼優或全勤獎。

　　2. 懲罰的應用

　　懲罰的方式很多，例如：體罰、訓斥、責罵或隔離（time out）。所謂的隔離常是指個體表現出不當行為時，剝奪個體正在享用的正增強物，迫使個體減弱那種不當行為。另一種方式則是使個體立刻離開現場，以示接受懲罰。

　　3. 代幣制（token economy system）

　　係指對特定群體或個人運用代幣（用以兌換其他增強物品的制約增強物）來增強目標行為的有組織方案。代幣可以兌換的物品通常是各種書籍、文具、玩具、郊遊、看電視、糖果、食物，或者某些特別的待遇，例如：可以優先選擇座位、去圖書館看書等。由於代幣制極為容易，因此在中小學裡，代幣制普遍被用來增進學習成就、消除不良行為，效果頗佳（林寶山，1988）。

　　這就可以引申鼓勵學生在課堂上的發問技巧，如何將此行為變成主

動，因為現在課堂上很少人發問，特別是在中學。當教師問：「有沒有問題？」答案是「沒有」，然後就下課。那教師應如何使用呢？有時候難得學生會主動起來發言，如果得到的是被教師K一頓，責備說：「答什麼東西嘛！」一次接一次，久而久之，學生產生連鎖反應，本來想主動，但是教師的回應竟是如此，使得學生變得消極，往後不論教師問什麼問題，學生即使會也不願意回答。其實源頭上，學生是主動的，但後來被教師的負增強給減弱；另有一種源頭是說，他本來就被動，但你給予他刺激後，並給予鼓勵正增強，他就會變得主動，故要分清楚其源頭為何。所以，教師教書的方法就是要讓學生主動，那就是使用操作制約之增強原理。

三、行為主義之理論發展階段流程

如表5-1所示。

表5-1　行為主義之理論發展流程

	古典制約 （1913-1930）	工具制約 （1930-1940）	操作制約 （1940-1950）
代表人	Pavlov	Thorndike	Skinner
實驗過程	鈴聲→肉粉→唾液分泌	飢餓的貓→關入迷籠→出籠得食	老鼠→壓到槓桿→食物
行為的習得	被動的	盲目的	自發的
結論／理論	1.刺激─反應連結 2.人類及其他動物之主要學習歷程是制約作用的結果，任何新經驗的獲得均是制約學習造成的。	1.由嘗試錯誤的過程將錯誤之動作淘汰，保留正確有效之動作而學得行為。 2.學習三大律： 　(1)練習律 　(2)準備律 　(3)效果律	1.以「操作制約」，即獲得經驗的學習理論之基礎。 2.以增強作用加強獎賞觀念，強調「主動強化」，乃行為習得之關鍵。

四、教學技術（teaching technology）

教師在進行教學設計時，要考慮下列四項問題（Skinner, 1954）：

(1) 要建立哪些終點行為？　　(2) 能應用哪些增強物？

(3) 會產生哪些反應？　　(4) 如何有效的安排各項增強？

　　教師必須要有些教學技術。教師的技術，指的是教師要建立哪些終點行為？要使用哪些增強物？譬如說，如回答一次，送一張貼紙。安排一下怎樣的發問技巧，讓學生願意發問。這時，教師在班上用的方式是循序漸近的，先送貼紙，再答得好一點，加些平時分數，再來用什麼獎勵，教師可以自訂一套遊戲規則，慢慢的爬到一個程度，達到最後各項增強之後，學生達到終點行為，即人人喜歡發問，人人喜歡答題。這時，教師的終點目標就達成了。

　　至於獎品，不一定要是很貴的東西，有時候教師可以自己製作，甚至依據學生的喜好，如有人喜歡畫畫，那麼教師就可以送他畫筆等，增強物可具有創意。例如：國小學童喜歡貼紙，教師就可以設計，集滿十張可換成花→成長樹→智慧果子。此方法可運用在個人或團體。增強原理有很多技巧，不一定要花錢，因為其實現在的學生都很有錢，不見得用錢是合適的，所以要看應用技巧。

第四節　精熟教學

　　本章行為主義教學理論介紹了古典制約的作用，以及操作制約理論，這些理論對於學校的教學都產生莫大的影響力，特別是Skinner的增強原理，逐漸強化學生的學習情形。精熟教學是一種頗具有創意的行為教學理論與方法應用。它的基本構想是對所有不同能力的學生，提供各自所需的學習時間，則每個學生的成就都能達到所謂精熟的地步。代表人物是Carroll（1963）和Bloom（1968）。

一、Carroll的學習模式

　　Carroll認為傳統學校的教學總以為學生的學習成就，決定於學生的性向（學習智能或能力）。但Carroll覺得學生的性向只是反應他的學習速度指數，每個學生都有學習能力，所不同的是學習所需的時間而已。如果讓不同的學生都有充分的時間來學習，他認為每個學生都能學好他的課業（It is about learning rate, not learning level）。學習某一學科的「性向」，可

視為學習者學習科目教材到某一水準所需的「時間量」。Carroll認為所有學習者皆能達到某種學習成就，只是每個人所需要的「時間量」各異而已（Carroll, 1963）。

Carroll採用以下函數來解釋：

$$學習程度 = \frac{學習使用時間}{學習所需時間}$$

$$即 f = \frac{TS}{TN}$$

註：TS（time spent），TN（time needed）

(1) time spent：包括學習的機會及學習的毅力。

(2) time needed：包括學習的速度（性向）、教學的品質和教學的瞭解能力。

學生評論：在讀神經心理學的時候，我們知道大腦內有好幾個區域，分別管理各個不一樣的能力，比方說有的控制語言能力、有的處理思考能力、有的是空間、邏輯推理等各種能力。如果管理大腦的神經尚未發展成熟，則可能比一般人表現的水準差。如果大腦的神經根本沒有發展成熟，硬逼學生去學習這些東西，那是不可能的事。所以，為什麼有些小朋友叫作學習障礙兒童，可能他們整體是正常的，但是他們也許數理能力就是特別差，這方面的能力是不行的，因為他這部分根本就不成熟，教師如果再刻意要求，對小孩子來說是有些殘忍的。

教師總結：每個人都有他的多元智能，只是他的激發潛能不一樣，發達不發達而已，有些人語言智能很強，有些人數理智能很強，但對藝術、人文這方面稍微弱一點。但是Carroll認為每一個人都有這樣的智能，如果能被適時地激發，智能都可以被啟發出來。但從經驗來說，的確有人那方面比較弱，然適當的開發他那方面的智能，潛能便會有所改善，所以，這是教師的責任。譬如，學生對籃球有興趣，天天打籃球，基本上，他籃球的潛能就被激發出來了，但是他沒能達到國手或參加奧運，那當然還不是達到那種境界。臺灣所受的就是基本的學習因素，同學剛剛所講的是左腦

與右腦的關係，那同學知不知道左腦與右腦各管理什麼？右腦管身體左半部，左腦管身體右半部。很有才華和創造力的人，表示右腦很發達，所以有人很喜歡用左撇子，認為他們很有才能。不過，Carroll認為潛能只要適當的時間加以開發，一定可以達到目的。但現在因為我們沒有激發學生思考教學，缺乏人文藝術氣息，故很難激發學生其他的多元智能。

二、Carroll的精熟教學理論

1. 學習的速度（性向）：個別差異不同。
2. 教學的品質：不同的教學方法。
3. 教學的瞭解能力：智力和語言能力不同。
4. 學習的機會：克服困難的機會愈多。
5. 學習的毅力：願意去學習的時間量。

換句話說，每位學生的學習速度不同，加上教師的教學品質也不同，對教師所教的配合度，或是教師作引言、符號、理解能力等等，例如：微積分或高微符號看不懂，如果學生聽不懂，教師教起來就非常辛苦，學生的瞭解程度相對而言也降低。假設此單元需4小時學習可達到精熟，那你花的時間可能要更多。與什麼有關係呢？一是你的學習機會，二是你的學習毅力。

教師評論：傳統教學認為採用相同的教材和方法，必能達到相同的目標；但依據Carroll的觀點，不同的學生需要不同的教學方法，才能達到熟練。我們傳統所認為只要有這樣教，全班都可以達到熟練，是不是這樣？相同的教材教法，全班一致，但是不同的學生，他們的速度、品質、瞭解能力不同，所以你當然不可能達到他們個別的需求。因此，你要採多種不同的教學方法或個別教學，或開發更好的學習時間，學生才能達到熟練。所以，精熟教學給我們的啟示是要使學生達到熟練的程度，你必須採用不同的教學方法，然後認識學生不同的需要。

三、Bloom的精熟教學理論

Bloom參照Carroll的想法，也運用Skinner操作制約作用的逐漸

增強的原理，進一步提出他的精熟教學理論，並發展有效教學策略（Bloom,1974）。教師只要有效控制Carroll模式提到的有關教學變項，例如：學習機會、教學品質等，應該可讓全體學生達到精熟標準。

按照Bloom的精熟教學理論，傳統教學方式有下列兩大缺點：(1)教師雖採單元教學，但總是在期中或期末舉行考試，範圍包含許多單元，如果學生考試失敗了，教師與學生都不知道失敗的原因在哪裡。(2)大單元通常包括許多的小單元，並且各個小單元都有前後層次關係，假若前面小單元未學好，則後面連續小單元的學習就會愈困難，甚至採取放棄的態度（張春興，1996）。下列是精熟教學過程的階段：

1. 引導階段

告訴學生要學習什麼、如何學習、熟練標準、成績評定方式等。

(1) 依決定的「標準」來決定成績，例如：達到80%-90%的熟練。

(2) 凡達到這一「標準」的學生可得A成績。

(3) 得A成績的人數沒有限制。

(4) 每位學生的成績不與其他學生相比較。

(5) 有學習困難時，必須參加補救學習。

(6) 若未達標準或未達熟練者，依照總結性測驗分數高低分別給予B、C、D等。

2. 正式教學階段

選定目標→分析教材→單元教學→第一次形成性（精熟）測驗→再學習→第二次形成性（精熟）測驗→熟練→期末總結性測驗→A（優等）成績。

正式教學時，將教材分為許多小單元，每一、兩週教完一單元後，就舉行測驗，學生能達到80%-90%的正確率，算是熟練通過。若學生第一次沒有達到精熟地步，就需額外的學習或補習後，再進行第二次測驗，直到精熟地步，才進行下一單元學習。在學期結束舉行期末考試時，測驗包括全學期所學過的小單元，通過者就可獲得A（優等）成績。未達標準則稱為未熟練者（non-masters）或未完成者（incompletes），依照傳統方式給予B、C、D等較低的等第。

第五節　教與學活動（三）

 主題　圖書館學習活動（*ERIC*，教育文獻查詢等）

目的：為了讓學生寫出一篇具有理論與實務之教學觀察報告，並讓他們充分運用圖書館查詢系統之資源，特舉辦此教學活動。尤其是有關教育研究資料及文獻（中文及西文ERIC等）。

・讓學生瞭解圖書館有哪些教育研究相關文獻。

・學生學會如何進入查詢系統（OPAC）。

・學生如何運用關鍵字，蒐集他所需要的期刊或論文資料。

本活動是配合每學期圖書館學習活動，特請圖書館服務專員解說，並預備相關資料，是電子資訊學習難得的好機會。

學生學習心得：

以往學生常會覺得面對知識浩瀚的圖書館，卻空入寶山而返，無法有效地查閱到自己所想要的資料。此次經由專人講解，介紹館藏的方法、館際如何合作，及ERIC、OPAC等的使用方法，增加學生搜尋資料的技巧，能更廣泛與多元性地搜尋，不再侷限於傳統用紙張訊息查詢，更有系統且節省時間，讓學生對圖書館有更進一步的認識。

在教師的課程中曾上過：(1)上網尋找ERIC相關資料；(2)利用E-mail與組員分享自己所找的資料；(3)使用learning space讓組員相互討論教學展示的題目。對於常上網的我，(2)與(3)皆難不倒我，倒是(1)對於研究生的我而言是相當有用的，以前對於學校的光碟索引似懂非懂，但是經過圖書館員的介紹後，讓我有更進一步的認識，真的相當不錯。

還有一些小缺點，包括：(1)若能在上課前一週給予學生資料，學習效果會更佳；(2)不妨多介紹實體書籍的擺設處，更方便學生檢索；(3)因為學生多用中文的資料，而此次的學習活動乃針對西文，但實際上學生接觸較多的是中文，建議多介紹中文期刊及論文的查詢方式；(4)講解稍快，缺乏實際的操作等。

第六章

認知教學理論與應用

何謂認知？表示「即將知道」，不同於行為教學理論強調個體外在行為之表現。相對地，認知是個體知覺、理解、思考的內在歷程，或一些無法直接觀察到的內在歷程。因此，認知教學強調教與學的過程，而不是教學的結果。代表人物是Bruner，1915年生於美國紐約，為猶太後裔。1937年獲得杜克大學的文學士，1941年獲得哈佛大學哲學博士，是著名的認知心理學專家。他在認知發展研究方面之貢獻，可與Piaget（1896-）相比擬，是自Dewey（1859-1952）以後，對教育理論之建議最具貢獻及啟發性的思想家，他在人類思考、學習、認知發展階段及知識結構等的研究和看法，對今日學校的課程與教學都有深遠的影響。

第一節 Bruner 認知教學論

Bruner認為人類的學習是一種認知能力發展的過程，有兩種方式可以達到學習結果：(1)一般觀念的遷移：指將一般基本概念原理或態度，應用在新事物或情境的解釋，可使知識在基本觀念上繼續加廣及加深，有賴於對學科教材結構的精熟程度而定。(2)特殊訓練的遷移：指利用「特別應用能力」（specific applicability）來學習技能，是習慣或連結的延伸（Bruner, 1960）。

關於認知的基本概念是可以轉移的，譬如說教師現在教一些概念，這個方法與遷移有關，為什麼跟教學方法有關係？例如教牛頓的三大定律之一：慣性概念。這比較通俗，對大學生來說都聽得懂。如果對國中生，他們不曉得，那當教師的你要如何將這些概念遷移讓學生獲得此概念，這就牽涉到「認知」的過程了。這個時候，當然方法很多，有人先講應用實例，譬如：「開車時突然煞車，人的身體為什麼往前？」就是先描述現象，當煞車的時候，它會令人往前傾是一種慣性，然後再歸納成慣性定律，物體不受外力或外力和是零之下，「靜者恆靜，動者恆動。」

因此，教師在教這個觀念時，怎麼教呢？從認知的結果，可以先舉例子，再教定理；還是說先講個定理，再舉例子。前者稱作歸納法，後者稱作演繹法。請問同學們，你喜歡什麼方式？所謂先講個定理就是說，先

講牛頓三大定律，解釋完後開始舉例，例如：開車，啟動的時候，突然往後，為什麼？因為本來靜止，一啟動還是慣性往後。同學們，你的教學方式是哪一個，想一想？所謂歸納法即先舉例子，再歸納出一個定律（先講完例子後，再歸納出牛頓三大定律）；然而，演繹法就是說把理論先講出來，即把慣性定律先講完，再推出它的例子或應用。此兩種不同的教學方法，請同學好好思索一下。或者有人乾脆用灌輸式的教學，不用歸納、演繹，直接講定律。說完了就跳到下一章。

　　前面兩種比較符合認知的教導，只是它的學習方式與教學方式不同，但彼此之間沒有所謂的好壞，只是學習上不同而已。你是傾向哪種教學，因人而異。一般來說，教數學的教師偏向先講定律、理論之後再舉例，例如：畢氏定理；數學系的同學可能傾向演繹法，那演繹就得看授課教師的功力了，有人演繹得好，循序漸進，有人則推演得不好，學生聽不懂，但困難的是理論講完了，但愈推愈難，則學生根本聽不懂。然而，上理化課的教師喜歡從歸納著手，教師先描述性地說明，將內容與生活結合，講完之後再歸納結論。即教師先教簡單概念、實驗，先不告訴你為什麼，最後再總結原理。

　　但可惜的是，之前我們都是受行為主義的教化，都不是像以上那樣教學，沒有先做實驗，也未與生活結合，就直接將答案告訴你。有效教師怎麼教呢？例如：密度，要從生活的一些現象，譬如把拿鐵和木頭丟到水裡，哪一個會沉下去，腦力激盪想一想？當然最後會想到密度，然後呢？生活現象說完了，再做一些簡單的試管實驗，密度主題是經過一個過程之後，再把公式交給學生，然後也可以再講應用。但是現在很多教師的教法並不是這樣，如同樣教密度，一開始就要同學記住密度的公式，實驗浪費時間，因此省略。接著做大量的計算題。然後問學生什麼是真正的密度，跟生活有沒有關係，學生全然不知道。因學生未具備認知的過程，能力發展的過程也很缺乏，只是馬上採用行為主義給學生結果。這種教學法的效果差很多，同學自己體會看看。

　　行為主義教學理論重視外在刺激性質、個體反應及反應帶出的結果，它並不考慮學習者內在的思維或心理運作。因此，行為主義教師會

強調：(1)如何產生教學刺激情境：多灌輸、多考試；(2)觀察學生反應：多背誦、多記憶；(3)處理學生反應的結果：好的獎賞，差的處罰。但認知教學教法不同，能依照學習者認知水準的不同，而選擇適當的表達方式，就能將任何教材教給初學者，其認知發展表徵有如下三項（Bruner, 1960）：

1. 動作表徵（eenactive representation）：操作、表演、實驗等。其特色為經常以動作的反應或操作來代表外在世界。

2. 影像表徵（iconic representation）：圖片、電影、電視等，以內在感官所留下的心像，如圖片文字或知覺影像來代表外在世界。

3. 符號表徵（symbolic representation）：語言、文字等，透過較抽象的語言符號來代表外在真實世界。

Bruner的認知發展表徵與Dale經驗塔理論（The cone of experience theory），具有異曲同工之妙，如圖6-1所示（張玉燕，1994），愈下層愈具體。因此很多的國中生，包括小學生，他們希望有經驗、表演、操作，從做中學；再往上各層次觀察中學，需要一些示範、參觀、展覽、辨識，最難的是思考中學，完全用視覺抽象的符號，然後呢？愈上面愈尖端。我們的學習要從基礎一直到尖端。同學們，想想看對中小學生來說，學習是不是愈具體愈好，即剛才所講的從動作表徵，即從其具體的操作學習開始。

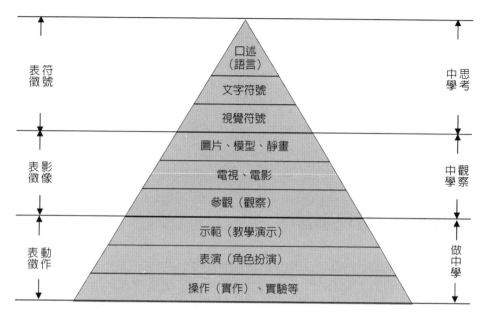

圖6-1 Dale的經驗塔

　　第二是從影像表徵，就是說從觀察到具體的東西，拿一個模型給他看，給他看一部影片，讓學習者藉著影像產生深刻印象，有助於學習。最上面是從抽象中，完全是以符號表徵為主。很可惜很多學校的教師教法就從尖端開始，尤其是數學很難，太多符號，開始就從抽象符號學，難怪學生會不喜歡，造成很多人對數學有恐懼感，因為一開始就從識別符號，也就是說從思考中開始太快，要思考但不能那麼快。因此，做中學」（learning by doing）、觀察中學（learning by observing）、思考中學（learning by thinking），也就是從動作、影像、到符號表徵，它的層次是從愈簡單到愈困難。

　　因此，學習的層次，同學們要清楚明瞭、印象深刻；不然你的教學不會改變，特別是理工科的教師，不要一下子就從符號教起，那是研究生的程度，有些大學生可能有些符號也看不懂。因此要視學生的程度，一般中小學的學生未達到直接採用符號教學的程度，除非他的學習能力非常強。但是教師可能會提出教學時間的問題，但教師們暫且不要管時間，如果每

科都能先從概念教起的話。很多人可能又會說，哪有時間啊？教師們！可不可以先克服第一個觀念：教學是可以改變的。

　　Bruner將人類認知表徵分為三個階段，但在實際教學時，他並不主張按年齡採取三種表徵方式，主要原因是同年級的學生在認知經驗上，亦有很大的個別差異，教師之教學需要配合學生的不同，引導學生如何思考，並從求知的活動中發現原則，進而統整、建構成屬於自己的知識及經驗，這就是他為什麼提倡發現教學理論。

第二節　發現學習

　　在認知的學習過程中，Bruner特別強調學生的主動探索，認為從事各種變化的經驗中去發現其中原理或法則，才是構成學習的主要條件，故被稱為發現學習論。所謂的「發現」，是指重新安排或轉換既定的事實（evidence），使產生一種新的領悟（insight），發現之所以發生不一定要有新的資訊。教師的教學要提供各種問題情境，讓學生用自己的方式由發現中學習（learning by discovery），教學不在於給學生灌輸知識，而在於學生主動求知和學習，幫助學生學習問題解答的各種策略，將各種認知資料轉換為更有用的東西。它是一種過程，不是一種結果。

一、發現學習主要優點（Bruner, 1960）

1. 更容易瞭解教材內容而產生有意義的學習

　　有效的認知活動是不受外在環境賞罰的直接制約，發現學習可使學生因為發現而得到自我成就感，也會因為對自己能力的肯定而得到自我獎賞，可以培養自動自發的態度，使學生成為一思想的建構者（constructivist），去發掘周遭環境中各事物之間的規則及關係，俾使學生更瞭解教材內容而產生有意義的學習，並增進心智發展。

2. 可以幫助記憶

　　在發現學習過程中，學生獲得的不是被動傳輸知識，而是將資訊納入其已發展出來的認知結構中，因此所得到的資訊是具有意義的，不僅有助

於記憶，而且易於取用。

3. 可以產生最大的學習遷移

在概念遷移上，因學生是從具體經驗中獲得，學生從中可因發現而更瞭解概括性的模式或結構，有助於處理未來所面臨的類似新情境。

4. 可以學習如何學習

發現教學讓學生自己主動探索及發現知識原理，有助於學生如何學習，在其中亦獲得基本學習的過程技能（process skills）。

對於上面發現學習的特點，同學們有何評論？

S1：以前家教的時候，教過一名學生，我還是很肯定的說，學生對數學有興趣，而且他也投入滿多時間學習，但是考出來的成績不是很理想。從我與他教學的互動來分析，發現他的反應、對單元概念的理解表現都很好，但是考試成績仍是不佳，請問該怎麼辦？

　T：當家教教師很努力的教，學生也很認真的學，不過成績仍不見起色？

S2：他似乎就是不懂得考試，因為他的一般觀念都有。

　T：教師可能得採用補習班的一些教法，不然補習班怎麼撐下去。教師應給學生一些考試作答的祕訣，不僅在教學上要抓住學生的口味，解題速度的技巧方法、考前複習、猜題也是很重要的。

那麼到底認知與行為如何結合、教師們要如何取得平衡？認知很注重學習過程，如何教學生理解，教師在教學方法設計、探索上，必須千變萬化，但是做出來的效果可能也得考慮學生的成績表現。不然，行為主義又要批評認知教學看不到成效，還不如填壓式的教學，請同學們衡量看看。

像這些認知或行為心理學家如Bruner或Skinner，同學可以發現他們都是朝多元發展的，在大學時代都不是學心理學的，像Skinner是對生物很有興趣，Bruner是對文學很有興趣，但是在那個時代，文學或藝術恐怕也只能當作是休閒嗜好，原因是無法養家糊口。後來Bruner自杜克大學文學院畢業後，就到哈佛大學修習心理學博士，他是一位很有代表性的認知心理學派專家。

　　Bruner很喜歡「螺旋型課程」，根據他對學習的看法是：你如果要達到高峰的話，一定要從最低處（基礎）著手，這也就是說從操作（動作表徵）→圖片（影像表徵）→抽象（符號表徵），但又不是直線。直線與螺旋有什麼好處？有什麼不一樣？同學們是否想到什麼，直線學習與螺旋學習有什麼不同？可以用什麼作比喻？譬如爬山時有什麼不同，為什麼爬山要這樣螺旋式，直線不是比較近、比較快到達目的地嗎？Bruner為什麼講「螺旋型課程」，直線最快啦，就這樣上去。同學們，爬山為什麼要這樣（彎曲）？學理工的同學應該知道吧！因為比較不吃力。物理上有一個原理——向心力與離心力，如果開車開太快很容易拋出去，因為一定要有足夠的寬度。同學中有沒有很會爬山的，爬直線式容易到達，但是難。尤其學習的歷程不是想像中那麼簡單，一定要從外在最基礎的動作、可摸到、可操作的，再進入比較有印象的圖片、內在到抽象符號。

　　同學可不可以再舉個例子，大學生要學高微，一定得先學初微，現在很多系有擋修規定，你一定要先修過基礎的科目後才能再繼續修接下來的課程，這個方法不錯，而且其概念就有些類似「螺旋型課程」。不過很可惜，現在很多教師教學一開始就從符號表徵階段入手，學生的基礎太薄弱，造成上較高等課程時產生挫折感。譬如說物理系的量子力學、數學系的線性函數、商學院的高等會計等等，假使基礎的課沒有上過或沒有學好，你會發現光講符號，尤其教授一來就帶入一大堆看不懂的英文符號，其實學生聽得很辛苦，因為它的意思包括很多，因此愈聽愈不懂，而教師在不瞭解學生的程度下，太快將學生的學習拉入抽象的境界。要用抽象符號教學，學生事前必須具備相當的基礎，如此當教師一講到抽象的符號概念時，學生便能立刻意會過來，並且對教師的教學有所回應。上課不是僅有單方面的教師在講臺上板書，而是透過教師與學生的雙向溝通互動，啟發學生的學習與智能開發，才能真正達到認知教學的成效。

二、教學設計的四大原則

　　Bruner（1966）指出好的教學設計應具有下列四種特色：

1. 最佳經驗（optimal experience）

使學生產生想要的學習和解決問題之意向（dispositions）。Bruner認為學生具有學習的內在動機（intrinsic motives），包括：好奇心（curiosity）、成就慾（competence）、模仿慾（modeling）和互惠慾（reciprocity）等，教師以最好經驗引導學生主動參與學習活動。

2. 最佳結構（optimal structure）

要使學生達到精熟或最佳的理解（optimal comprehension），教師必須有系統、有組織地安排教學與教材結構。此種結構最有助於知識的產生及增進知識的運用。

3. 最佳順序（optimal sequence）

呈現教材的最佳順序就是配合學生的認知發展順序，讓學習更有效。教師的任務是將知識加以剪裁、改編，使之合於學習者的心智成熟狀態及認知發展階段。如此，任何科目的主要概念和結構都可以學生認知發展水準相對應的表徵模式來呈現。

4. 最佳獎勵（optimal reward）

Bruner認為外在獎勵及懲罰對學習並無真正的幫助，內在的動機才是重要的。他相信在教學過程中，有一適當時機可使學生由依賴「外在獎勵」轉為「內在獎勵」，例如：成功時的滿足、有趣及成就感等（黃光雄，1996）。

第三節　發現學習理論之應用

Bruner發現學習論的最大貢獻，在於該理論為「探究發現式教學法」確立了理論基礎，以及其所強調學習情境結構理念，引起以後教材編制重視結構的實踐。主張教師的教學，絕不是「灌輸」固定的知識給學生，而是啟發學生主動地求取知識與組織知識。探究法可區分為指導式探究（guided inquiry）與非指導式探究（unguided inquiry）兩類。此種分類主要是以學生和教師在探究過程中所扮演的角色為依據。非指導式探究又稱為自由發現，指導式的探究常稱為指導式發現法。

一、非指導式探究

美國科學教育學者Carin及Sund（1985）的觀點指出，學生要從事非指導式的探究學習時，必須能夠自己去發掘問題，提出他們所想要探究的問題所在。學生所扮演的是主動、積極的角色，而教師是居於協助的地位，不給予任何指導。在整個探究過程中，完全由學生自行去決定所需蒐集的資料，並加以整理，且最好自行獲得答案，解決問題。

(一) 非指導式探究的特徵

包括下列六項：

1. 學習者的思考過程是由主動觀察、建立假設、進而到推論。

2. 增強學習者探討事物及資料的過程，再從其中建構知識與能力。

3. 教師在整個過程中只提供材料輔助，有時提出一些簡單問題刺激學生思考。

4. 學生可以提出心中所能想到而不需教師進一步指導的問題。

5. 學生從個別的觀察、推論，以及班上其他人的探究中獲得共識，並驗證其假設。

6. 教師要採用分組或全班討論方式，鼓勵每位學習者能提供自己的推論來與班上的其他人分享，而使所有的同學獲益。

(二) 自由探究之條件

根據Piaget的觀點，並不是每一位學生都具有自由探究和發現的能力。美國科學教育學家Carin和Sund（1985）也認為學生必須具有下列三項條件，才適合進行自然科的自由探究學習活動：

1. 曾接受多次「指導發現法」的探究活動經驗。

2. 具備發現和解決科學問題的過程技能。

3. 具備充分的科學知識。

二、指導式探究

指導式探究法的主要目的在指導學生學習的方法，也就是在協助學生

「學習如何學習」。這種「學習方法的學習」是很重要的一種基本學術能力。在此種教學過程中，教師可在學生進行探究之前或在探究之中給予指示與引導，而後再讓學生實際進行探究並自行發現答案所在。

指導式探究教學活動兼顧了教師與學習者之間的角色。教師所扮演的引導學生的角色，與年齡及心智的發展有關係。愈低年級，教師必須提供更多的資料，給予更多的指導；反之，年齡愈大，教師的指導就愈少。若在小學階段採用指導探究法，則學生在中學、大學階段將較能夠進行自由的發現或獨立探究。教師如果從來沒有採用過探究發現的教學，最好先採取指導發現式的學習（林寶山，1995）。

指導式探究的六項特徵如下：

1. 學習者思考的過程是由主動觀察、建立假設、進而到推論。

2. 增強學習者探討事物及資料的過程，再從其中建構知識與能力。

3. 教師在探究發現教學時要控制各種事件、資料、材料或物體，其角色是班級活動的領導者。

4. 學生在教師指導過程中，探究事件的原因與推理。

5. 學生從個別的觀察、推論，以及班上其他人的探究中獲得共識，並驗證其假設。

6. 教師要採用分組或全班討論方式，鼓勵每位學習者能提供自己的推論來與班上的其他人分享，而使所有的同學獲益。

簡言之，在指導式探究教學中，教師在提出問題、促進反應、組織材料和情境上都扮演著相當重要的角色，教師可以說是整個學習的領導者。

三、探究發現教學的實例

㈠指導探究教學實例

主題　　水滴透鏡

1. 先找一把有圓孔的鑰匙，如圖6-2，在圓孔中滴一滴水。

2. 透過水滴觀察細小的物體，看看有何改變？為什麼？

3. 調整水滴與物體的距離，再觀察比較其大小。

4. 用衛生紙將圓孔中的水吸掉一些，使水面凹陷，如圖6-3，再透過水滴觀察細小的物體，看看有何改變。

5. 調整水滴與物體的距離，再觀察比較。

6. 先分組討論，再全班討論。

7. 請每組代表解釋所觀察到之現象。

8. 綜合整理，並比較其功能是否如凹凸透鏡一樣。

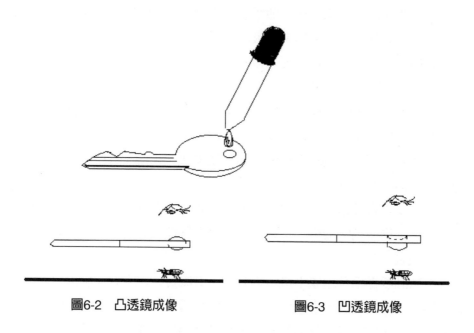

圖6-2　凸透鏡成像　　　　　　圖6-3　凹透鏡成像

㈡非指導探究教學實例

 主題　　**海市蜃樓**

找一個豔陽高照的大熱天，在一條平直的柏油大馬路，望向遠方的路面，仔細看看，有沒有積水的樣子？當車子經過積水處，能否看見車子的倒影？

1. 自行實地去勘察。

2. 自己建立假設。

3. 如圖6-4，探討為什麼？和哪些因素有關？

4. 自行蒐集相關資料（折射、空氣密度等）。

5. 先分組討論。

6. 各組向全班解釋所觀察到的現象。

7. 綜合整理出一些原理或法則。

8. 驗證或修正假設。

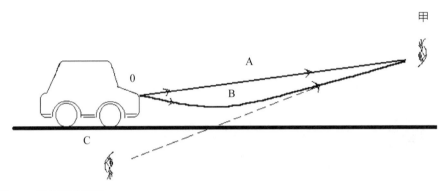

圖6-4　汽車倒影圖

四、發現學習之限制

　　雖然發現探究法在教學上極有價值，但是在實施上卻有些限制。第一個限制是教師的權威心態問題，教師在教學上將自己設定為知識的最終權威，是教室知識的唯一傳遞者，學生則是無條件的接受者。第二個限制是教師缺乏專業的探究發現知識與能力，他們必須面臨學生的挑戰，有時無法回答學生在探究過程中所提到的問題。第三個限制是學生必須先具有相當的知識，即先備技能，否則很難主動從事發現學習。第四個限制是學校缺乏儀器設備，使得教師在教室內無法採行探究教學。如果沒有必要的器材，學生在探究過程中就無法進行各種實驗。教師會發覺此種方法除了少數較聰明的學生外，對多數學生常形成困難。

　　此外，探究發現法在先天上還存在的兩大限制則是「時間」及「錯誤」的問題。探究法比傳統教學法需要有更多的時間。例如：教師的發

問、學生的提問、學生操作器材等，都需要用更多的時間。因此，學者
認為在探究過程中提供指導，將可節省教學時間和增進學習的結果（Col-
lette & Chiappetta, 1989）。同時建議教師可以利用發問技巧來引導學生思
考，但卻要避免告訴學生正確的答案。不過，在探究發現的教學中讓學生
自己去發現概念或問題，常造成學生在思考上的錯誤，特別是在較複雜、
較需要探索、較易出錯的學習情境。學生往往會因遭遇困難而求助教師又
不得要領，亦容易失去信心，減低求知之動機。因此，教師應該對整個學
習情境加以控制以減少錯誤的發生，並且減低學生由於失敗所造成的挫折
感。教師也可以藉著發問及書面資料為誘因來引導學生作較正確的思考，
避免時間上的浪費，增進探究學習的效果（林寶山，1995）。

第四節 Ausubel 解釋教學理論

　　Ausubel是美國認知心理學家，他認為只有學習者自行發現知識意義
的學習，才是真正的學習。只有在學生已有充分的先備知識，並配合學生
的能力與經驗，才能產生有意義的學習（meaningful learning）。學生學習
新知識的能力與經驗，就是他的認知結構。這種有意義的學習，與行為
派所主張的機械式學習（rote learning）不同。機械式學習偏重機械化之練
習，強調瑣碎知識之記憶。有意義的學習則強調新訊息可與學習者之「認
知結構」產生關聯，使新訊息能再以存有學習者之概念體系中（林寶山，
1995）。

一、學習觀點的兩種獨立層面

　　Ausubel將學習分為幾種獨立層面，如表6-1（Ausubel & Robinson,
1969）。他特別強調並非所有的發現式學習都是有意義的，也並不是所接
受的學習都是機械式的，只有學習者將自行發現的知識納入原有認知結構
中，成為他自己的知識，才算是有意義的學習。兩種獨立學習層面關係如
下：

　　1. 接受式學習（reception learning）和發現式學習（discovery learn-

ing）。

　　2.有意義學習（meaningful learning）和機械式學習（rote learning）。

表6-1　**學習觀點的兩種獨立層面**（修正Ausubel & Robinson, 1969）

	有意義學習	機械式學習
接受式學習	＊有意義接受學習 各種訊息先加以消化、邏輯組織後，再以最後之形式提供給學習者，學習者再將它們與已有之知識相結合。	＊機械式接受學習 各種訊息是以最後的形式呈現，提供給學習者，最後學習者將之記憶起來。
發現式學習	＊有意義發現學習 學習者自己發現獲得各種知識與訊息，然後再將它們納入已有之認知結構中。	＊機械式發現學習 各種訊息是由學習者自己發現獲得，隨後將之記憶起來。

　　有意義的接受式學習，意思是說雖然是接受式的（即傳輸式），但經過消化還是變成有意義的，不然我們所學的就變成無意義的。這樣的教學方式對學生來說比較適用，因為將資料訊息有組織、消化後再提出給學生，因此，教師的教學有沒有系統，對學生的學習有相當大的影響。

　　1. 有意義的接受式學習

　　例如：理工科的微積分或物理、化學，如果教師很有系統地授課，雖然是以接受式的方式呈現，學生還是能夠聽懂、瞭解道理。

　　2. 有意義的發現式學習

　　例如：學生自己去探索、組織、歸納，最後跟自己原來的知識融合比較。

　　3. 機械式接受學習

　　例如：直接將公式給學生，不用定義推演理論，就開始公式應用，講完了，請同學背公式，接著做題目，學生根本不知道其內涵為何。這樣的教育方式效果最差了，然而有很多教師因為教學時間不夠或趕課的因素，不知不覺就會出現這樣的教學。

　　4. 機械式發現學習

　　意思是說雖然是用發現式的，但它也不是變成有意義就將它記下來，

所以，明顯的機械式的東西就是將它記起來，實際上根本沒有加以理解、甚至應用。因為將它背下來，雖然是發現式的，但方式是用記憶的，故不知其原因，就是將其記憶下來，故不容易儲存在長期記憶裡。

二、前導組體的意義

前導組體（advance organizer）係指一種以學習者已熟習的知識為基礎而設計的有組織的材料，用來促進新舊教材和學習經驗的連結，它是一種橋梁的功能，例如：一段文字敘述或一道問題。前導組體可分為下列兩種：

1. 解釋性組體：用一般最通俗的概念去解釋。例如：彩虹的概念可作為光折射的前導組體。

2. 比較性組體：用相似或比較方式將新的學習和舊經驗相比擬。例如：水庫流動的方向比喻電流之方向。

前導組體需要靠教師的經驗蒐集例子，並設想一些生活化的點子。尤其現在網路上有很多的小實驗，例如：理化科有許多精緻、有趣的實驗設計可以作為教師們上課參考的資料；數學亦是如此，一些趣味的數學練習，多多少少帶入課堂上的補充，增加生活化數學的概念，然後再進入抽象邏輯的主題，讓學生在學習之前先產生興趣，因此，這些都可以運用在日後各科的教材教法中。

學生在學習的新概念時，首先要用自己既有的概念去核對新概念，並試圖將其納入自己的認知結構中，進而同化為自己的知識。前導組體可以指出教材之間的異同點，避免學習干擾，有助於學習的產生。亦可使學生在教學活動中成為參與者，參與愈多，所學也愈多。

三、解釋教學法

大多數認知心理學家支持發現式學習，行為心理學家則支持解釋教學法。但是，認知心理學家Ausubel根據有意義學習而支持解釋教學法，尤其認知發展到形式階段時採用，效果相得益彰。Ausubel認為，發現與解釋並非相互排斥。解釋教學法所涉及的不只是教師單方面的解述而已，它

包括了師生的對答、資料的關聯及學生接受的過程等（林寶山，1995）。
解釋教學法之步驟如下：

　　1. 確定教學目標：本單元要達成何種教學目標？希望學生能學到或做到什麼？

　　2. 決定教學內容形式：若是事實，採用具體操作或觀察的教學方式；若是抽象，可能就要用比喻或推理方式。

　　3. 例子（example）的選取：好的例子猶如一幅圖畫勝過千言萬語，讓學生能夠將新舊概念結合。在概念教學中要包括概念的各項「重要特徵」，在類推教學則要用包括某一種「關係」。

四、解釋教學上應用

　　雖同屬於認知學習範疇，Ausubel根據有意義學習論所發展出來的教學模式，卻與Bruner的發現學習法大不相同。Bruner發現式教法，教師所扮演的是引導者角色，教師不講解教材，只鼓勵學生主動發現和探索其中的知識。而Ausubel的有意義學習論所主張的乃是「闡釋型教學」（expositive teaching）方式，建議教師教學時需詳細規劃教材，並根據學生經驗能力的瞭解，將教材組織成為有系統的知識，然後條理分明地對學生講解並予以引導。在實際教學應用過程中，建議採三個教學步驟來促進有意義的學習：(1)提供前導組織，引導學生進入新知學習的準備狀態；(2)有系統、有組織地呈現學習教材；(3)依「漸進分化」和「統整調和」之原則，清楚地講解說明教材內容，幫助學生分辨新舊知識的異同，進而建立整合性的知識整體（黃政傑，1997）。

　　譬如上到數學三角函數時，學生之前必須具備三角形三邊關係、角度概念、分數概念，必須先有這些預備的知識存在，才能進入三角函數。但是請注意，同學剛剛所說的是先備知識，然而，先備知識與前導組體不太一樣，先備知識是事先具有的，前導主體是要將學生先備知識拉過來搭一座橋並運用到新概念。請問同學剛才所指的前導主體是什麼？我們要用的是有關邊的關係式──對邊／斜邊，因此第一步是先畫圖，讓學生自己先找邊與邊的關係，設定一個角度，這樣學生可能會比較有興趣。這聽來似

乎沒有很強的前導主體，所謂前導主體的功能最重要的就是進入新資訊的準備，使學生有學習的意願，主動去發現學習的樂趣，進而啟發學生的思考和邏輯創造。

第二步是教師有系統、有組織地講解三角函數的定義，邊與邊對應之關係，將六個三角函數有系統地呈現，讓學生看到一個有系統的圖面。第三步是教師將這些概念漸漸統整與調和，會發現正弦函數的值隨著角度增大，餘弦函數則相反。最後將它運用在生活實際例子中，並作整合與歸納，相信學生會獲得較完整的三角函數概念。

第五節 講述教學方法

一、前言

講述教學法（didactic instruction）又稱講演法（lecture），是一種解釋或詮釋式教學法，可以算是最傳統的教學方法，也是目前最普遍被各級教師所使用的教學方法。所謂的講述教學是以某一特定主題為中心，作有系統、有組織的口頭教學。一個良好的講述教學，除需配合學生之需要，亦需因應課程、教學目標作適度之調整，以激發學生的學習動機，並指導學生的學習，而能深入淺出地作口頭生動的說明或介紹，期望學生經由閱讀、思考、交談互動獲得知能或概念的瞭解。

二、原因與功用

講述法之所以能歷久不衰而為普遍教師所採用，以其進行過程來看，可歸納出下列原因，茲分述如下（李祖壽，1981）：

1. 方便：不受時間、空間的限制。
2. 經濟：不用花錢預備輔助教材。
3. 省時：時間掌握力較強。
4. 自主性高：教師可自行調整進度。
5. 系統化教學，架構清楚。

6. 控制性強：較易控制上課秩序。

另外，講述法在引起動機或喚起舊經驗上，可採作一種引導的功用。其主要的功用如下（林寶山，1985；吳鼎，1974）：

1. 介紹新課程的概要及作者的生平，可用講述法來引起學生的注意。

2. 講述法可補充文字、圖形、技能等教材之簡略或遺漏，直接可將完整的知識教給學生，使學生獲取的知識有一完整的體系。

3. 適合基礎學科和概念的學習。

4. 一些艱深的教材，學生無法自學者，可用講解說明來解除疑惑。

5. 能展現較廣泛有趣的教材來進行教學。

6. 整理教材的系統、解答學生共同的問題、訂正共同的錯誤，以及指定作為等，皆可用講述的方法。

三、缺點

根據一項國外的研究發現，學生的記憶量因下列情況有所差異（Clark & Starr, 1986）：

‧能記住所「讀到」的10%；

‧能記住所「聽到」的20%；

‧能記住所「看到」的30%；

‧能記住所「聽到及看到」的50%；

‧能記住所「說過的話」的70%；

‧能記住所「說過並做過」的90%。

由此可知，若學生的學習僅偏重於讀、看、聽，而缺少說話及實作的機會，則能保留住的學習經驗並不多。根據上述研究結果並綜合各家說法予以彙整後，就講述法的方法本身提出其實行上的缺失：

1. 單向傳授：教學效果難傳授。

2. 互動性差：師生互動性低，也無法透過團體討論來達成學習。

3. 被動學習：學生處於被動學習。

4. 注意力分散：枯燥無變化，使得學習情境不易塑造。

5. 學習效果差：成員只能透過考試得知。

6. 忽視個別差異：齊平式教法易忽略學生的個別差異。

7. 是最易對教師的喉嚨造成損傷的教學方法。

四、講述技巧

學習是一個過程，在教學中引起學生學習的首項要件為引起學生的注意和興趣，此有賴於學生對課程內容的理解程度和保留的多寡，且與教師講解技巧的運用有莫大影響。

根據研究指出，教師運用動態性、有技巧的傳達方式時，所教學生在理解和保留訊息的成功性大於當教師的傳達方式較差的受教學生。因此，設法改進口語及非口語的教學表達技巧，非常重要（張世忠，1999）。

㈠良好的口語表達：六項策略

1. 採用你在一般會話中自然的節奏和聲調改變。

2. 解釋較複雜或較困難的課程內容時，將講解速度減慢。

3. 偶爾加強講解速度，反應內容或心態上的改變，以引起學生的注意和專心。

4. 講解重要部分時，先停頓一下，以強調其內容重要性。

5. 停頓一下發問，讓學生回答，以增進學生的瞭解程度和吸收資訊，或反應某些可傳達教學效果而不需要答案的問題。

6. 運用標準發音並改變音量大小，以強調或再度引起學生的注意。

㈡良好的非口語表達／肢體語言：五項策略

1. 身體從某一位置到另一位置之走動，是隨著講解的內容而定。譬如談到一個新的主題時，身體姿勢可稍作些移動。

2. 適時地移動身體有助於再度喚起學生的注意，或允許其作片刻的休息，亦可幫助教師本身放鬆。

3. 使用手勢來配合解說重要內容並使用得恰到好處。

4. 時常建立你和學生的連結，與每一位學生作直接的眼神接觸，因每一位學生都需要你的接觸。

5. 投射出你對內容的熱忱和分享，且配合面部表情與身體姿勢。

第六節　教與學活動（四）

主題　教學觀察與評論報告

為了讓學生在課堂上所學的教學理論與方法能實踐，每位學生必須觀察一所高中（職）或國中教師的教學，時間約為1至2小時，並且要符合自己本科系的科目，觀摩學校的教師由簽約的實習學校推薦或自行洽詢。每位學生必須記錄上課教師教學的過程與教學技巧，寫一份心得報告，並且要使用在課堂上所學的教學理論與方法去評論這位被觀察教師的教學過程，最後寫下自己未來的教學展望。

學生觀察心得

這次的教學觀摩活動，是我第一次的正式官方交涉，頗為緊張，但我還是成功的敲下觀摩時間。老實說，對於這次觀摩活動，我最大的收穫就是不再那麼怕羞，敢去與人交涉。不過，我覺得教師要我們去教學觀摩的目的是要我們「見賢思齊」及「見不賢而內自省」，希望藉由這次的觀摩，我們能夠有所啟發，對我們的未來教學生涯能有所幫助，所以我對這次的觀摩是很用心的，希望能學到一些精華。

並不是每一位現職教師皆答應我們的請求，給予觀摩的機會。因為有的教師認為這會造成他上課的壓力，加上班級上課秩序不太良好會覺得很丟臉，不好意思讓我們去觀摩、看笑話。其實我認為所謂的「觀摩」並不一定都看到好的示範，反而較不好的示範會讓我們提前發現我們在真正教學時，可能面臨的問題，而使我們能深入思索，當遇到班上有調皮的男同學刻意搗亂上課秩序時，教師該如何處理？就我個人的看法，我想在學期初瞭解班上每一位學生的家庭、背景、學習態度與個性是相當重要的，發覺學生有異狀就儘快處理，單獨約談關心學生情形，並且若能再配合一些能引起學生學習興趣的教學活動，依照個別差異，分派適合個人不同的作業或任務，賦予他們成功的機會。

　　這次教學觀察的感想是，能夠將教學原理課程所學的理論運用在實際教學中，例如：教師的上課方式採活潑、重啟發；教材使用上，多輔助工具（投影片、錄影帶），引起學生興趣；教導學生方式，正增強運用；以及身教、言教的表現，在我們細細觀察中，便可以蒐集到很多寶貴經驗。每一位教師的教學方法不同，可以學習好的，避免其缺點，以幫助我們未來教學上的參考。另外，班級環境的營造、師生互動、教師臨場解決問題的反應（實際的教學環境及突發狀況），都是需要不斷學習。

　　在這次的教學觀察中，讓我覺得滿震撼的是教師挑戰傳統「你聽我講」的教學方式，針對學生特質，適當運用發問技巧，引導學生作多角度的思考，讓學生學會自行「建構」數學概念，並安排題目讓學生各自練習，再由一些人上臺作答，讓學生比較答案，再由學生說明為什麼作法、答案看起來會不一樣，透過質疑、辨證，培養學生獨立思考的判斷能力。在教學觀摩這節課裡，師生互動的情形打破了傳統教學的藩籬，「數學課」在教師的引導下好像又活了起來，似乎變得更有趣了。看見同學各自發揮自己的專長，快樂學習數學知識的「眼神」，想必每位同學的收穫一定非常多。

　　經由這次教學觀摩，使我獲益良多。除了實地觀摩教師的上課情形、教學技巧、班級秩序控制及師生互動等，還與教學理論作了一番驗證，而我索取來驗證的教學理論是認知教學理論，除了自己比較瞭解此一教學理論外，更重要的是自己比較認同此一理論所提的教學精神。利用所學的教學理論，加上自己的經驗去評論此一教學者教學的優缺點，可以使我對於教學原理有更深一層的瞭解，對於自己日後從事教學工作時也能截長補短，發揮平時所學的教學技巧。我對教學觀摩實施的建議有下列幾點：

　　1. 教學觀摩應該舉辦一次以上，作為教學比較之用。

　　2. 教學觀摩最好於學期末時進行較佳，因為此時學生對教學原理有較全盤性的瞭解。

　　3. 教學觀摩的場地應不侷限於教室中，其他如實習工廠等也可以進行教學觀摩。

第七章

互動教學理論與應用

　　互動教學理論不同於傳統行為教學理論和認知教學理論之處，在於其主張環境影響之外，個體內在認知也是構成學習的重要因素。換言之，互動教學論乃融合了行為教學論和認知教學論，它主張認知學習行為、內在心理歷程和外在環境三者是相互關聯的，唯有透過內在心理歷程和外在環境刺激的互動，才可能產生認知活動和學習行為（黃政傑，1997）。其代表的理論有Gagne（1916-）訊息處理學習論及學習條件論，和Bandura（1925-）的社會學習論。

第一節　訊息處理學習論

　　Gagné生於1916年美國東北部的麻薩諸塞（Massachusetts）州，於1937年完成耶魯大學（Yale University）學士學位，隨後進入布朗大學（Brown University）就讀研究所，於1939年完成心理學碩士學位，1940年獲頒博士學位。Gagné融合了行為和認知心理學觀點，並強調教師教學與學生學習的密切配合，他的主張對於今日課程設計與教學實施均頗有影響力。他發現當代訊息處理理論的學習觀點，最適宜解釋人類內在學習歷程。

　　有一本書叫《學習革命》，你如果去看那本書，你會發現人的腦真的是無窮無盡，只是你沒有看見。你要相信，人腦真的是潛力無窮，小孩子從0歲開始就在學習了。你千萬不要以為小孩聽不懂，你會發現小孩子在幾年內（尤其是4歲以前的小孩），小小的腦袋裡已經裝滿了不少的東西。因為我試過，如果你教他、刺激他，他雖然還不是說得很清楚，但是他會用一些動作或哼一哼用聲音加以輔助。到底人腦如何學習與記憶一些事務，首先要認識Gagné的訊息處理模式。

　　根據圖7-1所示，Gagné主張環境中的刺激為學習者的感受器（receptor）所接收，這些訊息立即轉換為神經衝動（impulse），進入大腦中樞的「感覺記錄器」（sensory register）作極為短暫的停留。隨後只有那些能引起學習者注意的部分訊息，經由「選擇性知覺」（selective perception）的歷程，進一步儲存於「短期記憶」（short-term memory），其餘的訊息

則就此消失。

　　短期記憶內的訊息必須進一步轉換成語義的（semantic）形式，或者有意義的（meaningful）形式，然後與舊有相關知識結合，儲存在「長期記憶」（long-term memory）內。然而，經過轉換的訊息接著進入短期記憶，被轉換的訊息能夠在短期記憶裡持續一段時間，通常大約持續至20秒。有些證據指出，短期記憶有兩種儲存方式：(1)聽覺形式，學習的訊息最初以聲音的形式被學習者的內在聽見。(2)能用語言表達的形式，學習者在此形式裡能聽見自己說的訊息。例如：當我們回憶必須撥出的電話號碼時，我們有印象聽到自己重複電話號碼（趙居連譯，1997）。但是，學習者也很可能使用另一種儲存方式，像是視覺意象來記憶看過的圖片景象（Paivio, 1971）。

　　短期記憶的容量相當有限。許多研究指出，短期記憶的容量和即時記憶的廣度類似，也就是說，短期記憶能夠約略容納七個加減兩個記憶項目（Miller, 1956）。項目本身可能是字母、數字或單音節的字詞。一旦容量超過飽和，當新項目加入儲存時，舊項目必須被「推擠出去」。但是，短期記憶另一項有趣的特質，即是它有能力在心裡將訊息安靜地重複，我們稱此過程為複誦（rehearsal）。顯然，複誦擴大了短期記憶的儲存容量，而且保存項目更長的時間。複誦的過程也協助編碼訊息，成為進入下一個結構長期記憶的輸入物。但是儲存於短期記憶的項目數量並不因複誦而增加（趙居連譯，1997）。

　　Gagne的主張是，當個人需要提取長期記憶內的訊息時，通常採取兩種回憶的途徑。最常見的方式是藉助某種回憶線索，在長期記憶內檢索提取（retrieval）出相關的資料，送回短期記憶（又稱工作記憶），然後視實際需要進行分析整合或運算的工作，隨後送入「反應形成器」（response generator）。一旦「反應形成器」組合妥當的反應系列後，會引發學習者的「執行器」（effector），如手、腳、嘴等對外界環境輸出反應，也就是表現出可觀察的「行為」（performance）。

　　此外，「編碼過程」是訊息能否存入長期記憶的重要關鍵。最常見的方式包括一再複述學習內容（rehearsal），把學習題材意義化（elaboration），以便和以往所學銜接，或是將學習內容分類作組織（organization）。事實上，不少的學習策略便是在協助編碼的過程。編碼是否得當，不僅影響知識的獲得，也會影響日後對該知識的回憶（retrieval，又稱檢索提取）。

Gagné認為上述學習與記憶過程的運作，主要受到「期望」和「控制執行」兩項因素的影響。所謂「期望」，是指學習者想要達到自己或他人所定的學習目標的一種特殊動機。「期望」是執行的控制過程另一個更低層次的類別，它代表著學習者為了達到某學習目標而產生的特定動機，學習目標可能是外界設定或學習者自己設定的。學習者期望達到的事物會影響他們的注意方向、他們如何編碼學習的訊息，以及他們如何組織他們的反應。期望是連續的東西，朝著學習者期望完成的目標而進行。（趙居連譯，1997）

「控制執行」是指學習者本身控制主宰上述內在歷程運作的「認知策略」。換句話說，它引導學習者的注意力、決定如何進行編碼、如何檢索提取、或如何組織反應系列等。「期望」和「控制執行」是經由後天學習而來，並儲存在長期記憶當中。隨著經驗的累積，學習者愈能經由這兩者有效地控制其內在的學習歷程，進而增加其「獨立學習」（self-instruction）的能力（黃光雄，1996）。

「期望」和「控制執行」兩組互相關聯的過程，在任何的訊息處理解釋人類學習和記憶上，都扮演著重要的角色。很顯然地，從圖7-1可知學習和記憶並不能以簡單的訊息流圖表的觀點加以說明。此時也必須有一些過程，學習者可以藉由這些過程，選擇每一階段所顯示的處理的特質。學習者的注意如何被引導、訊息如何被編碼、訊息如何被提取，以及訊息如何被組織成有組織的反應，這一切都需要選擇策略。這些過程使學習者成為真正明智者的個體「學習如何去學習」的人，因而使學習者能夠成為大部分自我指導的人（趙居連譯，1997）。

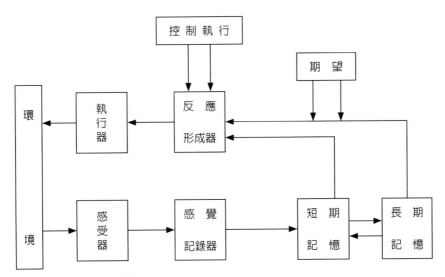

圖7-1　Gagné訊息處理模式

資料來源：引自Gagné（1985: 71）

　　同學不要以為自己只是學數學或化學，其他都不行，其實只要你有時間在其他的學門試一試，搞不好在另一個領域是天才，只是你沒有去培養激發。像老師以前是學物理，後來讀博士班時，物理要做很多高深的研究或本身的理論要很強，我發覺自己好像爬不上去了，就轉換學習方向，改學科學教育，學了之後發現自己對教育滿有興趣的，這又是另外一個天地，就努力的去挖掘，真是學無止盡。老師現在鑽研教學，從中看到有太多技巧可以運用在教學上（不論是建構教學、甚至創意教學），因為日後的教學趨勢一定得富變化具創新的設計，激發教師的教學創造力，吸引學生的學習動機。因為我們的腦容量是無限的，所以不要害怕，只要用心去鑽研，日後的成就一定會不同凡響。

　　從上述訊息處理模式的流程發現，學習是一種交互作用的複雜歷程。學習環境中教學活動的設計與安排，會影響到學習者對訊息的處理，這些外在環境的刺激會影響內在處理的歷程。而學習的歷程中有不同的時段，每項訊息的處理都需要花費時間，並且表現出不同的處理方式。尤其刺激的特徵與長期記憶中既有的訊息（知識）有連帶關係，引出了Gagné的學

習階層與學習條件。

第二節 Gagné 的學習條件論

Gagné融合了行為學派和認知學派的觀點，認知學習乃是轉化環境刺激為習得之能力的認知歷程。他提倡學習階層（hierarchies of learning）的說法，認為學習都有一種最合理的學習順序，較簡單的學習行為是較複雜學習行為的先備條件，亦即前面的學習是後面學習的先備條件。

一、學習階層及類型

Gagné先分析人的表現和技能的多元性，然後再對不同學習種類加以解釋，將學習分成八大類，這八類學習之間具有層次之分與先後之別。居於低層的學習簡單，但卻是構成高層次複雜學習的基礎。以下是由簡單到複雜的八類學習（Gagne, 1974）：

1. 訊號學習（signal learning）

訊號學習是人類最原始的學習方式，經由訊號學習，即古典制約學習方式。

2. 刺激反應（S-R learning）

此種學習是指某種反應與某一特定刺激之間，可以經由設計安排，使其發生連結，最後就可以在該刺激出現時引起該種反應。

3. 連鎖作用（chaining）

連鎖作用指上述刺激反應連結學習之後的多重連結。

4. 語文連結（verbal association）

多重連結中，語文學習是最基本的方式。

5. 多重辨別（multiple discrimination learning）

多重辨別是指從多個類似刺激中學到選擇其一的辨別反應。

6. 概念學習（concept learning）

概念學習是指將同類事物按其特徵歸類而得抽象觀念的學習方式。

7. 原則學習（rule learning）

經由瞭解並學到兩種或兩種以上概念或概念之間的關係而產生一些原則。

8. 解決問題（problem solving）

思考時都是運用已學得的概念和原則，達到解決問題的目的。

二、學習的條件

Gagné（1985）認為學習會受到許多因素影響，這些因素大致可分為「內在條件」及「外在條件」兩類，分述如下：

1. 內在條件（internal condition）

是指存在於學習者本身，通常是指在學習者進行某一新學習之前，就已存在於學習者的各種能力、興趣、態度等屬性或因素。

2. 外在條件（external condition）

是指適度增加回饋、多加練習、教學媒體、教學方式等影響學習的刺激和情境，不同的外在條件會造成不同的學習成果。例如：教室燈光、環境、教材教具、氣氛等。

三、學習結果

學習是由行為的改變來表現，那麼經由前述八種學習方式之練習，學生將會習得何種經驗及結果呢？Gagné（1985）在其所主張的學習條件論中提出了五類學習結果，這五類學習結果分別代表不同的學習能力、表現及方式，分別為：

1. 心智技能（intellectual skill）：是指利用某些心智如符號來學習如何去做某事的能力。例如：辨別、定義、具體概念、原則、高層次原則等。

2. 認知策略（cognitive strategy）：學習者用以管理其學習、記憶、思考及分析問題的能力去解決問題。

3. 語文知識（verbal information）：指用口頭說明或書寫、打字、繪圖等方式來陳述或說出某種觀念、事實或事件。

4. **動作技能**（motor skill）：指進行某些動作所要使用的技能。

5. **學習態度**（attitude）：態度通常包括了認知、情意和動作三種成分，會影響學習者對其個人行動之選擇。

學習條件論的核心是指學生的學習方式各不相同而產生不同的學習結果。不同的學習結果所牽涉的學習條件並不一樣，而學習條件又分為「內在條件」和「外在條件」兩類。Gagné認為上述五類的學習結果分別代表不同的能力和表現，其學習的內在條件及外在條件產生有效的互動，自然產生不同的學習結果，如圖7-2（Bell-Gredler, 1986）。

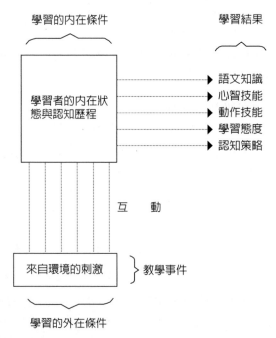

圖7-2　學習條件與結果

摘自Bell-Gredler, 1986.

第三節　Bandura 的社會學習理論

　　Bandura，1925年出生於加拿大愛伯特省，1949年在加拿大不列顛哥倫比亞大學獲得學士學位，1951年在美國愛荷華大學獲得心理學碩士學位，翌年獲得哲學博士學位，並把學習理論運用於社會行為之中。由於Bandura的奠定性研究，導致了社會學習理論的誕生，從而也使他在西方的心理學界獲得較高的聲望。1972年獲得美國心理學會授與的傑出科學貢獻獎，1973年獲得加利福尼亞心理學會傑出科學成就獎，1974年當選為美國心理學會主席。

一、三元學習理論

　　Bandura的社會學習理論主要在解釋自然情境中的學習歷程，反對Skinner環境決定論，他認為除了環境因素外，個體對環境中人、事、物的主觀認識和看法，才更是學習行為的重要因素。唯有環境因素、個人對環境的認知以及個人行為三者，在社會互動中彼此交互影響，才能確定學到的行為，故被稱為三元學習理論（張春興，1996）。其主要意義如下：

　　1. 就個人認知而言

　　人類的行為會受到該行為的結果影響，藉著察覺行為與結果的關聯，人類不僅會因為過去的增強事件控制行為，更會依前瞻的眼光決定行為。人類透過察覺行為與結果間的關聯，促使學習因為認知而變得更方便容易。

　　2. 就社會情境而言

　　人類的學習發生於社會的情境中，學習之所以產生，不僅因為直接經驗，更有許多替代性的觀察他人行為而產生。

　　3. 就個人認知與社會的結合而言

　　認知是人類學習他人的工具，社會則是學習的情境。當人類看到他人的學習及酬賞，往往會興起「有為者亦若是」的想法，這種觀察作用會產生學習效果。

二、學習理論之模式

根據Bandura的社會學習模式，個人行為何以受別人行為影響而產生改變。在社會情境中，個體的行為學習乃經由觀察學習（observational learning）和模仿（modeling）而產生。觀察學習是指個人以旁觀者的身分，觀察別人的行為表現，自己不必實際參與活動，即可獲得學習。這是從別人的學習經驗學到新經驗的學習方式，稱之為替代性學習（vicarious learning），亦稱為毋需練習的學習（Bandura,1986）。也可以進而對社會情境中某楷模人物或團體行為產生模仿學習。Bandura的觀察學習歷程有四個階段，分別為注意階段（attention phase）、保留階段（retention phase）、再生階段（reproduction phase）與動機階段（motivation phase）（引自張春興，1996），詳細內容如下：

1. 注意階段

在觀察學習時，觀察者必須注意楷模所表現的行為特徵，並瞭解該行為所含的意義，否則無從經由模仿而成為自己的行為。

2. 保留階段

楷模所提供的訊息，要能經觀察者編碼、分類、組織形成心像後才能牢記，觀察學習才能完成。如果不能記住示範的行為，一旦楷模不在場，學習者就難以表現楷模示範的行為。觀察學習主要依賴兩種表徵系統（representational system），即心像（imaginal）系統及語言（verbal）系統來執行編碼及形成心像的動作，尤其是語言系統，可用較易儲存的形式負載大量的訊息，以促進觀察與保留。

3. 再生階段

觀察者對楷模的行為表現觀察過後，納入記憶，其後再就記憶所及，將楷模的行為以自己的行動表現出來。換言之，在觀察早期的注意與保留階段，不僅由榜樣行為學到了觀念，而且也經模仿學到了行動。

4. 動機階段

觀察者不僅經由觀察模仿從榜樣身上學到了行為，而且也願意在適當的時機將學得的行為表現出來。

　　觀察學習中的模仿絕非機械式反應，會受到學習者的心理需求、認知能力等內在心理歷程的仲介作用（mediation），而產生出四種不同的模仿方式：直接模仿（direct modeling）、綜合模仿（synthesized modeling）、象徵模仿（symbolic modeling）與抽象模仿（abstract modeling）（張春興，1996）。分述如下：

　　1. 直接模仿：最基本簡單的模仿方式，經由直接模仿方式學來的，例如：孩子說話常模仿其父母或兄姊之語言和動作。

　　2. 綜合模仿：較複雜的模仿方式，學習者綜合多次的模仿而形成自己的行為。例如：兒童先觀察父母拿衛生紙擦桌子，然後又看到哥哥拿衛生紙擦手，他就可能拿衛生紙去擦地等動作。

　　3. 象徵模仿：學習者模仿對楷模人物的性格或特質，例如：模仿電視中人物包青天的正義感或卡通小叮噹的智慧。

　　4. 抽象模仿：學習者學習楷模人物之抽象原則，例如：學生從補習班教師學到快速的解題技巧，並可應用在類似之題目。

第四節　互動教學理論在教學上之應用

　　Gagné的學習條件論最大的貢獻是提出的累進學習觀念，從學習條件論可看出，Gagné把學習界定為一組經過設計以支持內在學習歷程的外在事件，主張教師應扮演積極的教學角色，充分安排、指導學生「學些什麼」及「如何學」。Gagné融合訊息處理理論於其學習條件論，所提出的教學理論，極注重整體有系統的教學設計，包括分析所預期的學習結果、相對應的行為目標、學習者內外條件和學習結果評量等。而Bandura社會學習論認為主要學習包括：行為的楷模、楷模得到的增強，以及學習者對楷模行為的認知處理歷程。社會學習論對觀察學習的強調，也為教學上經常舉辦的示範教學、教學觀摩以及教學演示等措施，提供了理論根據（黃政傑，1997）。

　　Vygotsky（1978）強調社會互動的歷程，有關教育的社會關係是在教師與學生的互動中，而在正式教育情境中因經濟因素採行團體教學，無法

提供一對一的個別教學，因此運用同儕合作，相互支持的力量就特別重要了。在潛能發展區理論中強調教師或較有能力的同儕的協助，因此可採「同儕指導」（peer tutoring）或合作學習的方式來進行學習，以達成學習目標。此外，在教室中採用同儕教練（peer coaching），由學生擔任小教師進行指導，同儕之間互為師生，進行互動，亦可達到相互切磋的效用，促進認知的發展。此種學習不但有助於學習成就上的進步，也可以增加學生的群性。

同儕互動能增進認知發展，談到互動的對象時，Vygotsky（1978）強調雙方必須要有某種程度的差異；能力技巧較差者能夠獲得能力技巧較佳者的引導與支持，使得能力技巧較差者從能力技巧較佳者得到幫助，而從中所獲得的幫助必須能引導他接近潛能發展區。因此，同儕互動若雙方能力差距不大，能力高者之能力水準剛好在能力低者之潛能發展區內，這樣的互動對於能力低者較有幫助。但是有時雙方對同一情境有不同的定義、對同一件事情有不同的觀點，認知上有某種程度的差異，所以必須不斷地討論、磋商與調適等語言的互動，逐漸產生彼此所能接受的新觀點，達成共識。

因此，現代教學愈來愈重視生動活潑與師生互動的互動式教學，是師生共同參與、經營、承擔責任的雙向式教學，教師需配合學生個別需求，隨時調整教學，務使教學更生動有效。因此，教師需要更多的用心與創意，在教學實務上注重學生學習態度的建立、興趣的培養及內在動機的激發，以良好的教學設計使教學生動有趣是相當重要的。例如：運用策略及方法來達到學生學習的目的，增進學生參與的教學策略、引發學生興趣的多樣化教材、給予學生自由發表的空間、有計畫的教學，以及配合學生特性程度調整教學方法等。以下提出幾種促進學習動機及教學成效之策略（張振成，1997）：

一、教師藉由發問和討論的方式以提高學生參與度，促進學習的興趣

教師所設計的活動，必須能促使每個學生都參與，以提高學生學習興趣與意願。並且藉由發問及討論的師生互動教學情境，以激發學生學習的

內在動機，提高參與學習的意願。例如：

　　1. 教師在每一節課教學的開始，常以問答引導的方式連結學生舊知識，引入學習的主題，激發學生學習興趣。

　　2. 教師在每一單元結束後，常以問答方式幫助學生熟練與複習，該問題通常是啟發性或統整性觀念的問題。

　　3. 教師每一節課教學期間，以問答法診斷學生對主題的迷思概念，讓學生產生認知衝突，激發學習意願。

　　4. 教師最後以問題討論的方式，刺激學生的高層次認知思考，提供學生思考推理的機會。

二、教師利用同儕小組互動策略，讓學生從互動中促進學習

　　教師運用分組學習的策略，幫助學生與教材互動，以同儕合作有效達成學習目標。並且不侷限分組的方式，安排同儕彼此教導的機會，幫助學生熟練教材及輔助低成就同學的學習。

三、教師要提供學生自由發表和討論的機會，接受學生不同的意見，幫助學生對主題有更深入的解釋和瞭解

　　教師儘量鼓勵學生自由發表，以學生思考為導向，並結合學生的問題於教學中。發表和討論不僅產生更多的互動，並且討論是一個概念學習的好方法，靠著彼此的對話，發展更多的瞭解與更有意義的知識。雖然藉由討論中所建構的知識是類似於從講課或教科書中所學的，但是其中的差異是，經過討論之後的概念會更牢固且更長久。

四、教師要呈現多樣化的教材與教法進行教學，增加學生學習的興趣和凝聚學生注意力

　　在教學中，教師可運用了多種教具，包括彩色掛圖、書籍圖片、實物教學、錄影帶、幻燈片等，幫助學生瞭解真實的東西；並變化多元化之教學方法，引發學生學習興趣；或是利用統整性的教材教法，提供學生學習的依循，以幫助學習。

五、教師要因材施教，依學生的能力程度提供教材，並依學生特性處理 學生的行為問題

教師依學生的認知需求程度提供不同教材，讓學生接受適當挑戰的學習與適性的教導；並依學生產生的行為問題作教室經營、輔導學生，並處理不當行為。

第五節 討論教學方法

一、討論教學法的意義

討論教學法是互動教學理論之應用，所謂討論教學法是利用討論的方式，以達成教學的目標。有人說，討論是企圖使學生勇於發言的教學技術；又有人說，討論是有組織的談話。它不是毫無目的的談話，也不是一種隨便的談話，而是一種經過技巧結構的對話。所以，討論是一發展和分享觀念的生動的活動，不限於一個特別的班級或小組。在學校的教學中，討論教學是一種非常重要的方法。在討論之前，教師必須先擬定討論的問題或大綱。而問題和大綱的擬定，需根據教材的內容與性質，或由教師自行設計，或由師生共同設計，然後再由師生共同找資料，一起提出討論。在討論的過程中，因為每個人的觀點不同，提出問題的解決方式也不會完全相同，但經由教師指導學生，面對著一個或某些問題，經由對談、辯論、交換意見、溝通觀念，而達成教學目標的一種教學方式（高廣孚，1995）。

二、功用

在使用討論教學法時，教師若能事前作充分的準備與規劃，則學生能在有限的單元時間中獲得具體的知能、價值，更能因適當的互動、氣氛而引發更佳的社會適應。歸納討論教學法的功能如下（林寶山，1995；黃政傑，1997）：

1. 能增進表達的能力及溝通的技巧。

2. 訓練學生的思考能力。

3. 訓練學生的辯才。

4. 經由討論，使學生對課程內容能深入瞭解。

5. 因為教師進行討論式教學，會刺激學生思考並投入時間、心思在單元學習上。

6. 培養學生批評和判斷的能力。

7. 要參與討論，學生更要養成質疑、思辯的習慣；並能在討論中察覺自己的偏見，重新建構自己的觀點。

8. 增進學生議事的能力。

9. 藉著討論互動機會的增加，學生可在討論中養成多數尊重少數、少數服從多數、以及論事而不作人身攻擊的民主風度。

10. 學生可在討論中分享他人的經驗和資料。

11. 學生可在討論中養成互助合作的良好習性。

12. 學生可在討論中培養團體的榮譽感。

13. 能培養出積極學習求知的興趣與態度。

14. 能使所學知能應用於實際問題上。

15. 訓練學生蒐集資料和運用資料的能力。

三、缺點

沒有一種教學法是完美無缺的，討論教學法亦不例外，其雖具有上述之功用與價值，但學校教師大抵很少使用討論，或雖有分組之名，卻無討論的實質活動。究竟是何原因使得討論教學法未受重視，茲歸納其缺點如下：

1. 討論花費時間太多，使教師在上課時不易控制時間。

2. 教師平時若常用討論，會影響整個教學進度。

3. 教師未具熟練的發問、討論及班級管理技巧。

4. 教室氣氛不夠開放、自由，教師具有權威性格。

5. 少數不愛發表的學生在討論中不易獲益。

6. 少數被動學習的學生不能與他人充分合作。

7. 班級教室太小，但學生人數過多。

8. 學生未具備發表、討論、發問、傾聽的能力。

四、討論教學法的實施要領

討論教學法中，主持人的角色相當重要。通常主持人在剛開始上課的時候是由教師擔任，但在經過一段時間之後，可採用分組討論法，這時，主持人就可由學生來扮演。主持人討論的技巧是否得當，與討論教學的成功與否有密切的關係。一般而言，教師或擔任主持的學生必須具備下列五方面的技巧，才能進行有效的教學討論（Clark & Starr,1986）：

㈠ 安排適當的座位

討論教學法的特色就是每位成員能夠獲得溝通與表達的機會，因此，成員間的互動乃是基本條件。最好是面對溝通的圓形或四方形的座位，或是有專門的討論室。若是沒有，教師也應想辦法適當地調整學生的座位。

㈡ 有技術的提出問題

教師在討論教學開始之前，應先提出一些可討論的問題。最好能作出討論大綱，有書面資料，發給同學。教師提問的技巧如下：

1. 問題的提出應以全體參與討論的學生為對象，剛開始可指定一些特定的學生作為引言和討論的催化劑。

2. 在某位學生發表意見後，教師最好不要馬上下結論，應採用轉問或反問的技巧，以鼓勵學生參與討論。

3. 教師應儘量少說話，除非必要，不然最好把發言的機會讓給其他參與討論的人。

4. 若某位學生回答不出時，教師應迅速提示或暗示，使學生能夠回答。

㈢ 增加參與討論的人數

在班級討論中，最常見的方式是由教師提出一個問題後，由一位學生

作答，發問即結束。在討論的過程中，教師應儘量鼓勵每位學生參與討論問題。除了轉問技巧外，教師還能利用深入探究技巧，讓學生對問題作更深入、更詳細的探討。若發現有些人沒有實際參與討論，教師可請教一些較簡單或容易回答的問題來促進他們參與討論。

㈣ 掌握討論的主題

　　討論教學經常面臨的難題就是有些學生已經偏離主題，這時，教師應向大家直接指出討論已經偏離主題，或提出一些與主題相關的問題來使討論回到中心點上。另一方面，教師可中止討論，對討論過的事項作出結論或摘要，使大家可以停頓下來，回到原來的主題上。

㈤ 適時處理爭議的問題

　　在討論的過程中常會有爭議的問題出現，這時，教師應採取中立的立場，不宜馬上表示看法，最好轉問那些未涉入衝突的學生。有時候某些人發言過長，占用太多的時間，教師可委婉地要當事人簡單扼要的說出重點，千萬不要打斷或中止同學的發言。如遇到一些有關信念或價值觀的問題，這時，教師可引用專家的意見或由大家討論，從中取得所有成員都同意的程序。

　　想要成功的扮演主持人角色，首先要善於觀察練達的教師是如何主持討論教學。當然，只觀察一次或兩次是不夠的，因此，一段時間的觀察和經驗交換是必要的。作為討論教學的主席，要能適當節制自己的發言，而不流於獨控整體教學的進行，尤其不任意中斷學生的發言。事實上，討論結果都不會只有一個正確的答案，而是有許多的答案，教師的功能在於瞭解哪些問題是重要的，哪些問題是值得考慮的。

　　總之，討論教學法是教師進行小組教學時最佳的教學策略。透過討論，可以使教學過程更生動有趣。而在討論的過程中，教師的發問和學生的爭辯，可使學生對討論的主題有更深入的瞭解，並培養他們思考和批判的能力（張世忠，1998c）。

第六節 教與學活動（五）

 主題 *Email之教學應用*

一、教學準備

1. 每位學生在進行此節學習前，必須具備網路搜尋和傳送電子郵件的知識和技巧。

2. 教師事先將全班分為十組，每組約4至6人，每一組設有小組長一名，並在一週前公布下週上課討論之主題。同時每一小組的成員，利用時間上網蒐集資料，透過電子郵件，傳送給小組長彙整，然後再由小組長經E-mail傳送給上課教師。

二、正式教學

1. 首先，教師將上課的主題，約花10分鐘時間加以簡單闡釋，但不說細節部分。

2. 接著由各小組討論（小組長彙整資料），約15分鐘後，由各組派一位代表上臺向全班報告。

3. 討論結束後，將本單元主題摘要重點，由小組長傳回給每一小組的成員，同時亦傳送給教師乙份。

4. 教師再彙整各組摘要報告及點出本單元重點並作一些評論。

三、討論題綱

1. 互動教學理論的要點為何？

2. 在中小學實際教學如何應用？請舉例說明。

四、學生學習心得

瞭解網路，且在網路上蒐集一些相關的文章，這是時代的新潮流，打

破了傳統寫報告之刻板方式，擴大了學習空間，一方面利用生動的網路為資源之利用，知識、資料的獲得不再只侷限於書本。未來的教師一定離不開電腦，增加準教師對於電腦的使用，一方面藉由E-mail方式聯絡小組間之情感，增加溝通管道與團隊精神，經由資料分享，促使同學之間感情更融洽，節省不少討論的時間，避免有人因故不能參與的缺失。利用網路快速取得資料和資源的基礎，而且簡短之報告即可促使每位同學對該課程之瞭解，因有實際的上網操作，更能熟悉電腦的運用。

　　對網路搜尋較缺乏技巧學生，找到的資料比較少且費時，不論是學生與學生之間、教師與學生之間，互動性亦嫌不足，可多加強互動內容，且需要技術上的輔助。小組之討論結果，最後由組長報告，似乎所有的想法都會歸於最後歸納者的主觀思考；沒有面對面的接觸，不是每個人都會認真去實行，有些人只是隨便交差了事；如果能在BBS上有學程各科的討論區會更好；因為每組書寫之內容大同小異，所以上臺報告時，容易因理論之闡述而造成許多重複之處，並形成時間上之浪費，不妨於各小組之報告題目上予以差異化。

建構教學理論與應用

　　近年來，建構主義（constructivism）的教學理念受到國內外教育學者廣大的重視，它提出了以學習為中心的教學主張，認為學習者能主動建構知識，而不是被動接受已結構好的知識。建構教學理論將認知教學加以發揮，並落實在真正情境中，讓學習者自己建立學習概念，並主動參與知識的社會建構，培養解決問題的能力。因此，建構教學可算是認知教學和互動教學之集大成。

　　何謂建構主義？它是一種教學理論？還是一種教學策略或方法？建構教學又稱「建構主義教學」。長久以來，我們的教學深受行為教學理論的影響，加上升學主義掛帥之下，教師採取儘量灌輸、儘量考試之方式，大部分中學的教學著重結果，不重視教學的過程。建構主義的教學與傳統教學有何不同？建構主義教學是由建構主義學者們所提倡的，他們認為個人和外界環境互動過程中，會根據自己已有的知識來理解周遭的環境，所以，個人知識的形成係主動建構，而不是被動的接受。因此，教師應該提供一種有利於學生主動建構知識的環境，而不是填鴨灌輸的環境，幫助學生能夠自我學習與成長。

第一節　建構主義的定義與分類

　　一般來說，建構主義並非是一家之言，也不是一個特定的教學策略與方法，它是一種知識的理論（Bodner, 1986），亦是一種認知學習的理論（Cobb, 1988; von Glasersfeld, 1989），探討如何獲得知識或認識知識的本質。因此，它是一種教學與學習理念的革新，亦是一種有效的教學理論與策略。所主張的意涵是把教學過程的核心由知識傳授者轉移到知識學習者本身，它強調下列三方面意義：(1)知識乃學習者主動建構，不是被動的接受或吸收；(2)知識是學習者經驗的合理化或實用化，不是記憶事實或真理；(3)知識是學習者與別人互動和磋商而形成共識（Osborne & Wittrock, 1983; Rogoff, 1990; von Glasersfeld, 1984; 張世忠，1997；張靜嚳，1996）。

　　在這樣理念的主張下，使得傳統教師的角色由知識傳授者一變而為

知識協助者。在教與學過程中，強調學生與學生、學生與教師、及學生與情境的互動關係，以學生為主的教學活動，讓學生能主動學習與參與，藉著學習歷程獲得新事物的經驗，並透過同化和調適獲得新知識的建構。因此，建構式的教學非常強調學習的過程，不同於傳統教學只注重結果。根據上面意義的闡釋，建構主義可分為下列三類，簡稱建構三元論：

一、一般個人建構主義（trivial constructivism）

人類知識的形成是個人主動建構，不是被動的接受或吸收（Osborne & Wittrock, 1983）。建構知識不是由外而內的傳輸，而是由內部對外面人、事、物所建立的一種構成或領悟。此類建構主義強調學習者個人主動求知或探索的動機。基本上，這類教師還是會採用傳統式的教學去激發學生主動求知，有些教師或許會參雜採用一些建構主義式的教學策略，基本上還是很傳統的教學內涵，故稱為普通或一般的建構主義。因此，教師所使用教學策略必須有刺激學習者主動學習的精神，例如：問題為中心、發現教學等策略，脫離傳統講說式傳輸知識或照本宣科的教學方法。

知識是主動建構，而不是被動吸收。試問：如果你是教師，你在上課時會不會滔滔不絕的一直講？譬如：「同學們，今天上一元一次方程式，我們上次不是說過了嗎？同學有沒有問題要問，如果同學們都沒有問題，那我們就繼續上下一個單元。很好，同學們都很聰明。我們再繼續，然後下次上課我們要小考。下課吧！」此即教學過程中，只有教師一直傳輸知識，同學沒有時間思考，主動將知識建構。被動與主動差很多，主動建構必須要有學習的氣氛、學習的動機、學生要願意去學，然後要將知識主動構成。「講」與「構」是兩部分，教師不要以為只要將課程通通教完，學生就能全部記得。講不見得懂，有沒有消化，願不願意主動吸收，教師的教學過程是否能讓學生去討論、思考、記憶這些知識，並內化至腦中，更加重要。因此會產生不同的教學活動（譬如：問答、操作媒體、吸引等），故此會改變傳統的傳輸式教學。

二、急進建構主義（radical constructivism）

知識是個人經驗的合理化或實用化，不是記憶真理或事實（von Gla-sersfeld, 1984）。此類建構主義強調個人主觀經驗去建構個人的知識，而不是用客觀方法去記憶或背誦知識或真理。每一個人都是非常主觀的用自己的經驗在建構自己個人的知識，個人所建構的知識是用個人的經驗所獲得較合理或實用的解釋，使它更被用來適應生活的環境。所以，每一個人所建構的知識，基本上與外在的本體現實並無直接的關係，只與個人的經驗有關。因此，教師必須提供一些教學活動的操作、參與或示範，讓學習者有機會能具體的獲得一些經驗去建構個人的知識。

三、社會建構主義（social constructivism）

知識是個人與別人互動與磋商而形成共識的。此類建構主義強調個人建構知識是在社會文化的環境下所建構而成（Rogoff, 1990; Vygotsky, 1978）。它需要與別人不斷地互動與磋商，加以調整個人所主觀建構的知識；換句話說，個人所獲得的知識，並非學習者任意建構的，而是一般人活在相同社會下所產生的共識。因此，教師常用合作學習、小組討論方法，引導學習者產生知識的社會建構，補充個人建構知識的不足。

筆者以前在美國上課做實驗的時候，美國人非常喜歡與別人討論（三人一組）。有一次做實驗的時候，他的兩個同伴都沒來，他就一個人自己做，做出來的結果，他寫了一個評論，怎麼寫呢？他說他今天不能夠測試自己的認知（test my knowledge），今天做出來的結果他不知道對不對，因為沒有同伴跟他磋商。如果他做出來的結果與同伴做出來的結果，兩人比較一下，若是一樣，你的信心是不是更加提昇。你沒有把握結果是否正確，所以與別人討論一下，實驗才比較有趣。因此，互動、分組討論、小組學習、合作學習在這個理論的應用上是很重要的。故上一堂課下來，有時要採用分組（全組合作出力），有時候要啟發動機，講一點生活中的例子，三點交叉式的應用。

四、建構教學三元論

上述三個建構主義分類主張是相互成長、彼此互有關聯的，如圖8-1所示。個人主動建構並非憑空所想，它需要一些具體的經驗，例如：教學活動之操作或實驗等。反之，要從經驗中建構知識，就必須有主動求知的精神。建構主義者一再強調認知主體的主動性，並認為非經主體的主動建構，知識不可能由外人傳遞給認知主體，認知主體也不會對他人傳送的知識照單全收。主動的關鍵就在於認知主體對各種出現的知識現象會依據自己先前的知識、經驗來衡量並賦予意義，從而轉化他人提供的知識，並以自己的觀點詮釋現象。當我們只依據自己有限的知識、經驗來進行詮釋意義時，並強調建構出的知識只是自己經驗的合理化及實用化而已。而社會建構更提供了個人之間互動之經驗，個人必須主動加以建構，並從社會互動中調整自己的認知和經驗。

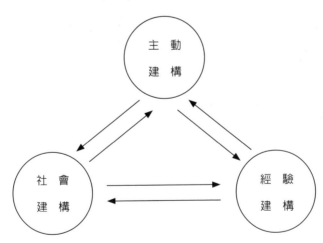

圖8-1　建構教學三元論

第二節　建構主義的理論基礎

雖然根植於Piaget的研究，建構主義是一個研究科學教學和學習的門

徑，因為它提供了一個強而有力的認知、詮釋和影響學生在科學和其他學科的學習。建構主義者的學習，並非寫在紙上的知識或移植到一個人的頭腦裡，好像此頭腦為一空白的狀態。建構主義者使用建構的比喻，因為它適切地總結認知論的觀點，即知識是建構的，在科學上，新知識的建構深深地被先前的知識所影響，因此，建構式的學習隱含了對先前知識的一種改變，可以意謂取代、補充或修正現存的知識。

Piaget的理論是建構主義的根本，他的理論是認知、哲學和心理學等複雜的結合，他建立屬於自己版本的結構主義，假定心中發展出邏輯—數學的結構。Piaget所關注的是他所指的「客觀性」描述（Piaget, 1970），那就是說，我們對於這個世界所獲得知識的過程和知識成長的整個目的，是建立在不以自己為中心的觀點，而能更加客觀的認識實體。然而，Piaget認為，我們在實際生活中發展出一種解釋的體系是與世界更複雜的互動。他認為我們藉由發展與運作，開始在我們所處的世界中，最後藉由正式運作的步驟，我們獲得抽象的推理能力，允許我們從物質世界中遠離出來，如此，我們就可以用嚴格的邏輯名詞加以推理。

Fosnot（1989）指出，建構主義有四個基本原則。第一個原則是知識由過去的建構所組成的。她解釋說我們在這客觀世界中建構我們的經驗，乃是透過一種邏輯的架構轉換，組織和解釋我們的經驗。正如Sigel（1978）提出建構主義的意義非常類似，但不完全相同於Piaget。他認為建構主義是個人從內心解釋外在的經驗，進而對這些經驗產生深刻的印象。他對建構主義的定義如下：

> 建構主義非常強調學習的過程，學習者在學習過程中，產生一種與人、事、物的互動或接觸，這樣的互動是一種內化建構的過程，個人就能創造一種實際的概念。（p.334）

第二個原則是建構經由「同化」（assimilation）和「調適」（accommodation）得來。我們使用同化當作一種邏輯的架構，從現有知識為基礎與架構，進而建構新的知識與資訊，和使用調適去解決新舊知識衝突的部

分。Fosnot的第三個原則是指學習為一種發明的有機過程，而非是累積的機械過程。她將這個積極行動的學習與傳統被動的學習作比較，去營造一個以學習者為中心的教學環境。這種積極行動的學習就是建構主義論點的中心。這種以學生為中心、主動學習和推理過程的教學策略，非常類似以下Piaget（1970）的理論：

建構主義認為學習者必須有假設、預測、操作、提出問題、追尋答案、想像、發現和發明等經驗，以便產生新知識的建構。從這觀點來看，教師就不能只用灌輸方式，讓學習者獲得知識；相對的，一種以學習者為中心，主動學習的模型必須產生，學習者必須主動建構知識，教師只是在過程中擔任協調者的角色。（p.20）

Fosnot的第四個原則是產生認知的成長。有意義學習的產生是透過認知衝突的反應和解決，並藉此用來否定先前不完整的認知層次。她指出，認知衝突的產生只有當學習者注意到兩個相互矛盾體系的差異。雖然教師可以協調這個過程，但這個認知的改變只有當學生採取主動時才會發生。

建構主義提供另一個對於知識和實體可生存的觀點，我們經常行動和說話，就好像某些陳述是真理，但一個真理的陳述有何意義呢？這個真理的問題是建構主義的中心點，我們知道，這個世界透過我們的經驗，真理常常是逃避的，我們不可能從外在的觀點而有一正確的描述，因此在建構主義中，真理的概念就被可生存性的概念所取代。正如Von Glasersfeld（1987）敘述如下：

建構主義革命性觀點的改變在於知識不能、也不需要被認為是「真理」，一種本體論的實際；相對的，它被認為是「可生存的」，適用於個人外在經驗、個人行動和思考等認知的限制。（p.48）

建構主義者比Piaget提倡的理論更重視先前的知識結構，這些先前的知識結構，當作是新觀念和經驗的過濾器和輔助器，並且在他們本身學習

期間亦有所變化。一個建構式學習方法也說明學習者在嘗試學習科學新觀念時可能遭遇的困難。學習者通常會如何拒絕或修正新的觀念去符合現存的概念架構。學習者通常根據直接的外在經驗和非正式的社交互動，去發展出他們自己的理論或個人建構的方法，這些方法都可以用在科學教室中，以建立足夠知識的理論。另外，學習環境對於學習者也非常重要，Osborne和Wittrock（1987）認為個人和他們的環境互動時，將會產生積極的意義建構。以下是他們的看法：

　　大腦並不是被動的吸收資訊，反之，它積極地建構自己的資訊解釋，且從中得到推論。因此，大腦有時忽略某些資訊，注意到其他資訊，而不是像一個空白，被動的記錄進入的資訊。（p.429）

第三節　社會建構教學

　　目前教育領域中由個人建構主義所引出的爭論，可說是轉移到了一個新的焦點。這就是指：知識是否應當被看成純粹的個人建構，或是社會的共同建構？建構主義的第三方面是：「知識是學習者與別人經由互動與磋商的社會建構。」該原理主要強調個人建構知識是在社會文化的環境之下建構的，因此所建構之知識與社會文化脫不了關係。所建構之知識的意義雖然是相當主觀，但也不是隨意的任意建構，而是需要與別人磋商和互動來不斷地加以調整和修正。因為互動或磋商允許多種心思的相聚，每個心思運作其他的想法，運用彼此來回的討論去增進他或她自己知識的發展（Rogoff, 1990）。正如Confrey（1990）對科學知識之建構：

　　建構主義者認為科學是人類的一種創造，隨著人類文化環境而改變。他們積極尋找對文化和歷史多重的意義和應用。他們認為經由活動的互動、意義的溝通和妥協，人類就能夠建構科學的概念，並允許他們有經驗的解決問題。（pp.6-7）

　　社會建構主義認為個人的認知活動必然地是在一定的社會文化環境中實現的，而且所說的社會文化環境對於個人的認知活動有著重要的規範作用。Vygotsky（1978）主張學習的過程帶動潛能發展的歷程，教育若無視於這個事實的存在，就不能產生更有效性的結果。他曾說：「教學唯有在潛能發展之前，在喚醒生命正在成熟中或在潛能發展區的功能，才是有效的。」（Wertsch, 1984）對Vygotsky而言，教育創造學習的歷程，學習的歷程中，可以不斷地引發學生的「潛能發展區」，「潛能發展區」產生之後，再運用各種教學方法引導學生向高一層次發展（陳淑敏，1994）。而任何高層次心理功能的發展，都是從外在的社會活動開始，然後將外在社會活動的經驗轉化為內在的心理過程，這就是所謂的內化作用（internalization)。換言之，思考活動是由人際之間的互動歷程（interpersonal process）開始，然後才轉變成個人內省的歷程（intrapersonal process）。所以，Vygotsky認為系統的概念發展，主要是透過社會互動的經驗。

　　Vygotsky談到互動的對象時，強調初學者與知識較豐富或技巧較佳者的互動。互動雙方必須有某種程度的差異，這種差異不是角色的差異，而是對問題瞭解程度或處理能力的不同。能力技巧較差者能夠獲得能力技巧較佳者的引導與支持，這樣的互動對認知發展才有幫助。在互動中透過角色安排和分擔活動的責任，過程中鼓勵學生運用先備知識及既有的技巧以發展他們自己的潛能技巧（Rogoff, 1990）。因此，在教學過程中應配合學生的興趣和能力，可以安排小組學習活動。透過問題、提示，激發學生思考；另一方面，透過說明、指導和指引學生學習的方向；並採用增強原理，透過即時的獎賞或讚美，給予學生適時的回饋，更能增進學生的學習效果。

　　社會建構者強調各種語言使用方式可以幫助學生更有意義的建構（von Glaserself, 1988）。這些方式包括開放式問題、創造性寫作、學生的解釋和班上的對談。從這個觀點，語言可以使用來刺激認知建構之活動，學生使用語言可以代表他們目前對主題單元認知的瞭解，並可以發展更進一步的瞭解，為了幫助學生發展他們認知的架構，教師就要讓學生有機會使用語言或寫作方式去刺激目前知識的架構。Lemke（1990）認為，「科

學教學比其他方式能作改變的是增進學生使用科學語言的能力。換句話說，就是讓學生多加練習它，並且實際應用它。學生必須有更多的機會對於科學的主題去說它（口頭報告或相互對談），和去寫它」（p.168）。正如Vygotsky（1978）認為說話能力是學習關鍵的重要角色：

> 一位學生的說話能力和達成目標的行動角色是同等重要的；學生不僅能解釋他所做的，他說話的能力和行動能力更成為一種解決問題的功能。（p.25）

分析學生在班級中的口頭互動，發現「解釋的給予」和「自由的發表」是一個與成就有正面關聯的變因。也就是教師要讓學生有機會去解釋或發表他們所學的主題。在教學過程中，假如新觀念的學習要求學生放棄以前所持有的概念，那麼，學生必須有自由表達他們想法的氣氛，這種缺乏教師權威角色的學習方式可展現在小團體中，讓人人都可表達他們的觀點，說明他們的經驗，解釋、辯論和澄清他們的想法（Fisher & Lipson, 1985）。

第四節 合作式的「教與學」

教學主要包括教的活動加上學的活動。一般在教學活動中，教師是「教」的主體，學生是「學」的主體，所以說，教學是師生互動的一種學習活動。良好的教學活動，應該是單向、雙向和多向溝通混合使用的活動方式，也是一種「教」與「學」雙向回饋的歷程（林寶山，1995；高廣孚，1995）。教學（instruction）包括教（teaching）與學（learning）兩部分，是師生追求共同成長，並參與而產生交互影響的動態過程。「教學相長」一詞，說明了教與學相互助長的密切關係。

社會建構學者的觀點非常支持合作學習過程，他們認為個人建構知識的確是孤立的，因每個人會建立一些假設，然後由他自己的經驗再去拒絕或推敲這些假設；然而，沒有一個人對事物建構和分析方式會和別人完

全相同。學生的想法若不經由與別人合作，是很難形成或維持的。當他們與別人互動或與教師互動時，他們就會建立概念，因為他們持有相同的想法，創造一個可論述的世界，和一個參考的共同架構，在其中可以產生溝通（Solomon, 1987）。

　　合作學習提供更多成員彼此之間討論與互動，因為討論允許兩種心思的相聚，每個心思運作其他想法，運用彼此來回的討論去增進他或她自己的概念發展。它亦允許共同的思考，問題的解決和作決定的過程，從這些過程中，學習者可得到新知識。為了去磋商意義或形成共識，學生和教師或學生之間就必須互相討論（Rogoff, 1990）。

　　合作學習已經被許多學者視為一種讓每位學生透過分組、小組成員互動過程中達成共同目標的教學方法。在小組中透過探究和討論的過程，讓學生積極地投入課室活動。透過小組成員之間的互動及知識的交換，以促進學習者的成就與正向的人際關係，尤其是團體凝聚力、小組成員相互關懷等方面的增進，更凸顯了實施合作學習的優點（Slavin, 1984）。

　　小合作團體或小組是一個好的教育環境，在其中，個人和團體的動機被使用作促進學生對活動的參與及增進團體成員間行為的幫助。因此，合作的學習被認為是一種可增進學生成就和認知技巧的方式（Brophy, 1986; Slavin, 1983）。典型來說，在學習活動期間，學生在小團體運作，他們就成為其他人的資源、分享和蒐集所需資訊的對象，而教師就扮演著一諮詢者和活動協調者。這種合作方式在小團體中，學生一起努力朝向一個共同的目標，互相刺激和鼓勵，被視為一個團體可產生最大效能所必須的。

　　合作學習的小組成員由能力高、中、低的學生一起工作，共同解決問題或是達成小組目標。在採取異質性的小組組成的情形之下，學業成績較低的組員將有許多機會從中獲得協助、鼓勵。事實上，小組學習主要在透過小組成員之間的互動及知識的交換，鼓勵同儕之間互相支持、幫助，建立同舟共濟的關係，而不是彼此間的相互競爭。如此，整個課室環境變成了學習者溝通的殿堂，彼此分享意見、清晰交談。因此在課堂中以合作學習的方式進行教學，不同能力的學習者透過同儕指導，其學習的表現除了在學業成績方面以外，在社會技巧與認知發展上也獲得許多成長（Johnson & Johnson, 1990）。

合作式教學與學習方法在促進學業成績正向效果外，並在認知成長方面也有提昇的效果，遠優於個別式的或競爭式的學習法（Haste, 1987; Doise & Mugny, 1984）。其優點有下列四方面：

1. 在小組討論時，學習者自由的發表他們的想法，彼此交換意見，把自己的想法說出來，在討論中可察覺自己的偏見，進而重新建構自己的觀點。

2. 由於達成小組共同任務之困難度較高，需要花更多的時間投入心血，所以，合作式學習法無形中促使個人投注更多的時間在課業上。

3. 採用分組方式的合作學習時，其學習情境可以促進學生高階思考的能力、技巧，而非僅是記憶、理解和描述等學習層面。

4. 在異質性團體中，透過同儕之間的互動，能力較低者透過能力較高的同儕之合作，共同解決問題，激發其潛能發展層次，終至最高學習之獲得。

在整個教學活動中，我們不難發現教師在此歷程中扮演著很重要的角色，那怎樣才算是有效率的教師呢？一般相信理想的教師應具備所羅門王的智慧、愛因斯坦的知識、南丁格爾的犧牲奉獻，更重要的是還需具備有教育的專業知識和教學技能。為了達到有效教學，教師在教學決策過程中，除了應著重良好的教學品質外，也應同時為學生擬定有效的學習策略，讓學生在教學互動中得到完全的學習，將個人學習潛能發揮至極致，達到最佳的學習狀態。

第五節 建構教學的要領與技巧

一、建構教學的要領

建構主義不僅是一種教學理論，亦是一種實用的教學方法與要領，可以應用在教學與學習各方面的領域。教師們可以：(1)激發學生主動求知的慾望；(2)提供給學生各種學習經驗的機會；(3)教學採用互動學習方

式；並採用(4)多元化的評量方式，讓學生主動建構自己的知識。其主要
教學技巧分述如下（張世忠，1999）：

㈠ 激發學生主動求知的慾望

　　1. 採用鼓勵、獎勵與讚美方式。

　　2. 造勢讓學生有機會去體驗學習的樂趣。

　　3. 以幽默言詞或比喻引發學習動機。

㈡ 提供給學生各種學習經驗的機會

　　1. 採用具體代替抽象教學方式，觀摩、示範、模型與圖片等。

　　2. 有實驗或合作小組活動。

　　3. 練習、角色扮演或解題等活動，達到熟練和成功樂趣。

　　4. 讓學生有思考、創意或回饋機會。

　　5. 注意學習過程，失敗卻不氣餒，培養擔當與毅力。

㈢ 教學採用互動學習方式

　　1. 多發問且問得很建構：為什麼、如何得到，代替懂不懂、會不會。

　　2. 讓學生解釋主題或問題。

　　3. 應對學生回答，「思考角度不同」代替不懂，瞭解學生如何想。

　　4. 製造小組討論和學生彼此互動機會。

　　5. 小組合作解題、表演或展示等活動。

㈣ 多元化的評量方式

　　1. 紙筆測驗、檔案、日誌、觀察與討論記錄、實作結果等。

　　2. 過程與結果並重。

　　3. 多元化，避免只有一種。

二、建構教學之案例

　　社會建構學者的觀點非常支持討論學習過程，因為討論允許兩種心思
的相聚，每個心思運作其他想法，運用彼此來回的討論去增進他或她自己
的概念發展。它亦允許共同的思考，問題的解決和作決定的過程，從這些

過程中，學習者可得到新知識。為了去磋商意義或形成共識，學生和教師或學生之間就必須互相討論。

每當筆者教完一個自然科學主題單元之後，通常學生都會有一個問題：「老師，為什麼你都不馬上給我們標準答案呢？」面對這樣的問題，我常回答他們：「立即給出一個標準答案，你們就不會思考或探討為什麼。」以下提供一個可以討論教學之案例，教師們可以如法炮製（張世忠，1999）：

1. 提問：將一個杯子裡面裝滿水，並用一個玻璃片蓋住瓶口，迅速倒放至裝滿水之水槽中，然後將杯子放置至一半水槽內，瓶子裡面的水不會流出，為什麼？

2. 思考：先讓每位學生思考一分鐘，寫下可能的所有原因。

3. 討論：再與隔壁同學討論一分鐘。

4. 反應：經過幾分鐘思考討論之後，一位學生回答：「有，受到大氣壓力。」此時，教師不宜馬上給學生一個標準答案，因為還需更多的討論，更一步刺激其他學生思考與推理。

5. 解答：經過多位同學回答後，教師再提出個人的看法，然而，他給學生的答案，不是權威性唯一的標準答案，而是綜合每位學生的推理，再以分析與歸納，而提出另一種較合理的解釋，讓學生可以參考。

6. 啟發：教師將它與生活現象結合。發問：「人類為什麼不會被大氣壓力壓扁？」這種教法可以啟發學生思考與推理，也不會抹殺他們的想法，並將它應用在日常生活中。

我常常鼓勵學生要有「多元思考」的態度，上課時，對教師所講解的概念或例題都需要思考，或是問「為什麼」？甚至問「為什麼不」？對於所有事物採全盤接受是相當危險的。先思考，經過邏輯辯證後，再去接受「它」，也不是件壞事，反倒更能堅定我們對彼等事物的相信與堅持。

第六節　教與學活動（六）

主題　教學展示之實施

　　為了讓每位學生能充分發揮上課所學之教學理論與方法，並有良好的示範可以互相學習，每一小組必須設計與制定一個示範教學與展覽，採用口頭報告和角色扮演為主的方式，可兼採用錄影帶、電腦或相關教學媒體輔助教學方式。

教學展示之心得

　　藉由這次的教學展示，欣賞到同學的教學技巧，幽默生動，充滿吸引力，讓每位學生對上課都有非常濃厚的興趣，不會覺得乏味，而且充分運用到各種教學原理，確實很不簡單。這次的教學展示活動也讓我認識了一些專有名詞，如：FTP、MP3等，收穫可以說是滿多的，其中有幾組的教學內容最吸引人了，如做砂模、二氧化碳的介紹、相關年齡的二元一次方程式、機率問題、平面鏡成像原理等等，因為它們很耐人尋味，再加上扮演教師的同學都很有自己的魅力和味道，讓大家都很專注的上課。所以說，經由這次的教學活動，可以訓練和考驗我們的教學臺風、膽量。而我覺得我還需要加強我的個人魅力，以吸引學生對於我所教的內容有興趣，還要加強我的表達能力，讓學生能輕易地明瞭我所要表達的意思。

　　同學教學展示的過程中，我終於體會到了什麼是集思廣益、三個臭皮匠勝過一個諸葛亮，每一組的活動都很有創意，各有各的特色。學生們利用小組討論的方式發現問題，用生活化的例子與教學結合，淺顯易懂。有一組同學利用上菜市場買菜來討論消費者理論；也有同學採用合科教學，利用MP3主題以角色扮演方式將資訊與法律結合，使我們對MP3的製作方式及相關法律有一個概念性的瞭解，利用多媒體教學如製作VCD放入電腦播映，利用製作實作照片來解釋鑄造的製作過程，數學課分組利用擲骰子來討論機率的問題，由同學的展示中瞭解到教師的教學方法深深地影響

同學的學習、興趣，生動、活潑的教學可以引發同學的學習，教師幽默的講解可以營造班級的氣氛，教具的準備及利用多媒體的教學可以刺激感官，加深同學的印象，小組的實際討論及操作可以激發同學的思考及尋求解答，九年一貫課程中的合科教學可以利用角色扮演將主題結合，使同學更能融會貫通。

　　在這次的教學展示中，我得到很多不同的啟發，其中有很多組別的展示設計更讓人印象深刻。展示數學的組別，其中有一組是講授「機率」，他們先將班上分成若干組，再給各組一顆骰子，讓大家先親自擲骰子，並將結果記錄下來，且該組同學也自行設計一顆教學用的骰子，讓教學的效果增強不少作用。這樣活潑化的教學方式，不但可以刺激學生的學習興趣，也可以加強學生的學習印象，同時加上該組的講授同學說話生動有趣，故這組同學的展示真是讓人印象深刻。另有一組同學展示的是理化——光的折射，他們利用製作海報的效果，將該組的講授主題清楚的表現出來。接著，他們先發給各組一片鏡子，先讓各組自行實驗鏡子的反射情況，再利用各組實驗所得的結果，對該課程進行更進一步的討論。這樣由簡到難、由實驗到理論的上課方式，也令人印象深刻。同時，該組同學又有些生活上的實例配合課本題材教授，是很好的學習典範。

　　以傳統的教學方式，加上一點突破、創新，讓學生上臺解題、講解示範，鼓勵學生表達自己的想法，引導學生作多角度的思考，激發學子思考潛能，增進同儕間的學習動機，讓數學課學生有時也能當主角、教師當配角，利用「學生上臺講課示範」的方式，讓較差的同學，可以模仿、質疑別人所提出來較有數學價值的解題觀念；讓程度普通的學生，有權利提出他較無效率卻依然正確的解法，以增強其信心；也讓較優秀的同學，能在數學課上多與同學發揮良好的互動關係，學會如何傾聽別人的觀點，讓學生都能發揮創造性的數學貢獻，讓數學教學能夠變成有趣的學習經驗。以此「觀點」來進行這次的教學展示，時間只有20分鐘，很難做到盡善盡美，只希望我們這組的教學展示的「動機」，能讓其他同學「接受」，那麼，我們這組這次教學展示的「目的」就算達成了。

　　教學展示中讓我深切地認為，還好我們在教學展示過程中，情境模

擬的對象不是真正的學生，因為如此，我們所犯下的錯誤與缺失才可以
「NG」，可以改進，可以好好的磨練自己的臺風，改進自己的教學方
式。想想若是真正的學生，而我們有沒有經過如此一番的練習與學習，那
這些學生豈不成了我們的「試驗品」，而這可是無法NG的！所以，教師
這樣的授課方式，我相當的肯定與認同。

第九章

多元智能教學
理論與應用

　　一個成功的教學必須要能引導學生充分發揮他們的潛能，開發學習者多元智能。因此，無論是認知教學、互動教學或建構教學，任何有效教學強調的不僅是教學的過程：引導動機、主動學習、具體經驗和合作學習等，它亦強調其結果：學生是否學會了基本概念和技能、多元智能的潛能是否被啟發等等。本章第一節先介紹多元智能的基本概念，讓讀者明白多元智能的意義與內容。第二節是多元智能的理論基礎。第三節是多元智能的課程與教學設計，如何在教室中設計多元智能的單元課程，並介紹多元智能教師應有的認識及技能。第四節是多元智能的教學技巧與方法，分項說明各種學習技巧，可以實際應用在課堂教學上，讀者可以加以揣摩，並配合實際的教學情境善加利用。

第一節　多元智能的基本概念

一、多元智能的意義

　　「何謂多元智能（multiple intelligences）？」這是許多人的問題。傳統人類對智能的認知是一元化的，並且只要用單一、可量化的智能就可適切地描述每個人。哈佛大學心理學家Howard Gardner（1983）將智能定義為：「在實際生活中解決所遭遇問題的能力」、「提出新問題來解決的能力」和「對自己所屬文化作有價值的創造及服務的能力」（郭俊賢、陳淑惠譯，1998）。他對人類智能的定義凸顯出多元文化的本質。

　　傳統的IQ所定義的內容不外乎是一個人的語言、邏輯—數學和空間等三種智能。EQ的出現與風靡，就是衝著IQ而浮現的另一種聲音。許多不滿IQ的人立即響應EQ的改革，EQ則包含了人際和內省兩種智能。然而，那些擅長模仿、精通以肢體語言表現或溝通的演員、舞者、運動員，是不是具有特別的智能？那些對音樂或聲音資訊特別敏感者，表現具有創造的人，又該是哪種智能呢？

　　Howard Gardner在1983年著作《心智的架構》（*Frames of Mind*）一書中，提出至少有七項基本智能的存在，分別是語文智能（linguistic intelligence）、邏輯─數學智能（logical-mathematical intelligence）、空間智能（spatial intelligence）、肢體動覺智能（bodily-kinesthetic intelligence）、音樂智能（musical intelligence）、人際智能（interpersonal intelligence）、內省智能（intrapersonal intelligence），之後又增加了第八項智能為自然觀察智能（naturalist intelligence）（Gardner, 1999）。

另一方面，Sternberg（1984, 1985）提出三重智力理論，他認為人類智能在生活上能夠成功，包括下列三方面：分析的智能（analytical intelligence）、創造的智能（creative intelligence）和實際應用的智能（practical intelligence）。上述多元智能理論中，固然涵蓋了IQ和EQ，但絕不僅於此，Gardner和Sternberg企圖超越傳統IQ狹隘的限制，相信「天生我才必有用」，企圖尋求擴展人類潛力的範圍。

二、多元智能的描述

多元智能理論（Theory of Multiple Intelligences）是美國哈佛大學教授Howard Gardner於1983年所提出。根據其研究（Gardner, 1983, 1995, 1999）認為人類至少有八項基本智能，包括：語文、邏輯─數學、空間、肢體動覺、音樂、人際、內省及自然觀察等智能。但生活中沒有任何智能是可以獨立的，例如：邏輯─數學和空間這兩種智能，前者著重推理與思考的能力，後者著重視覺空間的能力，但兩者都需要結合思考的能力。換句話說，智能總是相互作用的。為了描述方便，先將各種智能加以簡單敘述，然後舉例說明。

1. **語言智能**：有效地運用口頭語言或書寫，可用文字思考或語言表達和欣賞其深奧意義之能力。包括：作家、記者、演說家和新聞記者，都展現高度的語文智能。例如：

(1) 我在說話時常引用看來或聽來的資訊。

(2) 在學校，語文、歷史對我來說比數學、理化容易。

2. **邏輯－數學智能**：有效地運用數字和推理的能力，能夠計算量化或進行複雜的數學運算。包括：科學家、數學家、會計師及電腦設計師，都展現高度的邏輯─數學智能。例如：

(1) 我喜歡尋找事物的規律、形式及邏輯順序。

(2) 我有時會用清楚的、抽象的、非文字的、非意象的觀念思考。

3. 空間智能：準確地感覺視覺空間，並把所知覺到的表現出來。有能力以三度空間的方式來思考。包括：航海家、飛行員、畫家、建築師，都展現高度的空間智能。例如：

(1) 我能很輕鬆地想像鳥瞰事物的景象。

(2) 我喜歡玩拼圖、走迷宮等視覺遊戲。

4. 肢體動覺智能：善於運用整個身體來表達想法和感覺，以及運用雙手靈巧地生產或改造事物，能夠巧妙地運用物體和協調身體的技能。包括：手工藝者、外科醫生、運動員及舞者，都展現高度的肢體動覺智能。例如：

(1) 我最好的想法常出現在我走路、跑步或做一些肢體活動時。

(2) 我喜歡驚險娛樂的活動或類似的身體刺激經驗。

5. 音樂智能：察覺、辨別、改變和表達音樂的能力，指那些對音樂旋律節奏和音質敏銳的人。包括：作家、指揮家、音樂家和製造樂器者，都展現高度的音樂智能。例如：

(1) 我能辨別音調準不準。

(2) 我可以很容易的用打擊樂器跟隨音樂的節拍。

6. 人際智能：察覺並區分他人的情緒、意向、動機及感覺的能力，能夠善解人意與人有效交往和溝通的才能。包括：社會工作者、推銷員、教師和政治家，都展現高度的人際智能。例如：

(1) 當我有問題時，我願意找別人幫忙而不試圖自己解決。

(2) 我喜歡教一個人或一群人如何做事。

7. 內省智能：有自知之明，並據此做出適當行為的能力，能夠自我反省和自我知覺，並能善用來引導自己的人生。包括：傳道家、心理學家和哲學家，都展現高度的內省智能。例如：

(1) 我能夠面對挫折。

(2) 我經常沉思反省或思考人生重大問題。

8. 自然觀察智能：能辨識及分類生活環境中各種植物、動物和其他自

然環境（如：雲和石頭）的能力；自然智能強的人，在打獵、耕作、生物科學上的表現較為突出。包括：生物學家、科學家、園藝工作者、海洋學家、國家公園巡邏員、地質學者、動物園管理員和獸醫，都展現高度的自然觀察智能。例如：

(1) 我喜歡戶外的旅行和在戶外的花園種植花卉或蔬菜。

(2) 我喜歡區分和辨別動、植物。

Sternberg（1984, 1985）又提出三重智力理論，表面看來，Gardner和Sternberg提出的智能似乎有重疊，換句話說，智能總是相互作用的。為了描述方便，先將各種智能加以簡單敘述，然後舉例說明。

1. **分析智能**：指遇到問題時可以分析、評估、比較，並作價值判斷，能夠有條理的解釋和具有判斷能力。包括：系統分析師、政論家和心理學家等，都能展現高度的分析智能。例如：

(1) 我喜歡將事務分類或分等。

(2) 我喜歡作有條理的陳述或探討。

2. **創造智能**：指超越傳統的限制和測驗，個人有突破性、創造性，而有更好的表現，能夠想出別人無法想到的概念和作法。包括：科學家、製造商和革新學者等，都展現高度的創造智能。例如：

(1) 我會想出許多的新觀念或想法。

(2) 我在短時間內能表達出較多的觀點。

3. **應用智能**：指在日常生活中能應用他們的能力去適應、選擇和克服環境，能夠將所學的知識理論和概念加以落實和執行的能力。包括：各行各業之推動的實務者和執行者，都展現高度的應用智能。例如：

(1) 我喜歡對日常生活中所觀察到的現象提出問題和探討。

(2) 我會將課程所學與日常生活相結合。

第二節　多元智能的理論基礎

Howard Gardner提出的多元智能是每個人都擁有的，但有些人在某項智能表現較傑出，就好像高山從平地崛起。尤其是所謂的奇才或專家，是

指某一項智能超越常人，但其他智能並不怎麼樣，他們好像只為八項智能中的某一項而存在。另外，每項智能成長會遵循一個特殊發展的軌跡，可能是參與某種文化價值的活動而被激發；也就是說，某項智能在幼年時期有它出現的時機，一生中有顛峰時期，到了老年會有迅速或逐漸下降的規律（李平譯，1997）。

每項智能都有一套中央作業系統，就像電腦程式需要一套作業系統（如Window）才能工作，它被用來驅動各種相關的活動。例如：在音樂智能中，中央作業系統的組成部分可以包括對音樂敏感或辨別各種節奏結構之能力。而每一項智能都可用符號系統來編碼，這些符號都可以反映出你腦中有關這字的全部意義之連結、影像和記憶，猶如電腦中之符號及作業系統（Armstrong, 1994）。

多元智能不是一種用來區別你擁有哪項智能的理論分類，它是一種認知功能的理論，提出每個人都擁有多項智能的能力。Gardner（1983）認為如果給予適當的鼓勵、充實和指導，事實上，每個人都有能力使所有智能都發展到一個適當的水準。他並指出，每一項智能都有多種智能表現的方法。例如：一個人可能識字不多，但其語言能力很強，因為他能講生動的故事或表達豐富的語彙。多元智能論強調人類是以豐富的方式在各項智能之間，表現其特有的天賦才能（李平譯，1997）。

每項智能實際上是「虛擬」的，也就是說，在生活中沒有任何智能是獨立存在的，智能總是相互作用：煮一頓飯，一個人必須看食譜（語言），可能只使用食譜用量的一半（邏輯—數學、分析），做出適合所有人口味的飯菜（人際、創造），同時也適合自己的口味（內省、應用）。同樣的，當一個孩子在踢球時，他需要肢體—動覺智能（跑、踢和接）、空間智能（使自己適應球場，並且預期球會飛到哪裡）、語言和人際智能（在比賽中成功的爭取分數）。在多元智能論中，讓智能脫離現實情境是為了觀察它們基本的特點，並學習如何有效地利用它們。但是我們必須記住：當完成正式研究的時候，要將它們放回特有的文化價值環境中（Campbell & Dickinson, 1996）。

傳統的教學只強調智能的前三項，後幾項的學習則未受重視。此外，

不同學科間的教學是呈獨立的狀態，教國文絕不會講到科學，教體育絕不會提到自我內省。相對地，在多元智能的課堂裡，教師則不斷地變換講課的方法，從語言到數學再到音樂等等，經常以創新的方式來結合不同的智能。例如：我們要學生具備在學習科學時，能從舊經驗中提取與此科學有關的語文；在學習音樂時，瞭解音樂和數學的關係；甚至在學習體育時，能體認到運動與自我內省的關係。也就是說，任何一個學科的教學都可以和其他智能連結起來，使學生在學習中能將各科學習到的知識加以統整，這樣才是真正的學習（張景媛，1998）。

　　多元智能教師也會花一部分時間講課和在黑板上寫字，這畢竟是合理的教學方法，只是一般教師們做過頭了。多元智能教師除了寫黑板外，還會在黑板上畫畫或放一段錄影帶來講解某個概念；他經常在一天中的某個時刻播放音樂，或是為了某個目的、為了建立一個論點、或為了提供一個學習環境而設置場所。多元智能教師提供學生親自動手的經歷，或者傳一件正在學習的事物的模型給學生看，使其生動活現，或者讓學生做模型以展示他們的理解程度。再者，多元智能教師讓學生以不同的方式相互交流（如成對、小組或大組），他也安排時間給學生個人反省、自我調整，或是把正在學習的材料與個人的經歷和感覺相聯繫（Armstrong, 1994）。

第三節　多元智能課程與教學設計

　　多元智能論運用在課程設計的最好方式，可能是將多樣的教學方法結合運用。就這一點來說，多元智能論代表了一種教學模式，這種模式除了需要智能本身的認知成分之外，沒有其他明顯的規則。教師可以挑選一種與他們自己獨特的教學風格及教育哲學相符合的活動，來貫徹這個理論。但是在更深層面上，多元智能論提出了許多的可能性，在此範圍內，教育者可以創造出新的課程。事實上，這個理論塑造了一種情境，讓教學者在其中可以提出任何技能、內容範圍、主題或教學目標，以及發展多種方法來教授它。多元智能論本質上提供了一種建立日常授課計畫、星期單元、全月及全年主題和教學大綱的方法，讓所有學生的最強智能都能在某段時

間被涉及（Armstrong, 1994; Gardner, 1983）。

用多元智能論探討課程發展的最好方法是，我們可以考慮把所教授的材料從一種智能轉換成另一種智能；換言之，我們如何把語言符號系統，如：英語，不是轉換成其他語言，如：西班牙語或法語，而是轉換成其他智能的語言，如：圖畫、肢體、音樂、邏輯符號或概念、社會互動及自我聯繫？以下七個步驟提出了一種用多元智能論作為組織架構，設計授課計畫或課程單元的方法（Armstrong, 1994）：

一、集中在某個特定的目的或主題上

你可能想發展一個大規模的課程，或設計一個以達到某個教學目標的計畫，但是無論選擇哪個主題，你一定要簡單清楚地講明目的。把目的或題目放在一張紙的中心位置上，如表9-1所示。

二、提出各項智能的主要問題

表9-1顯示出在一個為了發展特定目的或主題的課程中所提出的各種問題，這些問題就像是一個創造性幫浦，為下一步注入足量的水源，幫助其運作。

三、考慮所有的可能性

查看表9-1的問題，有哪些智能的教學方法及使用材料最適合？考慮其他沒有列出但是合適的可能性。

四、腦力激盪

盡可能列出腦子裡的所有想法，以每項智能最少有一個，最多有二至五個想法為目標，而與同事或學生一起腦力激盪，可能更有助於刺激你的思維。

五、選擇適當的活動

從完成的腦力激盪想法中，寫成一個規劃表，例如表9-2，畫出在你

的教學環境中最有可能實施的方法。

六、制定一個連續性的計畫

運用你所選擇的方法，設計授課計畫或課程單元，其教學流程、活動
內容如表9-3。

七、執行計畫

蒐集所需材料，選擇合適時間，然後執行授課計畫，並根據執行過程
中的變化和需要更改授課計畫。

表9-1 多元智能規劃問題

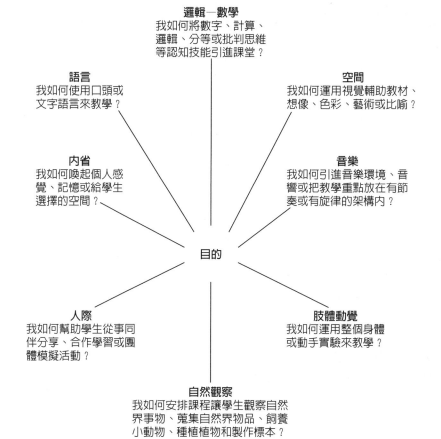

邏輯—數學
我如何將數字、計算、
邏輯、分等或批判思維
等認知技能引進課堂？

語言
我如何使用口頭或
文字語言來教學？

空間
我如何運用視覺輔助教材、
想像、色彩、藝術或比喻？

內省
我如何喚起個人感
覺、記憶或給學生
選擇的空間？

音樂
我如何引進音樂環境、音
響或把教學重點放在有節
奏或有旋律的架構內？

目的

人際
我如何幫助學生從事同
伴分享、合作學習或團
體模擬活動？

肢體動覺
我如何運用整個身體
或動手實驗來教學？

自然觀察
我如何安排課程讓學生觀察自然
界事物、蒐集自然界物品、飼養
小動物、種植植物和製作標本？

表9-2　應用多元智能的課程或單元規劃

課程或單元名稱：_____

課程或單元目標：_____

預期學習者的成果：_____

教室資源或材料：_____

學習活動：

語文：	邏輯—數學：
空間：	肢體動覺：
音樂：	人際：
內省：	自然觀察：

課程或單元步驟：_____

評量程序：_____

表9-3 多元智能課程或單元教與學活動設計

單元名稱： _____

教材來源： _____ 教師： _____

教學資源： _____ 班級： _____

教學方法： _____ 教學時間： _____

單元目標： _____

_____

_____

教學主旨與流程	教師活動	學生活動	多元智能

第四節　多元智能的教學技巧與方法

　　運用多元化的教學方法可以啟發學生的多元智能，多元智能論提供教師一個發展教學創新方法的機會。多元智能論為教學方法開闢了一條寬廣的道路，使之易於在課堂上實行。這些方法已經被許多優秀的教師沿用多年，而且多元智能論還提供教師一個發展革新教學方法的機會。這個理論認為，沒有任何一套教學方法在所有的時期對所有的學生都適合，也就是說，所有學生在不同智能中有不同的傾向。因此，任何一種方法很可能對某些學生非常成功，然而對另一些學生就不太成功。例如，以韻律、吟唱作為教學工具的教師可能會發現，有音樂傾向的學生反應熱烈，沒有音樂傾向的學生卻無動於衷；同樣的，圖畫和影像教學對有空間傾向的學生可以有所作用，但是對那些更傾向肢體或語言的學生可能有不同的影響。因此，在以多元智能為基礎的課程設計中，沒有一個所謂最佳教學技巧與方法。創作取向的教師可以配合自己的教學風格，又能滿足學生的需求。下列是多元智能上課教學小技巧，可供參考，教師可以交互搭配使用（李平譯，1997）。

一、多元智能教學小技巧

　1. 語文智能
(1) 解釋單元主題
(2) 說故事來描述
(3) 針對主題提出簡報
(4) 主題式課堂討論
(5) 寫參觀或讀書心得
(6) 寫一封信給人
(7) 小記者訪問
(8) 其他

2. 邏輯─數學智能

(1) 用推理來做題目

(2) 設計邏輯策略遊戲

(3) 運用主題引導思考

(4) 解釋或描述公式或法則

(5) 其他

3. 空間智能

(1) 教學運用模型和圖表等媒體

(2) 利用錄影帶或幻燈片

(3) 設計海報及布告欄等文宣

(4) 運用投影機或電腦等教學

(5) 建構素描和雕塑等空間活動

(6) 其他

4. 肢體動覺智能

(1) 角色扮演活動

(2) 模擬動作或戲劇表演

(3) 設計或動手做

(4) 實驗或做中學

(5) 練習或示範

(6) 其他

5. 音樂智能

(1) 傾聽音樂欣賞

(2) 舉辦音樂發表會

(3) 用音樂加強學習

(4) 唱一首歌

(5) 其他

6. 人際智能

(1) 主題式小組討論

(2) 合作式學習（問題解決）

(3) 小組報告或作業

(4) 參與社團活動

(5) 參加一項社區服務

(6) 其他

7. 內省智能

(1) 一分鐘反省活動

(2) 學習回饋與心得

(3) 札記或日記撰寫

(4) 描述個人價值觀

(5) 自我反省及評量

(6) 其他

8. 自然觀察智能

(1) 區分和辨別之活動

(2) 作分類和理解自然之能力

(3) 接近大自然

(4) 探索生活中的事物

(5) 學習有關動植物及自然事件

(6) 其他

二、多元智能教學方法

剛開始以多元智能作為教學架構時，必須先設定實際的期望。在一節50分鐘的課堂中，是不可能同時採用激發多種智能的教學方法。相反的，在一、兩週的時間內，從每種智能中挑選一項方法倒是比較可行，在每一堂課中至少採用兩種智能（或兩種以上）不同智能的教學方法，兩週後，學生就經驗過多種模式，接下來就是採用循環方式來加強各種智能的啟發（郭俊賢、陳淑惠譯，1998）。以下是教師可採用的教學方法，分別說明之（李平譯，1997）：

1. 腦力激盪（brainstorming）

在每一堂課中都可適當採用此種方式。在腦力激盪過程中，可以把學

生的創意想法蒐集起來，寫在黑板或投影片上；可以自由討論任何事情，
關於某個課程教學內容的意見等。腦力激盪的基本原則是：分享任何有關
的想法，不准制止或批評任何想法，但需運用一種具體的方式來組織它
們。在每個人都有機會表達之後，找出所有想法的共同原則；或是將它們
分門別類，這個方法可以給予所有獨特想法的學生特別表現的機會，可激
發語言、創造等智能。

2. 寫札記（journal writing）

札記是學生針對某個課程或單元主題作持續性的記錄，以及他們建構
知識的成長記錄，範圍可以相當寬廣、沒有限制或很具體。札記可以是關
於數學（寫下你的學習心得或解題方法）、科學（記錄你所做的實驗、假
設的檢定，以及過程中產生的新想法）或其他學科；它亦提供個別學生成
功、失敗、挫折等心得的記錄，猶如一本日記。因此，札記著重想法和心
得，而非札記內句子的結構、修飾和文法。札記可以是完全私人的，或是
只在教師與學生之間分享，或是定期在班上閱讀，可藉由對話或其他非語
言的資料來激發多元智能。

3. 即席互動（instant interaction）

教師在上完一個主題概念或單元段落之後，需要設計一些活動，最
容易的是採用開放性發問方式，並參與學生的對話，目的是揭開他們的想
法，同時給學生們互相交流的機會。教師也可透過精確的發問來引導「檢
定」這些問題是否清楚、準確、邏輯連貫或恰當，可以激發邏輯—數學、
人際、分析等智能。

4. 概念圖（idea sketching）

教師應該認知到這種視覺思維的價值，它可以幫助學生清楚表達他們
對學科內容的理解。概念圖描繪這個教學方法需要要求學生畫出你所教的
重點、主要思想、中心主題或核心觀念彼此連結的關係。你不必太在意他
們畫得是否整潔或寫實，而是去注意他們是否可以清楚表達想法。描繪活
動之後，討論圖畫與科目之間的關係是很重要的。不要批判圖畫本身，而
是要從草圖中「引出」學生的理解，此活動可以激發空間、語言、分析等
智能。

5. 做中學（learning by doing）

應該讓學生有機會透過操作實物或動手製作來學習。許多教育者已經提供了這種機會，他們把各種操作結合到數學教學中，或是在科學課程上讓學生做實驗。例如：學生用黏土來表達「斷層」（就地震而言）的理解，然後在課堂討論中與同學一起分享他們的成果與啟發，此活動可以激發肢體動作、空間、語言、分析等智能。

6. 音樂欣賞（music enjoyment）

尋找一種可以為某種課程或單元創造出適合學習心情或氣氛的音樂，這種聲音甚至可以包括聲音效果、大自然的或引發某種情緒狀態的古典或現代音樂。例如：當學生朗讀一個發生在海邊的故事之前，放一段大海的錄音，此活動可以激發音樂、內省等智能。

7. 同儕分享（peer sharing）

分享可能是多元智能方法中最容易實施的。你可以採用分小組方式，或需要做的只是對學生說：「找離你最近的人談談……」你可能讓學生互相討論剛才在課堂上講過的內容，你可能想以同伴分享的方式開啟學生在某個主題上已有的知識，以便開始一堂課或一單元。或者，你可能想鼓勵學生與班上不同的人分享，這樣到了學期末時，班上的每個學生彼此都成為分享的夥伴，此活動可以激發人際、語言、應用等智能。

8. 合作小組（cooperative group）

採用小組學習達到一般教學目的是合作學習模式的核心成分，一個小組的成員介於3至6個人。合作小組的成員可以用各種方式來處理指定的學習內容，例如：數學或理化合作解題，讓學習快的人教會學習慢的人；或者還可以在小組成員中指派不同的角色，一個人寫，一個人檢查拼字或標點錯誤，一個在班上分享，一個領導接下來的討論。另一方面，合作小組特別適合多元教學，因為它們可以由各個智能層面的學生所組成。例如：一個要完成製作錄影帶任務的小組，可以由一個善於交際的學生負責召集，有語言傾向的學生來寫，空間發達的學生來畫，肢體動覺強的學生製作道具或擔當主角等等。

9. 一分鐘內省（one-minute reflection）

最沒有效率的教學乃是教師不停的講，學生沒有機會思考或反省。在講課或其他活動中，學生應該經常有內省或深思的「暫停」時間。一分鐘內省期間給學生時間消化所吸收的知識，或將這些知識與他們自己的生活相聯繫；同時讓學生重新調整好自己的步調，幫助學生保持活躍，為下一項活動做好準備，此活動可以激發內省、分析等智能。

第五節　教與學活動（七）

主題　錄影帶之教學觀察

為了彌補學生實地學校教學觀摩之不足，增加學生教學觀察的機會與次數，期能結合他們所學之理論與實務經驗，授課教師可以將教學錄影帶之教學觀察排入課程，無論是歷屆學程職前教師或實習簽約學校在職教師之教學實況都可以。錄影帶教學觀察時，要求每一位學生記錄整個上課教學之優缺點，並於觀察完畢後加以討論，進一步討論如何應用在未來實際之教學。

學生心得分享

以教學錄影帶可觀察優秀教師的教學，自由討論並在過程中可以隨時停頓或重播某個片段，可刺激回憶，並培養學生批判反省之能力。本課程中，放映優秀學長姊之錄影帶，不但可知其不足之處，並可從中學習其優異之教法，包括：上臺的掌控、姿勢、音量、表情和板書，值得仿效。又由觀察錄影帶中加以參與體會，更會有著不同的看法，並再次感覺「上課」的氣氛與活動時的師生互動。此法不僅可讓學生（準教師）再次感受上課之情境，且不需花費過多時間便可達所要之效果。當然，錄影帶教學不只是以播放優秀學長姊的教學方式，亦可以上臺演示並錄影，再予以觀察分析並提供回饋意見，學生可以自我觀察與評估自己的教學內容、方式或肢體語言，而同儕和教師即時的回饋亦可幫助學生加以修正。

　　上課前，教師在黑板左右貼了兩張又大又顯眼的海報，一張的內容是實驗的流程圖，另外一張則是小組活動的計分表。現在就先不論她的教學內容如何，我想一般人只要看到這兩張特別的海報，大概就已經為她的教學打上肯定的記號了！其實，我自己覺得要讓一個非美術學科的人設計兩張這麼大的海報，真的是件不容易的事。其中，教師還注意到要以不同的顏色標示出學生應注意的地方，想必她在課前一定花了許多時間、精神在設計教學內容上；這也代表她是一位對教學非常用心、非常認真的教師，才會肯多花自己寶貴的時間在準備教具上。我想，教師的用心一定會令學生感動的。

　　教學活動是為了配合課程，不應分開而需融入。在以往學習上臺試教時，我們通常都在規劃完主要教學內容後，才開始去想到底要編排哪些活動，才能使教學過程活潑些，但是被設計出來的活動往往都是獨立於主要的學習單元之後。在理化科的教學觀摩錄影帶中，學姊將課程和活動交互融合在一起，使得課程的整體彷彿是一首動人的旋律，輕快流暢，節奏鮮明，一氣呵成，而且絕無冷場。我才領悟到要當一位成功的教師，除了要是一位好演員之外，也必須是一位傑出的節目企劃。此外，這樣的作法也能使學生對所學的知識印象深刻，馬上成為能夠被帶著走的知識。

　　首先，我先談理化科的教學感想。我覺得學姊對教學的內容及教學的準備很充分，由此可見，學姊對教學的用心程度，而且學姊還製作計分表，使得發問的過程中學生能踴躍發言，這是很好的互動方式，值得我好好學習。除此之外，讓我印象深刻的是學姊常掛在嘴邊的一句「有沒有問題」，接著卻繼續講課，完全沒有讓學生回答的空間。基本上，我對學姊的這句話很認同，但我覺得學姊應該讓學生有時間稍微思考再進行教學，不然只是流於形式，變成一種口頭語，一點意義也沒有。不過大致而言，學姐的教學還不錯。而對於另外一位的數學科教學，我覺得學姊的板書真是漂亮、流利且工整，但學姊和學生的互動似乎太少，感覺較枯躁，要是能增加些互動，我想會更完美。欣賞過這兩位學姊的表現，我覺得各有特色，值得我努力學習。

　　由於這堂課是一般的數學正課，所以，學姊上課的方式是以板書書寫

為主。從影片中觀察到學姊的板書非常工整，讓人一目瞭然，並且會適時地畫出圖形來輔助教學，如此讓整個黑板看起來井然有序，非常舒服。其實，看到這一幕，自己覺得很慚愧，因為在板書的設計方面，自己還需要好好的學習，學習如何有效地運用黑板有限的版面。我想，一個整齊、清潔的版面真的可以引起學生的學習興趣，更可以讓上課不僅是聽覺上的享受，也可以是視覺上的享受。

第十章

適性化教學
理論與應用

　　政府推動十二年國民基本教育，以「因材施教」和「適性揚才」等為核心教育理念。因此，適性化教育的觀念與議題逐漸受到重視，對教育與社會政策的決策，亦有其相當的影響力。尤其是學生來源益趨多樣化，在學習特質差異性更大的情況下，此等課題更具有挑戰性。適性化教學之探討，在於如何建構有效教學的理論研究與實務知識。換句話說，從學生學習的角度觀之，學校教學是否能顧及學生的學習特質，適應個別差異的特殊需要，據以增進學習成效，將是現階段因應教師專業發展與教學評鑑的重要課題。因此，本章第一節先描述適性化教學之意涵，第二節論述適性化教學之理論基礎，第三節再說明適性化教學之應用，第四節說明Skinner的編序教學實施與方式，最後，第五節採用個人化系統教學之實施與應用於適性化教學策略。

第一節　適性化教學之意涵

　　「適性」教學一詞，顧名思義係指「適合個別學生的特性」的教學。採用的英文「adaptive instruction」也有「適應不同差異」的涵義。因此，適性教學指適合學習者特性與個別差異的教學方法、策略及實施（王政彥，2011）。以學生個別化（individualized）學習為基礎，能充分發展個人之潛能，建構適合每一位學生需求的教育內容之發展與研究，亦與適性化教育研究有密不可分的關係。其他相關的概念，尚包括「教育機會均等」與「社會公平」等。Wang（2001）認為適性教學的一般概念是指：使用多種的教學策略與資源，以滿足個別學生的學習需求。而適性教學之所以受到重視，原因主要有二：(1)創造適合學生需求的學習環境；(2)提供每位學生公平教育機會的訴求。惟適性化教學的名稱各有不同，除了前述之適性教學之外，尚包括其他如「個別化教學（individual instruction）與「差異化教學」（differentiated instruction）等。

第二節　適性化之教學理論

Paramythis與Loidl-Reisinger（2004）認為，適性教學包括的成分有監督學生的活動、詮釋結果、瞭解學生的需求和偏好，以及使用新資訊幫助學生的學習過程。Corno（2008）指出，適性理論（adaptive theory）乃是連結適合性之教學，以及教導學生「獨立學習」（independent learning）或「自我調整學習」（self-regulated learning）的一個循環。因此，適性教學必須對學習者差異有所瞭解，並實施有效之教學策略。筆者認為適性化教學之理論的基礎應是整合多元智能理論與個別化教學策略。Gardner（1983）提出的多元智能是每個人都擁有的，但有些人在某項智能表現較傑出，就好像高山從平地崛起。尤其是所謂的奇才或專家是指某一項智能超越常人，但其他智能並不怎麼樣。如果給予適當的鼓勵、充實和指導，事實上，每個人都有能力使所有智能都發展到一個適當的水準。Heo與Joung（2004）即強調個別學習者的不同目標、背景、知識，以及學習能力，都是適性教學之所以需要受到重視的原因。適性教學也與個人學習風格與學習偏好息息相關，教師必須瞭解並分析學生的個別差異性，分別從學生之內外在等不同條件予以因應。

學生天生潛能與發展之個別差異，加上一些研究者在教室內各種現象的持續觀察，讓我們對於目前「教學」和「學習」觀念產生了多元化的理解（甄曉蘭、侯秋玲，2014）。Tumposky（1989）將適性教學分成兩類：(1)教學適宜本位：強調教學回應學生特質的重要性，而非學生來適應教師的教學。(2)學習者本位：強調教學以學生為主，旨在擴充與強化學生的能力，以期在面對不同工作時能更彈性、更自主與獨立。不過，其中以學習者本位更能促進學習者的主動及持續參與。Kenny 與 Pahl（2009）指出，積極主動學習（active learning）是透過互動及適性學習環境的促進而產生，有別於傳統教師中心及班級本位的教學方式。而所建議的教學策略包括：如何聚焦於學習風格的不同層面，應用適性回饋與輔導。我國學生向來被批評為被動學習，如此的互動性與適性學習環境，或

有助於促進學生的主動性學習（王政彥，2011）。

第三節 適性化教學之應用

　　多元智能理論認為沒有任何一套教學方法在所有的時期、對所有的學生都適合（Gardner, 1983; Sternberg, 1984）。多元化的教學方式可以啟發學生各種不同智能。多元化教學的發展趨勢，強調學習動機的引導，而教師的角色也轉變為啟發學生潛能的領導者。如果用一種樂器來比喻，傳統的教師是一個獨奏者，只要熟悉並使用一種樂器即可；現代的教師則是一個交響樂團的指揮，不僅要熟悉各種樂器的特色，更要能配合樂章的發展，適時引導各種樂器演奏，以充分表現樂章的優美旋律與豐富內涵（黃政傑，1996）。

　　適性化教學之應用，主要是依據學生之個別差異，彈性調整教學內容與方式，和採用適當的評估方式，以提升學生之學習效果。因此，主要包括教學與評量兩個層面：就教學而言，創新多元化教學是需要的，諸如個別化教學、反省教學和小組教學等；而結合數位科技建置適性化學習平臺，是新的教學實踐。由於網路能提供學習者唯一的辨識身分，學習內容能量身訂做，進度的監控、支持與評量亦能有效處理。因應學生的個別差異，與其相關之學生個別差異的研究，遂由靜態資訊的理解轉變為動態的描述與分析，學生學業成就不再只是作為衡量的唯一指標，與學生「能力表現」有關的「學習歷程」之分析研究，亦逐漸受到重視（Wang, 1992）。因此，類以Skinner「編序教學」整合「電腦輔助教學」（CAI）概念架構的適性學習內容科技，被廣泛地運用在個別化學習之上。編序教學法是依Skinner的操作制約的漸進式增強原理，使學生一步步學習。惟此種內容科技容易忽略個別學習者「線上學習」的意願，且無法將教學目的、價值與教材設計、發展與呈現進行有效統整，因而可能降低其學習成效。游進年（2009）建議解決之方式有二：一為傳統重視實體教室的適性化學習，可能無法直接移植至虛擬數位學習平臺，因此，教師應有效理解掌握學習者之個別學習差異。二為將教學價值觀融入學習平臺與教材設計

之中，以避免學習者的機器化或物化，不利於社會化生活。

　　另一方面，就評量而言，除了傳統的紙筆測試外，則以多元評量為典型的代表。至於多元評量的實施，與適性化教學重視學生個別學習差異的概念相符合，可視為適性化教學之應用。就評量觀念而言，多元評量的理念就是以多種方式進行教學評量，而當前教學評量的方式可概分為幾個取向：(1)知識取向，例如：紙筆測驗、論文式測驗等，較忽略情境或互動性評量；(2)情境或技能取向，例如：實作測驗、檔案評量（portfolios assessment）、教室觀察等著重真實性評量（authentic assessment）及問題解決；(3)互動取向，例如：口試，強調評量過程中，評量者與受試者高度的互動性與協助性。就評量方式而言，包括：紙筆測驗、論文式測驗、實作測驗、學習檔案（札記、作品及報告等）、教室觀察（軼事紀錄、觀察量表、檢核表等）和口試等。這些都是奠基於建構教學理論，強調學生主動參與，以及兼顧過程與結果的評量。換言之，多元評量即是適性化的評量。因此，其相關內涵如評量的設計與實施，應與教學目標呼應。學生是知識的建構者，能主動參與評量的建構與實施、評量應與生活經驗連結、在真實情境脈絡中進行、重視動態與連續的評量歷程、兼顧學習過程與結果的評量、以評量促進學生的學習能力發展與成長等（游進年，2007）。

第四節　編序教學

　　適性差異化教學的策略可使用「編序教學」整合「電腦輔助教學」概念架構的適性學習內容，能夠符合不同程度需求之學生。本節先介紹編序教學法，下一節介紹個人系統化教學等，都是直接或間接根據Skinner操作制約的學習原理發展出來的。

一、編序教學法（Programmed Instruction）

　　編序教學法是依Skinner的操作制約的漸進式增強原理，使學生一步步學習。將課本中的教材按照難易的順序層級細分成一個問題或小概念，每一個問題都有正確答案，且前一題都是下一題的基礎。然後以測驗卷或

使用教學機的方式供學生作答，題型包括是非、選擇和填充，並在回答之後立即出現正確答案，學生可以依答對與否來修正自己的學習。但其有個困難就是，編製教材製作不易。所以，我們說要編製教材可以，但希望有委員會製作標準的教材，譬如數學、理化，用電腦的自動教材，這樣的教材很好，可以用來自學、函授課程、空中教學，都是很實用的，不一定要到現場上課。所以，編序教材在個人化教學中非常重要，故教師要懂得這個理論的情形。

二、編序教學特色（Skinner, 1954）

1. 採用直線發展的編序方式，必要時可以分支

何謂直線編序？例如：數學題a這一題你學會了，那就直線到b，接著到c；萬一b不會，就做另一個b1類似題，學會了再到c，最多可以到b2，萬一再不會就往回學習，即表示說你此單元尚未學好，所以它是用分支直線，必要時可以分支。

2. 儘量採用填充代替選擇的反應方式

有人會有疑問說：「填充和選擇有何不同呢？」如果我們做任何問卷時，現在很多電腦測驗都是採用選擇題，用填充的很少有呢？填充題不能亂猜，選擇題則可猜一下，機率雖然小，反正總會猜到一個吧！況且又沒有倒扣。像在美國考駕照使用電腦測驗，只要通過40題就算筆試過關，電腦題庫裡有成千上百題都是類似題目，所以時間久了，就可以考到了。但是填充題就不行了，錯的話比較沒有辦法讓他在做錯之後還繼續重複，因為填充題一定要理解。像數學題目等於多少就不能隨便瞎猜，一定要理解，所以以填充代替選擇的方式，就表示說你對單元內容要完全理解。不過現在為了「改」得方便，幾乎我們都是用選擇式的，如現在的托福、GRE、學科測驗等，幾乎都是。但是也有人建議說不能完全用選擇題，要用計算，這可以慢慢多元化。

3. 採用教學機輔助教學

教學機源由俄亥俄大學開始設計的，跟現在的電腦教學一樣，題目答對了，換下一題，一直到答不會為止。CAI也是跟電腦測試一樣，現在網

路教學亦是如此。網路教學上課如何測驗？最好是用電腦編序教材，修習過了，頂多參加會考，集中考試，然後授與學分。

4. 採取逐步測量或增強的方式。

a-b-c題目會愈來愈難，達到這個地步就是達到單元教學。譬如畢氏定理要理解到什麼程度。首先瞭解直角三角形三個邊關係，然後會應用公式去解題。為什麼要這樣呢？如果你這一題會了，表示以後你的期末測驗應該會到如此境地，以後講到個人化教學法，最後都要做一個總結測驗。譬如你平時這樣學習，最後參加期末測驗。所以最後都要達到一個標準，這個你會，那麼整個單元大致就沒問題了。

三、編序教學之優缺點

㈠ 優點

1. 適應學生個別差異，依照自己的速度去自學

這個是教學法中最難的，你看一個常態分班，教師怎麼教數學、教物理、教化學呢？常常聽有些教師說，這個例子舉完了，下個例子要再舉一舉。數學教師說，不管了，反正就先講完後再舉例；但有的教師根本就不管，視學生都是前段班的，以高標準數學教材為教學內容，這樣會把所有後段班或者是不能理解的同學忽略了。所以，編序教學的好處就是，你可以慢慢來，不會的話可以回頭再學習，故可以輔助正常教學的個別差異。

2. 學生主動學習，立即增強正確反應

這個最重要就是說，你做對了，就說給你答對了，恭喜你，接下一題！以前教學機沒有這一句話，現在電腦可以自動設定，答對了給個笑臉；答錯了出現哭臉和「請繼續努力！」的字幕。教學機比較機械化、簡單，不像電腦那麼方便能夠立即增強。所以，你們以後測驗卷最好是做了就能馬上知道答案，不然做了老半天不知道對不對，一點信心都沒有。現在有立即增強，答對了，恭喜你；答錯了，請繼續努力。所以，主動學習者經過一段時間耕耘發現有收穫，因為他得到增強，所以他會繼續學習。因此，學習力較旺盛的人，一下子很多題目就做出來了，學習比較慢的人

就慢慢做，這是教學機的好處。

3. 請假學生可以隨時繼續學習

我們請假有補課嗎？都是得靠你自己學習。像理科或是較難的微積分，兩次沒來上課就絕對不可能從頭再看，得自己想辦法學。但是像這種編序教學可以請假暫停，回來後可以自己學。

4. 學生逐步學會複雜的教材

這是個別設計傳統教學不太容易達到的，因為它的設計是經過逐步漸進、由簡入難。但是我們上課是因教師而有差異，有的教師會謹慎、注意，有的教師根本就是照本宣科，他不知道什麼叫難易，課本拿了就教。無論如何，以循序漸進由易而難的方式，較不會造成學生的學習挫折。

㈡ 缺點

1. 受事實限制，普遍採用困難

教材編制不易，在普遍採用上有困難。加上目前一般還是用傳統教學法，所以要普遍採用像空大、函授、個別教學、補救教學是有困難的。

2. 強調機械化學習，不重視師生互動

過於機械化學習，缺乏面對面溝通，不利於社會化生活。譬如常有電腦資訊系的學生批評網路教學好像是在對著機器學習，缺乏師生互動和人際往來。

3. 編序教材不容易

教材是要全國統一？自己編訂？還是專門學科領域的委員會自己決定？現在幾乎都是各校自己編，九年一貫使用教材來源不再由國立編譯館的標準本，而是授權讓教師也可以參與教材編輯。

4. 學習孤立化，缺乏社會化功能

缺乏教育歷程中的社會互動功能，也輕忽教師影響力，喪失人格感化作用。較適合獨立性高的學生，長期使用將很難維持學生的動機和耐心。

第五節　個人化系統教學

個人化系統教學（Personalized System of Instruction，簡稱PSI）主要代表人物是Keller（Keller, 1968; 林寶山，1995），他是美國心理學家，受到Skinner增強理論影響。他的教學理論包括下列七種基本成分：

1. 熟練標準：大約90%的熟練度，也就是標準熟練程度是90%。
2. 學生自我控速：依照自己性向、能力及時間。
3. 單元考試和期末成績評量：前者占75%，後者占25%。
4. 立即回饋：馬上知道其成績。
5. 助理制度：批改成績和學習指導者。
6. 學習材料：主要教學資源，教師是輔助者角色。
7. 講述和展示：激發學生的動機及興趣。

上述整體意思是，個人系統化教學比較注重每一個單元，所以，單元考試大概好幾次，單元考試占比較多75%。譬如7次，期末占25%。就是說，第一次要考第一單元，第二次考第二單元，共七個單元，依次排下去，時間到了，要來考試。然後呢？立即回饋，馬上知道成績，考完了那個單元，助教將答案收回來。他有標準答案，改完後過幾分鐘，同學就可以知道成績。這個單元pass了，繼續下一個單元；如果沒有pass，再準備和練習，可以補考。然後呢？有助理制度，批改成績和學習觀摩。助理是給你詢問，但他不是授課。你要記得「個人」的助理就是讓你詢問的，你沒有問題問他，就表示你沒有問題。但是如果你有題目不會做，你可以問他，他會告訴你，所以他是坐在那邊。再者，學習的材料是主要的教材或採用教學輔助科技，教師只在上課的時候，講述和展示來激發學生的動機與興趣。所以，教師在第一堂來講，這堂課的特點怎麼樣，同學們要如何開始，激發同學的學習動機，教師可以用獎勵的方式，也可以用各種方式讓同學們對這一堂課有興趣，他只能點到這裡。但是他實際不擔任教學工作，這是Keller個人化教學摘要的重點。

一、Keller教學理論的特色

㈠學生可以控制自己的學習速度

個人系統化教學最難的就是這個，每個人不同，所以有人可跳級，從這邊就可以跳級，快速學完了，就可以進入下一級。所以在美國為什麼很容易跳級，像小學生從1→2、2→3，因為他們都有一個標準的評量，你只要跟教師說，我要三年級的課程，好，書拿回去看，還要家長簽名，先測一下。教師在學校正式再測，測完之後，就拿三年級的書讓你看，一年級可以看三年級的書，這就叫作跳級。看完了就測驗，這就是標準化測驗，然而這個在團體教學中一定要用個別方式。所以在美國，學校是有教師的團體教學，但是呢？用個人系統化教學的制度輔導學生，讓學生跳級。我們國家也應該這樣子，任何一個教師都可以這樣。你的學生如果是數學資優，照理說，你應該有一個數學教材給他看，然後呢？有一種標準評量制度，如果他通過了，就可以讓他跳級，這樣資優學生才能充分發揮。但現在不一樣，他是資優也要三年、不是資優也要三年，所以，資優的學生看到題目都會做了，就顯得沒興趣；不懂的人看到你愈教愈難，也一樣沒興趣而呼呼大睡，所以這跟體制很有關係。

像你們師資生這樣學過兩年教育學程後要不要考試？早期各大學剛開始開放教育學程時，修完畢業都pass，不用考試。這與美國是要考試的證照制度，很不一樣。如果要考試就難了，我們不是每個人都能pass的，就跟你們考律師或會計師執照一樣，只要有考試，就不是每個人都能通過。目前依據中華民國國民修畢師資培育之大學規定之師資職前教育課程，取得修畢師資職前教育證明書者，得依證明書所載之類科別，報名參加高級中等以下學校及幼兒園教師資格檢定，以筆試為主。目前中等教師資格檢定考四科，分別是國語文能力測驗、教育原理與制度、青少年發展與輔導、中等學校課程與教學。目前每年考生通過率都不同，大約是七成左右。

㈡單元成熟考試通過者可以一再參加，不限次數

就跟考托福、GRE一樣，考不滿意可以再考。這個不限次數，意思是

說，如果這個人學習很強，我相信考一次就過了。就像考駕照一樣，有沒有人考五次才考過的？反正只要有毅力，認真K書，一定可以通過。

(三)能力較優者可加速學習，學習較慢者不會有挫折感

能力較優者可以根據自己的學習方式，快速的學習，不受教師正常教學之影響，他甚至可能幾個月就把一年的課程學完，這時可以充分發揮個人的潛能。相反的，能力較差者可以慢慢學習，也許兩年才把一年的課程學完，因照著他的學習速度較不容易失去信心，不然許多學生因趕不上教師之教學速度，一開始就放棄了，讓資優生和學習比較慢者各得其所。

二、精熟教學與Keller教學模式之比較

精熟教學（Mastery Teaching，簡稱MT）與Keller個人系統化教學（PSI）模式之比較，如表10-1。

表10-1　MT與PSI之比較

教學模式 / 項目	Bloom的MT教學模式	Keller的PSI教學模式
熟練標準	80%-90%	90%
學習進度	教師決定	學生決定
教學方式	團體教學	個別學習
單元考試	一同參加 自己（或教師）評分	個別參加 助理評分
校正技術	由標準答案得知 可參加第二次測驗	由助理告知錯誤之處 可參加無數次測驗
成績評量	由期末總結性測驗決定	單元考試占75%，期末考試占25%
應用對象	中小學	大學或研究所

三、教學應用：個別化教學法

這與上述個人系統化教學不一樣！在我國要完全實施個人系統化教學有其困難，但可採用所謂的個別化教學法，它是全班團體教學，但是它是

個別化的方式，就是有獨特性與區辨性。指傳統對全班多數學生的教學，但是採用個別化教學。教師需要針對全班學生的獨特性和差異性設計不同的學習計畫，包括課程、教材、教法與評量等方面。

　　例如：你這一班資優生或特教生比較多，你要根據這個東西設計不同的教材，而不是一律教學。針對你的班級，設計特別的教材教法。譬如你現在如果教到體育班，跟正規班是不一樣的。像筆者曾去拜訪某高中，他們學校有兩班，一班是正規班考大學，一班是體育班，體育班的數學課比較少。如果體育班用像正規班的上法，教師會瘋掉，因為體育班的同學上課很愛講話，活動力太大，所以教師允許他們上課說話，所以體育班的數學課絕不可以像正規班的數學一樣，如果教師一樣教，那你就不會採用個別化教學法，這不一樣喔！你上課舉的例子和內容要不一樣。因此你上課必須要設計，評量也要不同。體育班的考試不參加全校的統一考，所以你設計的教材也要不一樣。所以個別化教學，每一個教師都要會用。

　　個別化教學的策略有許多，可依照教師習慣之教學法來變更。一般而言，可以採取下面四種教學策略（林寶山，1995）：

1. 調整學習的速度

(1)對一般程度學生由教師控速（teacher pacing）

　　意思是說，這個班如果是常態，所以教師教的時候，你只要教基本、簡單和一般的問題就行了。像現在的數學練習，都是一般性比較簡單。要不要用「高標準補充教材」？因為現在國中已很少分A段班，大都是常態分班，因此絕不可使用高標準數學，教師得先將課本的習題做好。

(2)程度較高學生自我控速（self- pacing）

　　如何使用教材讓學生自我控制，尤其現在常態分班，班上一定有20%的學生數學很棒，但教師為了顧及全班，沒辦法使用高標準的艱深數學問題來教，故教師一定得另外自編教材講義，難易區分，鼓勵同學依照自己的能力程度分別練習。

(3)學習遲緩者補救教學

　　對於學習緩慢者，除了進行正常教學外，還需要實施補救教學，例如：教師上課時可採取鼓勵方式，只要有進步，即加以獎勵。也可採用

同儕合作學習方式，運用成績好的學生去教成績差的學生（或學習緩慢者），尤其是上課教材或回家作業都可以採用。最後就是教師利用額外時間加以補救教學。

2. 提供多樣性教材

針對程度較佳的學生，教師要編定補充教材或利用圖書館資源；針對程度較弱者，教師要編定補救教材或自學教材。那現在的教師最好是這樣，不是只有依靠教科書，因為教科書不能夠適應每個人，你一定要有編訂教材或蒐集教材的判斷能力，哪些是簡單、哪些是困難的，最好剛開始是用講義的方式，慢慢的，教了5年累積了一些資料，就可以裝訂成合訂本，變成自己的教案，或是由學科的委員會，如數學科委員會，每一個教師都提供一些變成補充教材，現在很多高中都這樣做。教師合力，然後從中再適時地舉例補充，因為現在坊間都是偏的。當然，教師也可以買（高標準、點線面）好幾本，買回來之後，教師得自己先消化、整理。不然，你採用的那一本都是偏的，不適合全班教學：當你蒐集幾本之後，你再自己整理編輯成講義發給同學，如此會比較適合。

3. 調整課程的要求

就是說，是不是班上每個人要達到幾分，這個很重要。常態分班一定會有人不及格，班上的成績分配一定是曲線圖。常態分班基本上是正常分布，因此，教師對每個人的要求一定不可能每個人都一樣。教師只能要求學生先與自己比較，有進步的學生，教師予以鼓勵。

4. 調整教師的角色

如果教師知道上述的原則與個人差異化存在，那麼教師的角色就不是傳統，你不會要求每個人達到八十分一樣標準，教師的角色與觀念就會改過來。個別化的教學策略很好用，如果再配合精熟教學，兩者都很適合應用於目前差異化的教學方式。

參、設計篇

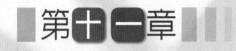

第十一章

教學單元設計

前教育部長曾志朗一再強調九年一貫課程的改革，主要還不在課程如何改變或修改，最重要的核心精神是教師的「創新教學」，藉著教師的創新教學才能啟發學生的創造力，進而培養學生的生活基本能力。但是要培養有創意的學生，必須先要有創意的教師，才能激發學生的創意，不僅要避免扼殺學生的創意，懂得以欣賞的角度來激勵、鼓舞學生，還要提供有創意的教材內容、教學方法導引學生思考。因此，一個好教師最大的威脅就是滿足於現狀，沒有產生任何創意或改變。優秀教師要不斷地問：「怎樣才能改進或創新我的教學？」教師是教材的詮釋者、學習者與研究者，教師要考量怎麼樣的教學，然後才來籌組怎樣的教材。教學是一種有目的、有計畫、有系統的教育實踐，在實踐的過程中，它不僅要有科學的精神與態度，更要有藝術的技巧。就科學的性質而言，教學有原理或理論可資遵循，也有方法可供運用；就藝術的性質而言，教學活動的內容與形式，均有賴教師的創意安排與靈活運用。因此，有效教學的要件，是要兼顧教學的科學性與藝術性，一方面掌握教學原理、熟練教學方法；另一方面則需發揮創意，活用各種教學技術。由於學生的個別差異，建議教師對學生最好運用多元化的教學方法，要成為一個成功的教師，除了要嫻熟任教學科的內容之外，還要熟練各種適用的教學方法。

前述章節的理論基礎提供了豐富的架構，包括互動教學、建構教學、多元智能等，尤以建構教學理論背景影響教學設計為甚。本章第一節先介紹教學單元設計的意義，說明教學單元的各項要素；第二節是教學的流程與策略，讓讀者明白教學的基本流程；第三節介紹能力指標的意義，以及自然、數學領域的分段能力指標；第四節探討教學單元設計的要領；第五節介紹教學設計的實例，提供讀者應用於實際教學中。

第一節　教學單元設計的意義

一個學科是由許多的教學單元組成的；教學單元是指教學的一個完整單位，提供學生有關某一主題的完整學習。一個教學單元的教學有時只要一節課的時間便可完成，有的則需兩節課以上，端視單元大小和性質而

定。教學單元的活動設計，簡稱「單元計畫」，就是所謂的「教案」。編寫教案首先必須選定所要設計的單元主題，選定了教學單元主題之後，教師便要以主題為中心，將教學內容分析與統整，設計整個教學活動之流程；還要將整個教學單元的要素：教學目標、教與學活動、教學內容、教學媒體、教師評鑑和教學資源等組織設計成一個有連續、有系統、有內容的教學單元（黃政傑，1994）。另外，作者加入能力指標一併探討，以下分別加以說明之。

一、教學目標

係指預期學生經過某一個教學單元學習之後，可能的學習結果或行為改變。目標敘述必須明確，其範圍可包含認知、技能及情意三個領域，更有可能包括多元智能多方面之領域。哈佛大學心理學家Howard Gardner（1983）在他的《智力架構》（*Frames of Mind*）一書中，提出人類至少有八項基本智能的存在，分別是語言、邏輯─數學、空間、肢體運作、音樂、人際、內省和自然智能八項。另一方面，Sternberg（1984, 1985）提出三重智力理論，他認為人類智能在生活上能夠成功，包括下列三方面：分析的智能、創造的智能和實際應用的智能。

教學單元目標的敘寫要點如下（高廣孚，1995）：

1. 敘寫單元目標時要直接從一個動詞開始。動詞之前的「使學生」和「讓學生」等字樣均可略而不用，例如：「運用比值與比例式的概念解決日常生活所遇到的問題。」

2. 單元目標的敘寫，是表示學生的學習成果，而不是敘述學生的學習過程。

3. 每一個教學單元目標通常只包括一個學習的結果。

4. 單元目標的動詞所表示的是學生的活動，而不是教師的活動，例如：「瞭解連比例式的求法。」

5. 單元目標的敘寫，不得與整個學科目標互相衝突。

二、教與學活動

　　教與學活動是讓學生能達成教學目標，所經歷交互作用之過程。傳統教學偏重教師的教學活動，即教師「如何教」；而比較忽視學生的學習活動，即學生「如何學」。因此，教學活動設計時，必須兼顧教學活動與學生活動。例如：學生討論、實驗操作、小組解答、看錄影帶或幻燈片、校外參觀等活動，有時也必須設計一些報告、展示或發表，讓學生主動積極參與。同一個教學目標可以透過多樣之活動去達成，而同一個教學活動有可能達成多種目標，教師們需要精心設計多元互動的教學活動。

　　加強師生的互動，如瞭解學生的反應、理解程度等。發問問題時可交叉使用講述法與問答法，並儘量以開放問題的方式來達到雙向式的溝通。一開始，學生可能不敢表達自己的意見，教師可採用點人的方式回答，或可先將幾個答案寫在黑板上提供學生作選擇，接著再詢問原因與答案，這樣學生也比較能接受。教師與學生間是可以彼此切磋並教學相長，教師的教學活動可以讓學生參與，並且共同學習與成長。

三、教學內容

　　教學內容包括單元主題之內所要教學的概念、原理、理論、方法、價值或態度等。內容之選擇一定要配合教學目標，這些內容可配合著教學活動去實施；無論是教科書呈現的或相關補充資料，都要在這單元主題之下去發展或應用。儘量避免無關或太深奧之學理，這些會減低學生學習之興趣，而內容呈現方式可配合多媒體適當加以發揮。

　　教師應根據教學的進度，在教學內容上作選擇，並非所有的課程內容皆要講授。並且可以常舉很多生活例子作為輔助教材，幫助學生有興趣來學習，使教學可以生活化。因此，為了讓課程內容更生動活潑，就必須藉助生活經驗的累積來豐富教學內容。以教師本身的相關實務經驗作為課本理論面與實務面的結合，更能發揮教學的效果。

四、教學媒體或資訊科技

「一支粉筆打遍天下」的時代已經過去，教師們要善用教學媒體，增加教學的生動性與活潑性。傳統上，學習的媒體限定於教師的口語溝通或書本之內容；現在則可透過常用的輔助媒體，例如：投影片、幻燈片、模型、圖片、錄音（影）帶等，更可用新科技成品呈現，包括所有數位科技，例如：收音機、電腦、硬體、軟體，以及其他相關產品。在教育領域中，學校科學教師常運用數位科技輔助教學和學生學習，包括：(1)簡報，(2)多媒體（動畫、影音等），(3)電子白板，(4)網路平臺工具（Facebook、Blog、Google、Youtube等（Jang & Chen, 2010）。因此，資訊科技是一個運用系統方法，來界定、組織、設計、發展、評估與運用各類的學習資源，並管理整體過程，以協助提昇人們學習的應用科學。請記住，教師是最佳之教學媒體，教學之應用巧妙、存乎一心；若一味追求新穎或不合適的媒體，則反客為主，會有負向的學習效果。

五、教學評鑑

教學是否有效果，一味的趕進度是否有達成教學目標，是需要加以評鑑，以便進行診斷學習之效果。傳統的教學評鑑是在教學單元學習之後，但對此學生的學習幫助不大，只不過是判斷學生是否有效的學到東西。因此，要設計一個學習前、學習中和學習後的教學評鑑，以便即時對緩慢學習者加以補救，達到最有效率的教學。

六、教學資源

教學資源是指一切對單元主題有幫助的人、事、物。例如：補充教材、學校或社區能提供之設備，有哪些參考書籍或文獻可進一步閱讀，對教師與學生雙方面都會有正面的幫助。

七、能力指標

係指將學生所應具備的能力項目轉化為可觀察評量的具體數據，藉以

反映學生學習表現（楊思偉，2002）。「能力指標」是一種「能力導向」的「課程目標」，是指某種能力表現應有的內涵與水準的命題。據此，「能力指標」的課程轉化，成為現今教師必須具備的「基本能力」。

第二節　教學的流程與策略

　　所謂教學的流程是指教學活動的程序。任何學科的教學，授課的教師必須先行安排教學的活動或程序，教學時按照既定的流程來實施，過程較為自然和順暢，而避免有扞格滯礙的缺點。教學流程的設計常受到教材性質不同的影響，設計上產生了很大的變化，若能兼顧各科的特質，設計出一種一般的教學流程，而能適用於所有學科的教學，應有其必要性。

　　Herbart之五段式教學流程（林寶山，1995），頗受一般教學者喜愛，這五個步驟流程圖（圖11-1）如下：

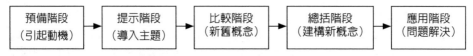

圖11-1　五段式之教學流程圖

一、預備階段：引起動機

　　此階段旨在教學剛開始時能引起學生之學習動機。例如：講浮力概念之前，教師提醒學生各種與浮力有關之事實或經驗，如泛舟、輪船、游泳等。

二、提示階段：導入主題

　　此階段是新教材的概略呈現，利用講解或教學活動方式，讓學生能明白所導入主題之概念。例如：水球、塑膠球、鐵球丟在水中，展示其漂浮或沉下之活動情形。

三、比較階段：新舊概念

此階段是舊經驗和新經驗的比較，學生利用上述教學之活動，會去比較並找出新舊觀念彼此共同的成分。例如：水球、塑膠球都會浮起，但鐵球會沉下。

四、總括階段：建構新概念

此階段是經由新舊概念經驗之比較及聯合，而構成一個有體系的知識或概念，例如：學生已能瞭解浮力的原理和概念，為什麼木球會浮起之基本原理、而鐵球會沉下。

五、應用階段：問題解決

此階段是將新得的知識或概念去解釋或解決另一個新的問題。例如：為什麼鐵球會沉下，而鐵製的船會浮起來。教師可利用指定的作業或練習來完成此一階段之任務。

多元化的教學策略與方式是現代教學的發展趨勢，學生已經不滿足於傳統的教學，傳統教師的角色是一個知識的傳遞者，學生則成了消極的接受者，為了獲得客觀的知識和通過考試，學生就必須聽講、作筆記和強記課程內容、事實與定理。如此，在許多大班級教室中，大部分的教師，上課方式就是講解課本主要概念或計算題目的過程。由於知識的激增，以及教育觀念的進步，現代的教學則強調學習動機的引導，教師的角色也轉變為激發學生潛能的領導者。如果用一種樂器來比喻，傳統的教師是一個獨奏者，只要熟悉並使用一種樂器即可；現代的教師則是一個交響樂團的指揮，不僅要熟悉各種樂器的特色，更要能配合樂章的發展，適時引導各種樂器演奏，以充分表現樂章的優美旋律與豐富內涵（黃政傑，1996；張世忠，1998）。因此，現代教師必須熟悉多元化的教學方法，並且在教學活動中選用適切的教學方法，始能發揮有效的教學。

第三節　能力指標

　　圖11-2是編審教科書之理論架構，以能力指標為教學的指引、方向與目標；教學依據能力指標決定課程目標、設計內容、編選教材；透過教學活動歷程、教學評量，使學生習得指標所建構的帶得走的基本能力和科學素養，而不只是知識的獲得。因此，它是一種教學設計的革新、教學方法的改善，也是高標準的教學指引。

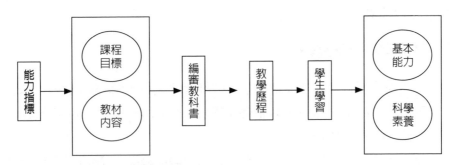

圖11-2　編審教科書之理論架構

　　葉連祺（2002）認為各領域之「能力指標」要能轉化成課程要素，可為教師決定教學目標、選擇教學內容、安排教學活動、擬定學習評量策略之用，也要契合「九年一貫課程」的課程理念，這是「課程設計」、「課程發展」的重要步驟。因此，理論上，各書局的編輯小組在編輯教科書時，應以能力指標為首要考量。但在編輯實務上，能力指標的條目敘述雖涵蓋知識、見解、能力與態度，除了知識部分容易轉化為課程的概念內容與活動設計外，其餘較具原則性態度的條文就不易轉化為教材內容要項。因此，各書局在編輯教科書時，通常會以階段的概念內容為首要考量，將這些概念內容統整成數個大主題後，再設計單元與活動，輔以適當的文句與圖片，編輯成課本。課本編完後，再對照可以「引用」的能力指標，編列在教師手冊中的教材說明欄內。這種以概念內容為主軸的編輯方式，雖然使編輯工作較快速進行，相關概念內容也能依各「階段」由淺入深、由

簡單而複雜的原則，依序排列成各相關的活動內容，但如此一來，就和82年版的自然科編輯課本的方式一樣，只要將課本標準中各「年級」的概念內容，加以有系統的統整後，設計合適的單元主題，編製適當的活動內容，即成為課本。

一、「自然與生活科技領域」分段能力指標

九年一貫課程的特色強調學生基本能力的培養，教學內容與活動設計應力求生活化，教材應包括生活議題及經驗，培養可以帶著走基本能力。在自然與生活科技領域中，這些基本能力的培養必須經由學生自發性及科學性的探索活動，使學生獲得相關的知識與技能。同時，也由於依照科學方法從事探討與論政，養成科學的思考習慣和運用科學知識，以及能解決問題的能力。另外，長期從事科學性的探討活動，對於經由這種以探討方式建立的知識之本質將有所認識，養成提證據和講道理的處事習慣。在面對問題、處理問題時，持以好奇與積極的探討、瞭解及合理解決的態度，我們統稱以上的各種知識、見解、能力與態度為「科學素養」（教育部，2001）。自然與生活科技所培養之國民科學素養，依其屬性和層次可分為八項能力指標：

　　1.過程技能

　　2.科學與技術認知

　　3.科學本質

　　4.科技的發展

　　5.科學態度

　　6.思考智能

　　7.科學應用

　　8.設計與製作

這八項可依各學習階段分段陳列，在設計教學活動時，需以此指標為基準，配合教材內容細目，在教學活動中達成。其中，提示科學即科技方面的知識為「科學與技術認知」和「科技的發展」兩項。其他各項，只要從事的是科學性的探討活動，很自然地就能獲得「（科學）過程技能」、

「思考智能」、「科學態度」的能力。只要實地從事製造工作，就能獲得「設計與製作」的能力。而「科學本質」和「科學應用」都是長期從事科學性的工作自然會獲得的素養（陳文典，2002）。所以整體來說：

．「科學與技術認知」中列有必須研習的「核心概念」。挑選日常遭遇的問題，此問題涉及到這些核心概念的，來作為探討的「主題」。在一個學習階段期間經過一系列主題的探討，把必須研習的核心概念都研討遍了，就完成了「科學與技術認知」的指標。

．探討主題時，採取科學性的、以學生為主題的、實作的活動方式，自然而然就完成了其他七項的「分段能力指標」。

所以，我們要來檢核某一個學習階段的「教學」（或「教材」）是不是能達教學目標（分段能力指標），只需去查核這一系列主題的探討有沒有涵蓋到所有的核心概念，以及這些探討的活動是不是「科學性、以學生為主體的、實作的」方式。其實，教學的模式有時視所要學習的題材而不同，因此，查核的工作也不必太僵化拘泥於每個活動都要如何；而是以整個學習階段的教學來評鑑，應儘量照顧到各項「分段能力指標」（陳文典，2002）。

綜合陳文典（2002）與葉連祺（2002）兩位的看法，其實是在實作中兼顧理論與實務兩方面。葉連祺是從理論方面認為能力指標可以轉化為教材內容與活動，然而，有些過程技能描述得太抽象，範圍太大，不容易轉化或選擇成為單元主題；而陳文典認為由「科學與技術認知」著手主要核心概念主題，再編選主要教材活動，並配合能力指標比較容易及務實。筆者認為，能力指標及單元主題可以同時考量，能力指標認知部分可確定主題單元的選擇，而能力指標其他部分（例如：過程技能等）可以引導單元主題下，編選主要活動之依據，其實兩者是相輔相成的。以下就自然與生活科技領域、數學領域、英語領域，探討其能力指標之詳細內容。

例如：「科學與技術認知」部分第四階段（七、八、九年級）

認知層次：

2-4-1-1　由探究的活動，嫻熟科學探討的方法，並經由實作過程獲得科學知識和技能。

2-4-1-2　由情境中，引導學生發現問題、提出解決問題的策略、規劃
　　　　及設計解決問題的流程，經由觀察、實驗，或種植、搜尋等
　　　　科學探討的過程獲得資料，作變量與應變量之間相應關係的
　　　　研判，並對自己的研究成果，作科學性的描述，認識植物、
　　　　動物的生理。

2-4-2-1　探討植物各部位的生理功能、動物各部位的生理功能，以及
　　　　各部位如何協調成為一個生命有機體。

2-4-2-2　由植物生理、動物生理，以及生殖、遺傳與基因，瞭解生命
　　　　體的共同性及生物的多樣性。

認識環境：

2-4-3-1　由日、月、地模型瞭解晝夜、四季、日食、月食及潮汐現
　　　　象。

2-4-3-2　知道地球的地貌改變與板塊構造學說；岩石圈、水圈、大氣
　　　　圈、生物圈的變動及彼此如何交互影響。

2-4-3-3　探討臺灣的天氣，知道梅雨、季風、寒流、颱風、氣壓、氣
　　　　團、鋒面等氣象語彙，認識溫度、濕度及紫外線對人的影
　　　　響。

2-4-3-4　知道地球在宇宙中的相關地位，認識物質。

2-4-4-1　知道大氣的主要成分。

2-4-4-2　探討物質的物理性質與化學性質。

2-4-4-3　知道溶液是由溶質與溶劑所組成的，並瞭解濃度的意義。

2-4-4-4　知道物質是由粒子所組成，週期表上元素性質的週期性。

2-4-4-5　認識物質的組成和結構，元素與化合物之間的關係，並瞭解
　　　　化學反應與原子的重新排列。

2-4-4-6　瞭解原子量、分子量、碳氫化合物的概念。

交互作用的認識：

2-4-5-1　觀察溶液發生交互作用時的顏色變化。

2-4-5-2　瞭解常用的金屬、非金屬元素的活性大小及其化合物。

2-4-5-3　知道氧化作用就是物質與氧化合，還原作用就是氧化物失去

氧。

2-4-5-4　瞭解化學電池與電解的作用。

2-4-5-5　認識酸、鹼、鹽與水溶液中氫離子與氫氧離子的關係，及 pH值的大小與酸鹼反應的變化。

2-4-5-6　認識聲音、光的性質，探討波動現象及人對訊息的感受。

2-4-5-7　觀察力的作用與傳動現象，察覺力能引發轉動、移動的效果，以及探討流體受力傳動的情形。

2-4-5-8　探討電磁作用中電流的熱效應、磁效應。

「能」的觀點：

2-4-6-1　由「力」的觀點看到交互作用所引發物體運動的改變，改用「能」的觀點，則看到「能」的轉換。

變動與平衡：

2-4-7-1　認識化學反應的變化，並指出影響化學反應快慢的因素。

2-4-7-2　認識化學平衡的概念，以及影響化學平衡的因素。

2-4-7-3　認識化學變化的吸熱、放熱反應。

認識常見的科技：

2-4-8-1　認識天氣圖及其表現的天氣現象。

2-4-8-2　認識食品、食品添加劑及醃製、脫水、真空包裝等食品加工。

2-4-8-3　認識各種天然與人造材料及其在生活中的應用，並嘗試對各種材料進行加工與運用。

2-4-8-4　知道簡單機械與熱機的工作原理，並能列舉它們在生活中的應用。

2-4-8-5　認識電力的供應與運輸，並知道如何安全使用家用電器。

2-4-8-6　瞭解訊息的本質是意義，並認識各種訊息的傳遞媒介與傳播方式。

2-4-8-7　認識房屋的基本結構、維生系統及安全設計。

2-4-8-8　認識水、陸及空中的各種交通工具。

二、「數學領域」分段能力指標

數學領域根據學生的學習方式與思考型態兩項特徵，將九年國民教育區分為四階段：階段一（1-3年級）、階段二（4-5年級）、階段三（6-7年級）和階段四（8-9年級）。另將數學內容分為數與量、圖形與空間、統計與機率、代數、連結等五大主題。

前四項主題的分段能力指標以三碼編碼，其中第一碼表示主題，分別以字母N、S、D、A表示「數與量」（N）、「圖形與空間」（S）、「統計與機率」（D）和「代數」（A）四個主題；第二碼表示階段，分別以1、2、3、4表示第一、二、三和四階段；第三碼則是能力指標的流水號，表示該細項下指標的個數。除了上述四個主題外，數學領域還有連結這一主題。數學內部的連結可貫穿前四個主題，強調的是解題能力的培養；數學外部的連結則強調生活及其他領域中數學問題的察覺、轉化、解題、溝通、評析等諸能力的培養。具備這些能力，一方面可增進學生在日常生活方面的數學素養，能廣泛地應用數學，提高生活品質；另一方面也能加強其數學式的思維，有助於個人在生涯中的發展。

連結的能力指標不再分段，各階段四個主題的能力要與連結的能力相配合並培養，而連結的能力經過各階段後會愈來愈強。連結的能力指標用三碼表示，第一碼表連結（C），第二碼表察覺（R）、轉化（T）、解題（S）、溝通（C）、評析（E），第三碼則是流水號。

以下分別就五大主題與四個階段為主，條列數學領域之能力指標。而條列第三階段的能力指標時，以虛線作為區隔六、七年級能力指標的建議。

七年級：

N-3-7　　能用分數倍的概念，整合以分數為除數的包含除和等分除的運算格式。

N-3-8　　能用近似值描述具體的量，並說出誤差。

N-3-13　能理解容量和容積（體積）之間的關係，並利用此關係計算大容器（如游泳池）之容量。

N-3-14　能將各種柱體，變形成長方柱而計算其體積，形成柱體之體積計算公式。

N-3-20　能察覺整數的最大公因數、最小公倍數、質數和合數，並能將一個數做質因數分解。

N-3-21　能在情境中理解等量公理。

S-3-8　能瞭解平面圖形線對稱的意義。

S-3-9　能辨識基本圖形間對應邊長成比例時的形狀關係。

S-3-10　能透過實測辨識三角形、四邊形、圓的性質。

S-3-11　能操作圖形之間的轉換組合。

D-3-4　能報讀生活中有序資料的統計圖表。

D-3-5　能將有序資料整理成折線圖，並抽取折線圖中有意義的資訊加以解讀。

D-3-6　能解讀各式各樣的折線圖。

D-3-7　能利用比值和百分率的概念，報讀相關的統計圖表。

A-3-7　能察覺數量模式與數量模式之間的關係。

A-3-8　能做分數的四則運算。

A-3-9　能瞭解幾何量不同表徵模式之間的關係。

A-3-10　能瞭解幾何圖形及形體變動時，其幾何量對應變動情形。

A-3-11　能以「正、負」表徵生活中相對的量，並能操作負整數的合成分解。

1. 連結

2. 察覺

C-R-1　能察覺生活中與數學相關的情境。

C-R-2　能察覺數學與其他領與之間有所連結。

3. 轉化

C-T-1　能把情境中與問題相關的數量形析出。

C-T-2　能把情境中數量形之關係以數學語言表出。

4. 解題

C-S-1　能分解複雜的問題為一系列的子題。

　　C-S-2　能選擇使用合適的數學表徵。

5. 溝通

　　C-C-1　瞭解數學語言（符號、用語、圖表、非形式化演繹等）的
　　　　　　內涵。

　　C-C-2　瞭解數學語言與一般語言的異同。

6. 評析

　　C-E-1　能用解題的結果闡釋原來的情境問題。

　　C-E-2　能由解題的結果重新審視情境，提出新的觀點或問題。

第四節　教學單元設計的要領

　　編寫教案或教材時，要以實際培養學生之基本能力為首要考量，千萬不要為應付課程綱要之能力指標來設計。因為課程綱要之分段能力指標都是一般性，並且較理想性。有時，實際單元需要的分段能力指標還找不到（沒有適合的能力指標），故教師在編寫教案時，宜考量學生要學什麼？獲得怎樣的基本能力？接著設計一些教學與學習活動，最後再搭配分段能力指標為參考。這樣就可看出整個教學設計有哪些基本能力或指標，不至於偏向或忽視某項基本能力，請參閱本章後表11-1至表11-4。

　　以十項基本能力作為組織架構，設計一個統整主題單元的模式，如圖11-3所示，各步驟內容分析如下：

1. 集中在某個統整的主題或目的上

　　你可能想發展一個大規模的統整課程，或設計一個以達到某個教學目標的單元計畫。但是無論選擇哪個主題，它最好能生活化及統整化，你一定要簡單清楚地講明目的。把目的或題目放在一張紙的中心位置上，如表11-1所示。

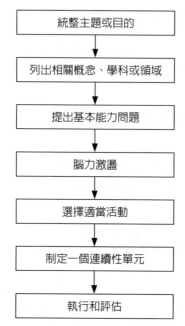

圖11-3　課程統整單元設計的模式

2. 列出相關概念、學科或領域

　　主題訂出之後，就要列出一些相關概念、學科或領域課程，如圖11-4所示。例如爆米花，想想看有哪些與本主題有關，例如：溫度、體積或電腦等，初步預擬學習目標，讓學生學習製作爆米花的方法，並瞭解其相關科學之原理；透過電腦網路讓學生學會電子郵件及取得資訊；學生能將知識與生活連結培養應用等基本能力，如表11-2。

3. 提出各項基本能力的主要問題

　　表11-1顯示出在一個為了發展特定目的或主題的課程中所提出的各種問題，這些基本能力或能力指標問題就像是一個創造性幫浦，為下一步注入足量的水源，幫助其運作，基本能力問題必須符合學生的學習目標，且在學生程度一定範圍內，如表11-3。

4. 腦力激盪

　　儘可能列出腦子裡的所有想法，包括整個學習目標、學習領域、基本能力和教學活動，如圖11-5所示。而教學活動的內容與方法，以每項基本

能力最少有一個，最多有二至五個想法為目標，雖然不完全合用，但比空白要好。嘗試與協同教學同儕或學生一起腦力激盪，可能更有助於刺激你的思維。

5. 選擇適當的活動

從完成的腦力激盪想法中，寫成一個規劃表，如表11-2，單元主題是爆米花，儘可能每項基本能力列出一些教學活動，至少有一個，但不需要每項基本能力都列出（例如：爆米花單元沒有列出文化學習與國際理解），畫出在你的教學環境中最有可能實施教學活動的方法或策略，相關的輔助設備是否容易取得。

6. 制定一個連續性的課程單元

運用你所選擇的方法，配合所列之教學活動及十項基本能力指標，設計授課計畫或課程單元流程，其教學流程包括主旨、教學活動、學生活動及基本能力指標等項目（如表11-4），並預估教學節數、決定使用哪些評量方式及學習單。

7. 執行和評估

蒐集所需材料，選擇合適時間，然後執行授課單元計畫，並根據執行過程中的變化和需要更改授課單元計畫。最後評估並檢核統整單元教學設計。

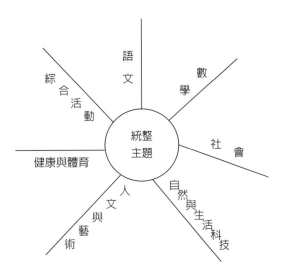

圖11-4　課程統整的相關領域

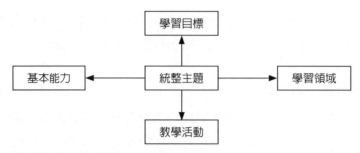

圖11-5　課程統整腦力激盪的核心要素

　　教師設計統整課程初稿後，應詳細檢核修正缺失再實施，以免無法達成既定目標或實施過程窒礙難行。檢核應包括下列六大項：(1)選擇統整主題的適切性，(2)統整課程各項活動的適切性，(3)活動時間、地點、人力的適切性，(4)學生反應的適切性，(5)教師指導的適切性，(6)教學評量的適切性（李坤崇、歐慧敏，2000）。上述六大項僅供參酌，教師檢核可針對學校狀況、實際需要適切調整，亦可設計成「統整課程設計評量表」逐一檢核，作為檢討改善之依據。

第五節　應用基本能力的單元設計

課程或單元名稱：爆米花

課程或單元目標：1. 讓學生學習製作爆米花的方法，並瞭解其相關科學之原理。

　　　　　　　　2. 透過電腦網路讓學生學會使用電子郵件及取得資訊。

　　　　　　　　3. 學生能將知識與生活連結，培養多元基本能力。

教室資源或材料：玉米、糖、鹽、乳瑪林、乙醚、氣球、錐形瓶、滴管、爐具及手提電腦等。

表11-1　十項基本能力規劃問題

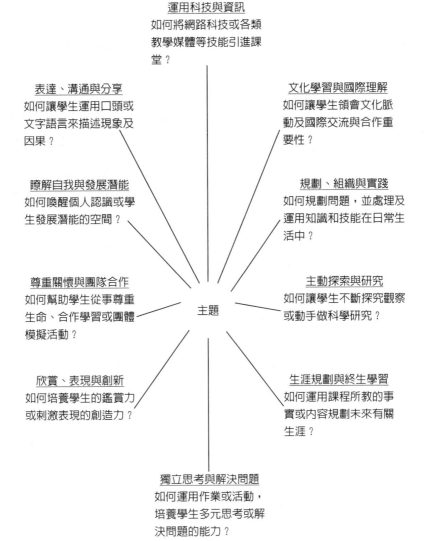

運用科技與資訊
如何將網路科技或各類
教學媒體等技能引進課
堂？

文化學習與國際理解
如何讓學生領會文化脈
動及國際交流與合作重
要性？

表達、溝通與分享
如何讓學生運用口頭或
文字語言來描述現象及
因果？

規劃、組織與實踐
如何規劃問題，並處理及
運用知識和技能在日常生
活中？

瞭解自我與發展潛能
如何喚醒個人認識或學
生發展潛能的空間？

主動探索與研究
如何讓學生不斷探究觀察
或動手做科學研究？

尊重關懷與團隊合作
如何幫助學生從事尊重
生命、合作學習或團體
模擬活動？

主題

欣賞、表現與創新
如何培養學生的鑑賞力
或刺激表現的創造力？

生涯規劃與終生學習
如何運用課程所教的事
實或內容規劃未來有關
生涯？

獨立思考與解決問題
如何運用作業或活動，
培養學生多元思考或解
決問題的能力？

表11-2　教與學活動設計

表達、溝通與分享	主動探索與研究
·學生藉由觀察氣球體積的變化，來解釋查理定律的意義 ·學生能發問或回答網站上所出的問題	·學生由做中學如何動手學做爆米花 ·動手做氣球膨脹實驗
瞭解自我與發展潛能	獨立思考與解決問題
·學生思考是否有生活中的例子可以解釋溫度變化對氣球體積的影響 ·觀看教師示範，反思自己具備哪些能力	·學生透過實作，學會如何運用查理定律 ·如何從本課程的學習，去解決網站上提出的問題
規劃、組織與實踐	尊重關懷與團隊合作
·藉由觀察氣球體積的變化，來分析其中的關聯 ·在日常生活中可應用膨脹原理	·學生互相討論及欣賞彼此設計的電子郵件 ·藉著小組合作完成氣球膨脹實驗
運用科技與資訊	欣賞、表現與創新
·藉由電腦中圖片與動畫的操作，認知到電腦功能變化性 ·使用IE軟體進入課程網站瀏覽	·學生自行設計一個具有圖片與動態內容的電子郵件
文化學習與國際理解 無	生涯規劃與終生學習 ·藉由將爆米花圖片放在網站上，反思自己還需再學習

表11-3　爆米花：基本能力與學習能力指標

　　編寫教材或教案時，可以十項基本能力為主軸，將各項分段能力指標列於右側，相互呼應，以培養科學素養，舉例如下：

基本能力	學習能力指標	
一、主動探索與研究	1-1	仔細觀察爆米花形成過程1-4-1-1
	1-2	能思考溫度與氣體體積之間的變化關係5-4-1-3
	1-3	從做中學瞭解查理定律6-4-1-1
二、欣賞、表現與創新	2-1	能幫忙教師做實驗
	2-2	能欣賞電腦圖片與動畫4-4-2-1
	2-3	能設計有創意的電子郵件8-4-0-2
三、表達、溝通與分享	3-1	藉由觀察氣球體積的變化，能解釋查理定律7-4-0-3
	3-2	藉由小組討論並發言4-4-2-3
	3-3	主動與師生分享上課內容與心得1-4-5-5
四、規劃與組織	4-1	能仔細聆聽上課之內容1-4-3-1
	4-2	能將上課內容重點加以規劃或組織記錄下來1-4-5-3
五、獨立思考與解決問題	5-1	透過習作學會如何應用查理定律3-4-0-4
	5-2	思考並解決網站上出的問題6-4-4-1
六、運用科技與資訊	6-1	認知電腦與動畫之功能4-4-2-1
	6-2	會運用班上設立之網站4-4-2-2
	6-3	能藉由IE進入課程網站瀏覽8-4-0-3
	6-4	能操作圖片複製及文字編輯功能8-4-0-2
	6-5	能設計自己的電子郵件8-4-0-4

表11-4 自然與生活科技之教學流程示例

主題：爆米花		
主　　　　旨	時間	教師活動／學生活動／基本能力
第一節課 (1)有趣的實驗：引起動機	25分	（實驗一）爆米花 【教師活動】 　1.爆米花的影片觀賞。 　2.解釋爆米花的過程及原理。 　3.利用爆米花的過程來解說查理定律。 　4.動手製作爆米花。 【學生活動】 　仔細觀察爆米花的形成，學生由做中學觀察到溫度與氣體體積之間的變化。【1-1, 1-2, 1-4-1-1, 5-4-1-3】
		（實驗二）溫度與壓力的關係 【教師活動】 　1.藉由水蒸氣熱漲冷縮的性質來說明查理定律。 　2.利用實驗來加深同學對查理定律的印象。 【學生活動】 　請學生幫忙做實驗，並觀察氣球變化情形。 　【2-1, 5-4-1-3】 （實驗三）超能力大師：自己膨脹的氣球 【教師活動】 　在氣球內加入乙醚，利用其低沸點的特性來講解查理定律：溫度與體積成正比。 【學生活動】 　請學生幫忙進行實驗，讓學生由做中學瞭解查理定律。 　【1-3, 6-4-1-1】 （實驗四）查理定律 【教師活動】 　分別在兩氣球內吹氣後，其中藍色氣球至入液態氮中，氣球內氣體體積與溫度成正比，溫度急速下降，氣球體積也立刻縮小，可藉此印證查理定律。 【學生活動】 　學生由觀察氣球體積的變化來解釋查理定律的意義。 　【3-1, 7-4-0-3】
(2)大家來討論	10分	【教師活動】 　以一些生活中的例子來解釋溫度變化對氣體體積的影響。 【學生活動】 　每人參與小組討論並發言。【3-2, 4-4-2-3】

		【教師活動】
		1.配合教學媒體，以講述的方式來進行教學，使學生更深入瞭解單元主題。
		2.最後再以課程回顧的動作，使學生對整個課程內容加深記憶。
		【學生活動】
		仔細聆聽並將重點記錄下來。
		【4-1, 4-2, 1-4-3-1, 1-4-5-3】
(3)考考你	10分	【教師活動】
		教師舉數例與查理定律相關的應用題目，來加深學生的印象。
		【學生活動】
		學生透過題目的習作，學會如何應用查理定律。
		【5-1, 3-4-0-4】
		【學生活動】
		1.將補充教材與教師上課中提到的作對照。
		2.若有興趣，可以在下堂課或課後與教師討論。
		【3-3, 1-4-5-5】
第二節課 (1)不一樣的爆米花	5分	【教師活動】
		引導：「上一節課，同學們製作好吃的爆米花。這一節課，教師要請大家看看不一樣的爆米花。」
		1.使用電腦網路至本班自然與生活科技網站，並透過廣播系統展示網站上的各種爆米花圖片與動態檔，激發學生的創意思考空間。
		2.建立學生對電腦的興趣。
		【學生活動】
		欣賞電腦圖片與動畫，對課程感到興趣，以及認知到電腦的功能可以作很多不同的變化。【2-2, 6-1, 4-4-2-1】
(2)網上自然與生活科技教室	20分	【教師活動】
		1.介紹本班自然與生活科技網站的網址，並且學生記錄下來。
		2.展示網站上的線上補充教材、課堂知識溫習、可愛圖片、教師信箱等功能如何進入及使用。
		【學生活動】
		記錄網址，得知有自己班上的自然與生活科技的網站，瞭解網站上有哪些功能及如何使用。【6-2, 4-4-2-2】

		【教師活動】 　1.請同學操作電腦教室中的電腦，每個人都練習使用IE軟 　　體進入該網站瀏覽，並練習課堂知識溫習、可愛圖片等 　　功能。 　2.協助指導學生練習的過程。 【學生活動】 　練習使用IE軟體進入課程網站瀏覽，並點選各個功能執 　行，隨時舉手發問。【6-3, 8-4-0-3】
(3)電子家庭作業	20分	【教師活動】 　說明：現在教同學如何寄漂亮的電子郵件或作業給教師。 　　　　透過廣播系統示範：點選網站上的教師信箱，進入 　　　　電子信箱軟體（Outlook）。 【學生活動】 　觀看媒體教師示範操作。【6-1, 4-4-2-1】 【教師活動】 　以互動問答方式透過廣播系統： 　1.示範：使用「另存圖片」與「複製」的功能捉取網站上 　　的爆米花圖片與動態檔（請學生們選擇圖片）。請學生 　　跟隨操作練習。 　2.示範：將取得的圖片與動態檔貼在電子郵件中，或是選 　　擇成為郵件背景，讓郵件多采多姿（詢問學生想要如何 　　布置）。請學生跟隨操作練習。 　3.示範：使用文字編輯功能美化文字的型態（詢問學生喜 　　歡的字體顏色與大小）。請學生跟隨操作練習。 　4.送出郵件。 【學生活動】 　觀看教師示範，發表意見，跟隨操作練習，隨時發問。 　【6-4, 8-4-0-2】 【教師活動】 　透過廣播系統讓學生們可以欣賞到其他同學設計的電子郵 　件，並給予學生鼓勵與肯定。 【學生活動】 　欣賞及比較他人與自己所設計的電子郵件，下課。 　【6-5, 8-4-0-4】

第三節課 單元統整活動	45分	【教師活動】 　　說明：「這一節課希望同學能完成一項作業，作業內容為 　　　　　利用自然生活與科技網站上的內容，溫習爆米花課 　　　　　程，及思考網站上出的問題（殺蟲劑與汽車輪胎 　　　　　問題），並寫一封有創意的電子郵件給教師，告訴 　　　　　教師你的答案是什麼。有問題可以隨時討論與發 　　　　　問。」 　　＊解答第一節課「考考你」活動中的部分題目答案。 　　＊回答學生的問題。 　　＊啓發學生的創意思考。 【學生活動】 　　舉手發問，到本班自然生活與科技網站，溫習爆米花課程 　　及思考網站上出的問題，與教師和同學討論。 　　【5-2, 6-4-4-1】 【教師活動】 　　電腦教師：協助指導學生製作有創意的電子郵件。 【學生活動】 　　將思考討論後所得的答案，寫入網站上的教師電子信箱 　　中，並利用網站上的圖片與動態內容設計一個有創意的電 　　子郵件，隨時請教電腦教師協助製作。 　　【2-3, 8-4-0-2】 【教師活動】 　　全體教師：共同協助學生在課堂上完成作業。 【學生活動】 　　在教師協助下完成了創意電子郵件作業並寄出。 　　完成課程活動。【6-5, 8-4-0-4】

第十二章

差異化教學的
策略與設計

第一節 學生差異化與教學多元化

　　Tomlinson（1999）倡導差異化教學，他指出，這是由於認知心理學和大腦科學的相關研究發現，尤其是人類運用左右腦不同，左腦是理性之腦，主要管邏輯思考、數學與語言，右腦是感性之腦，主要管創造力與藝術等（Iaccino, 1993）。傳統教育較重視左腦強調理性與語言之學習，而忽視了右腦所謂藝術與感性之學習，我們需要平衡這些觀點而強調創造力之學習。Sternberg（1984）強調所謂創造力需運用三種能力：(1)綜合能力（synthetic ability）：綜合已有知識與技能而產生創造的能力；(2)分析能力（analytic ability）：分析情境及評估構想的能力；(3)實踐能力（practical ability）：將理論付諸實踐的能力。Sternberg 的智力三元論和Gardner的多元智能理論，揭示人的智能有多元面向，可能至少有八項智能以上（Gardner, 1999）。教學若能配合學生的智能優勢，以不同方式來思考、學習和創造，將更有助於差異化學生潛能的發展。學生為學習過程的中心，應積極主動參與學習建構和其生活經驗有關的知識內涵。教師應掌握學生Vygotsky所謂的「最佳發展潛能區」（zone of proximal development），扮演「鷹架」的角色，以支持其有效的學習等。基本上，差異化教學即因材施教，是一種有教無類的教育理想，更是一種「教好每個學生，不放棄每個學生」的教育理念，要求教育者回歸到關於「教」與「學」核心目標與價值的思考（Tomlinson, 2003）。

　　差異化教學是為不同程度的學生提供多層次的學習支援，幫助不同需求的學生都能夠獲得適性、適才的學習輔導。但要教好多元、異質學生，並不容易，必得要充分掌握實施差異化教學關鍵要素與應用策略，才能幫助學生有效學習。除了個別化教學和運用電腦輔助的適性教學策略外，差異化教學需要教師具有多元化教學創新的精神。多元化教學創新是不持守傳統或原來的教學方式，教師要不斷更新或變化其教學方式。教師因時制宜，變化其教學方式，其目的在於提高學生之學習興趣、啟發學生之創意思考和適應學生之個別差異。例如：腦力激盪、角色扮演、想像力表達、

情境模擬等策略。

　　差異化教學發展趨向多元化及科技化，故教師在教材上的組織和編排、教學技術的靈活運用、教學情境的妥善布置等，都必須要有創新的思維和策略，脫離傳統老套方式，教學已不再是一支粉筆、一張嘴巴打到底之方式。教學策略的運用關係著整體教學之成效，所以，教師首先必須瞭解差異化教學的意義及內涵，進而熟悉各種教學環境與策略，才能靈活且合適地運用在實際教學情境中（張世忠，2001）。

第二節　學習風格

　　教師認識學生學習的風格，會有助於教師差異化教學。教師在課堂上所教授的方式與知識常常會與學生的學習風格脫節，因此，教師更應該適時地修正教學策略，以提高教師有效的教學效能。Loo（2004）認為學習者依具體經驗、抽象概念、主動嘗試與反思觀察四種學習偏好，因不同程度的差別，會形成四種學習風格。1999年，Felder與Soloma兩位學者提出對於學生學習風格和策略的觀點（Learning styles and strategies），與筆者的想法作一個歸納，有十種學習者的類型如下：

一、具體型學習者（sensing learner）

　　具體型學習者比較偏好學習事實，喜歡藉著已確立的方法去解決問題，不喜歡太複雜或出人意表的情況；對於細節比較有耐心，也比較擅於記憶數據和做實驗工作，也比抽象型學習者更為實際與細心。具體型學習者不喜歡一堂沒有和現實世界有明顯關聯的課程。總之，具體型學習者專注於感官的訊息，喜歡事實與資料。

二、抽象型學習者（intuitive learner）

　　抽象型學習者則較偏好於發掘事物的可能性及其中的關聯，喜歡創新而討厭重複。學習者較擅於理解新的概念，並比具體型學習者更容易學習抽象概念及數學公式。抽象型學習者比具體型學習者做事更為迅速，也更

有創意。抽象型學習者不喜歡重複單調，需要死背很多東西，或一再做冗長計算的課程。總之，抽象型學習者傾向專注於想像或推理的訊息，喜歡理論與模式。

三、視覺型學習者（visual learner）

視覺型學習者對於他們所看見的事物記得最清楚，例如：照片、圖表、流程圖、時間表、影片及示範等；言語型學習者則對文字及口頭解說有比較好的反應。當資訊同時以圖像及文字呈現時，兩種類型的學習者皆相對地有比較好的學習成果。

四、語意型學習者（verbal learner）

在大部分的大學課程中，圖像資料是非常缺乏的，普遍都是以課堂上的講課、板書、課本和講義中的文字敘述為主。但不幸的是，大部分人都是視覺型學習者，這表示大部分學生的學習效果也就因此而大打折扣了。一個優秀的學習者不論資訊的呈現方式是藉由文字或圖像，皆應能有效的學習。

五、歸納型學習者（inductive learner）

歸納型學習者會將所學知識從特定歸納到通則，一開始經由觀察和蒐集資料，然後推論規則與原理。

六、演繹型學習者（deductive learner）

演繹型學習者會將所學知識從通則演繹推導到特定，先經由規則與原理，而後演繹結果與現象。

七、行動型學習者（active learner）

行動型學習者透過參與或執行，例如：討論、實際使用或向別人解說等，能夠對資訊有較深入的理解與記憶。「讓我們試著去做做看，看它是否有效」，是行動型學習者的至理名言。行動型學習者較偏好在群組中工

作。

八、反省型學習者（reflective learner）

反省型學習者較傾向於在安靜的思考中學習。反省型學習者會說：「讓我們先把事情想清楚後再說吧！」反省型學習者較傾向於個人獨自作業。

九、系統型學習者（systematic learner）

系統型學習者一段時間學一個部分，學習者擅長分析與聚斂思考（convergent thinking）。

十、統整型學習者（integrative learner）

統整型學習者可同時學習一連串有意義意元（chunk），學習者擅長綜合與創意思考。

教師必須充分地瞭解學生的學習風格，這樣才能有助於教學。教師要知道學生可能是具體型或是抽象型的學習者、視覺型或語意型的學習者、歸納型或演繹型的、行動型或反省型的、系統型或整體型的，而每個專業領域都需要具備上述任何一型。然而，教師在教學時，大部分的教學方式是抽象的、語意的、演繹的與系統的教學方式，這樣可知大部分的課堂都是被動的。我們的教學需要每一種類型，而不是只有一種教法。假如身為教師無法做到，學生、教師與社會將會有所失。

教師瞭解學生的學習風格必須從客觀的角度，找出一個平衡的教學方式理論，專業領域要具備以上各種類型的學習者，學生被最不喜歡的教學方式教導，則會無法有效的學習；學生只被最喜歡的教學方式教導，則會無法培養平衡的能力，而解決之道是，教師在課堂上的教學應包含各種教學方法。

第三節　差異化教學的策略

差異化教學對「學習」的基本信念是：每個學生都是不同的個體，即便同齡的學生，各自的學習準備度、興趣、學習風格、文化經驗和生活環境都有差異，而這些差異顯著到足以影響學生需要學習的內容、學習的步調，以及需要教師和他人支援與協助的程度。

Sadler-Smith與Smith（2004）認為差異化教學可用圖12-1表示，教學、學習與支援策略三者的關係。教學過程中如何針對學生的不同風格與偏好，運用有效的教學、學習與支援策略。

首先在認知、學習風格與偏好的個別差異方面，瞭解學生學習風格的差異後，包括性別、成長環境、文化經驗和多元智能優勢等因素而形成的學習方式。早期的學習包括學生在學習某項認知或技能的起點位置或先備知識。有了這些認知，教師就可以開始尋求合適的教學策略。

在教師的教學策略方面，可以設計彈性學習的教學材料與策略，包括個別化教學、運用問題解決、運用電腦輔助的適性教學和小組教學等。教師可針對課程的內容，進行差異化教學設計的教學策略或分組活動。當學生從事不同的活動時，教師需掌握的關鍵要領則是每項活動都應該指向這堂課共同的學習焦點，關注學生是否達成認知、理解和技能的目標。

在學習策略方面，學生可以選擇的策略，會考量學習者的學習風格與偏好。選擇的策略可依學生自己的學習風格，並依內容難易程度、數量多寡、呈現形式（文字、圖像或影音）、興趣主題皆可調整。「學習過程」是指理解、建構意義及提供機會來幫助學生思考和處理教學內容，一般習慣以教學活動稱之。過程的差異化，重點在於學習新內容時，學生需要不同的社會支持鷹架、運用自己偏好的學習方式去理解和應用，完成複雜程度不一的任務，時間長短也因人而異。

在支援策略方面，包括職場與教學支援策略，學校或教師可以提供不同的支援系統，如：網路教學、電子白板、錄音錄影機、概念圖、標示重點的文本、大意摘要、學習夥伴等，改變學生接觸和學習內容的方式。

　　至於「學習成果和知識獲得」方面，則是學生展現自己所學的知識，或延伸應用學習的方式，象徵學生的知識理解和運用能力。設計良好的差異化成果作業，從簡單明確到複雜多樣，從結構性的引導到獨立完成，師生可就個人或小組特質來訂定作業的評量要求和品質，相較於傳統紙筆測驗的單一評量方式，更能鼓勵學生以多元、創意的方式表現和應用所學。

　　圖12-1右半部顯示教學設計者的修正、學習者的修正和支援者策略的修正，提供思考、反省及連結知識的機會，以因應不同主體與因應風格和偏好的策略運用。圖12-1也顯示在學習過程中，教學、學習與支援三種主體與策略乃是環環相扣，形成一循環的互動與回饋機制，如此有機的連結才也有助於學習成果與知識的獲得。即以適性教學的運用為例，如此三類關鍵主體的緊密互動與回饋，也是影響學習成效的關鍵所在。

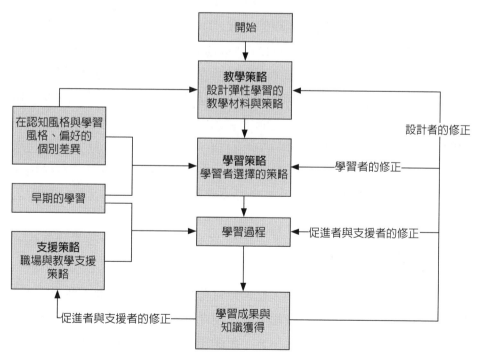

圖12-1　教學、學習與支援策略的關係

資料來源：修正Sadler-Smith and Smith, 2004, p.400.

　　差異化創新教學中，教師的主要角色是提供學生有趣和探究的動機與方向，激發學生之創意思考，進而培養他們問題解決的能力。學生則是積極思考者，從發問、觀察、分析、解釋、創造等整個過程中，學生皆積極參與，勇於表達想法，並接受他人意見。因此，差異化教學策略宜採用多元化教學策略，不至於陷入傳統刻板之教學方式。下列是一般教師較常用之多元教學策略，分別說明之。

一、腦力激盪

　　腦力激盪是一群人共同運用腦力，作創造性思考，在短暫時間內，對某項問題的解決，提出大量構想的技巧。在腦力激盪過程中，可以把學生的創意想法蒐集起來，寫在黑板或投影片上，在每個人都有機會表達之後，找出所有想法的共同原則；或是將它們分門別類，這個方法可以給予所有獨特想法的學生特別表現的機會。Osborn（1957）曾指出腦力激盪的四大原則為：(1)延緩判斷（deferred judgement）點子好壞；(2)點子數量愈多愈好；(3)歡迎自由聯想；(4)藉助他人的想法作出更多的聯想或改善他人的點子。腦力激盪法有兩大要點，即是延遲判斷以及量中求質。腦力激盪會經過兩個階段，分別是構想產生階段，以及構想評價階段。首先在構想產生階段有四項要點需注意：(1)不可批評別人的意見；(2)觀念意見愈多愈好；(3)自由思考運用想像；(4)組合改進別人的意見。在構想評價的階段需注意：(1)不輕易放棄荒誕的構想；(2)活用與轉換（陳龍安，1997）。

二、角色扮演

　　讓學生將生活片段或是與人物、教材有關之主題，以趣味性手法表達出來，讓演出者有機會瞭解所扮演的人物性格、特徵，讓學生能感受較弱勢族群的不便、困難（例如：目盲、飢餓和行動不便等），和所扮演的人物性格上的優點（例如：正義、孝順和守秩序等）、缺點（例如：貪婪、自私等），勉勵自己效法或改善。觀眾也可因印象鮮明而自我反省，並有助於學生對於情境問題的解決。

三、想像力表達

　　讓孩子充分利用語言、文字、圖畫等不同的方式，表達自己的想像力及意見，利用共同圖畫創作、故事接力、文字猜謎等表達自己的想法。為活絡整個班級氣氛，教師可以自創或參考坊間的書籍，在教學活動進行時加入一些集體遊戲，提高學生的參與度，例如：超級比一比。

四、創意寫作

　　所有寫作均是一種創造的過程，均是一種創作。但寫作上如何訓練學生有創造性的思維，是教師必須思考的主要方向。創意寫作強調如何訓練學生有思維的敏捷性、流暢性、變通性、獨創性及精進性等。教師在教創意寫作時要注意到：

　　1. 不要限定學生在作文課於教室中寫完，寫作的過程中可以找題材，例如到圖書館、花園走一走。

　　2. 假設學生都是有創意的，多設計一些有發揮創意空間的作文題目，例如：如果再發生921大地震、如果我可以出國讀書……。

　　3. 給學生不同的思考策略，發覺有新意的內容。例如：龜兔賽跑中，因為兔子的懈怠和烏龜的努力，最後烏龜才獲得勝利，故事主人翁、人物特性可以改寫成狐狸和小狗，狐狸很愛漂亮，在比賽當天還一直梳妝打扮，延誤了賽程；雖然小狗很弱小，但還是盡力到達目的地。

　　4. 讓學生多使用類比、對比的寫作技巧。

五、學習材料的視覺變化

　　透過顏色、形狀和影像等視覺效果的變化，可以激起學習者的興趣。顏色可以用來區分意念、引導注意、提昇記憶的量。教師可以使用不同顏色來做筆記，或是任何領域中所要記憶的順序；在學習材料中增加圖形、變化字體、放大或縮小字母、加進空格、符號和標示。特別用在語文課，可以讓學生區別錯別字、文字拆解或是聯想字的意思。

六、使用背景音樂

教師可以挑選相關的音樂，喚起學生的舊經驗，或是提示學生待會要進行的課程內容。尋找一種可以為某種課程或單元創造出適合學習心情或氣氛的音樂，這種聲音甚至可以包括聲音效果、大自然的或引發某種情緒狀態的古典或現代音樂。例如：要講解社會科的農村型態，可以播放「農村曲」、「我愛鄉村」等歌謠。在學生朗讀一個發生在海邊的故事之前，放一段大海的錄音等。

七、情境模擬

讓學生能設身處地的思慮未來可能遭遇到的問題，就問題情境和相關因素共同討論，並提供解決問題之對策。教師可以蒐集一些真實的問題案例或給予學生一個情境，作為討論的主題。透過討論或模擬，讓學生數人分成一組，每個人可以扮演一個以上的角色，限定在幾分鐘內演示給班上同學看。它能夠培養學生面對問題的態度，以及學習解決問題的策略。例如：教師可以問學生：「如果同學受傷了，怎麼辦？」「遇到陌生人問路，讓怎麼回應？」

第四節 差異化教學設計的實例

角色扮演是差異化教學設計之重要策略，讓學生將生活片段或是與人物、教材有關之主題，以趣味性手法表達出來，讓演出者有機會瞭解所扮演的人物性格或特徵，並有助於學生建構主題概念或情境問題的解決。下列的示例是主題單元設計，使用角色扮演與分組合作策略，讓不同程度的學生，從演戲中觀察數學概念有關兩圓關係之特性，推展至兩性相處之間的關係。從數學概念平面中兩圓的圖形，能讓學生說出兩圓關係名稱、畫出公切線，並從圖形所獲得的結果來作剖析兩性相處間的關係。

主題 單元設計之示例：「圓」來就是你

應用差異化教學策略可用圖12-1表示教學、學習與支援策略三者的關係。

1. 教師的**教學策略**方面：選擇材料是數學學習兩圓關係之特性，以及綜合活動學習領域兩性相處間的關係。其教學策略採用角色扮演與小組合作。

2. 在**學習策略**方面：應用兩人互動方式與生活主題，引發學習動機，提供機會來幫助學生思考和處理教學內容與概念。小組可以做好個別差異與輔導。

3. 在**支援策略**方面：學校戲劇道具以及自製教學教具，跨領域相互支援。

學習領域	數學學習領域、綜合活動學習領域		
單元主題	「圓」來就是你		
學習對象	國民中學三年級學生	學習節數	二節課（90分鐘）
設計理念	·從第五冊平面中兩圓的初論談起，引發學習動機。 ·從演戲中觀察兩圓關係之特性，推展至兩性相處間的關係。 ·從平面中兩圓的圖形，能讓學生說出兩圓關係名稱、畫出公切線，並從圖形所獲得的結果來作剖析。 ·本節的學測以及指定考科趨勢，著重於圖形的認知與技能；最後，結合綜合領域，讓學生對兩性平等教育有深切的體認，進而應用於生活、提昇自我的情緒智商。		
教學目標	·知道圓與直線有不相交、交於一點與相交於兩點等三種情形。 ·知道切線的意義。 ·知道兩圓外離、外切、交於兩點、內切、內離的關係。		
先備知識	·簡單平面圖形（國小）。 ·簡單的幾何圖形（國中第四冊）。		
教學準備	戲劇道具	Action板、東興國中招牌、名牌、書、十字架、捧花、流星、戒指、枴杖、鐘聲、背景音樂	
	教學教具	兩圓關係之紙片	
	學習單	·數學領域活動學習單（附件1-1） ·綜合活動領域小組討論單（附件1-2） ·數學領域學習回饋單（附件1-3） ·教學回饋單（附件1-4）	

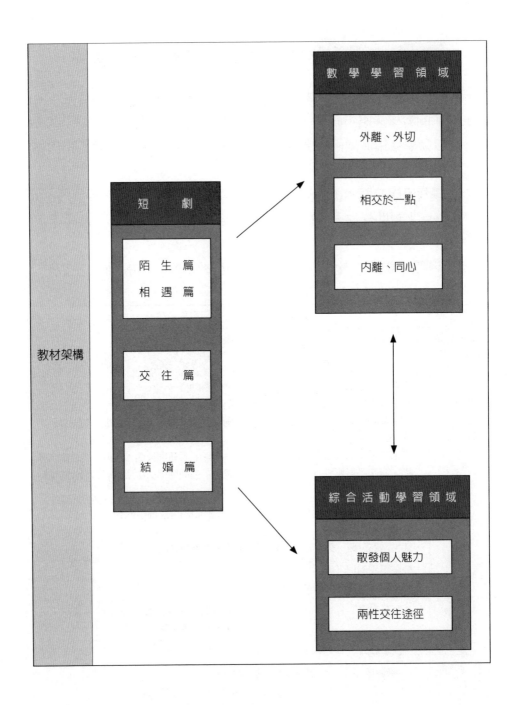

課　　程　　能　　力　　指　　標

	教學領域能力指標	十 大 基 本 能 力	可融入之兩性教育能力指標
引起動機 （短劇欣賞）	綜1-4-2 綜4-4-2	1.文化學習與國際瞭解 2.規劃、組織與實踐 3.主動探索與研究 4.欣賞、表現與創新	綜1-4-2
數學領域 之教學內容	數C–C–3 數C–C–7 數C–R–1 數C–R–2 數S–1–1 數S–1–6 數S-3-10	1.規劃、組織與實踐 2.主動探索與研究	數C-E-2 數C-C-8 數C-T-4 數C-E-1 數C-E-5
綜合活動領域 之教學內容	綜1-4-1 綜1-4-2 綜3-4-1 綜4-4-1 綜4-4-2	1.瞭解自我與發展潛能 2.規劃、組織與實踐 3.運用科技與資訊 4.主動探索與研究 5.表達、溝通與分享 6.尊重、關懷與團隊合作	綜1-4-1 綜1-4-2
綜合回顧	數C-C-3 數C-C-8 數C-E-2 數C-T-4 數S-1-10 綜1-4-1 綜3-4-1 綜4-4-1	1.瞭解自我與發展潛能 2.規劃、組織與實踐 3.運用科技與資訊	綜1-4-1

課 程 教 學 活 動 流 程

能力指標		教學活動	時間	教具	備註
（教學領域能力指標）	（可融入之兩性教育能力指標）	一、課前準備 1.熟讀教材並蒐集、整理相關資料。 2.由數學、綜合活動領域教師協同教學。 3.擬定教學計畫。 4.製作教學講義。 5.借用相關器材。			教師可訓練同學協助表演並分享角心得。
綜1-4-2 綜4-4-2	綜1-4-2	二、引起動機（短劇欣賞） 　　　　前導語： 教師說明：待會，教師們將會表演一齣跟兩性交往有關的戲劇，請同學們仔細觀賞、聆聽，並請同學試著從戲劇中找出： 1.兩性間較為良好的相處模式。 2.試著想想如何用兩圓表示出兩性間的關係。 待戲劇結束後，將請同學們發表你們所看到的結果。 　　　　戲劇表演： 1.陌生篇、相遇篇 　　（第一幕） 2.交往篇（第二幕） 3.結婚篇、婚後篇 　　（第三幕） 　　　　回顧並解說： 請學生發表看到了什麼 1.第一幕 2.第二幕 3.第三幕	5min 5 min 4 min 6 min 5 min	1.Action板 2.東興國中招牌 3.書 4.名牌 5.捧花 6.流星 7.戒指 8.枴杖 9.十字架 10.鐘聲 11.背景音樂	1.教師擔任旁白，提示同學如何建立兩性良好互動。 2.注意短劇流程轉換與道具使用。 3.觀察學生反應並作適當的調控。

		三、數學學習領域之教學內容 （教師請同學動手寫下學習單上與此相關的兩圓名稱、公切線。） 　　陌生篇、相遇篇： 將短劇的第一幕—陌生篇、相遇篇，轉換成數學上的兩圓關係。 1.外離（陌生階段） 　利用兩圓關係之紙片說明，兩不相交的兩圓，稱為外離。 2.公切線（擔任媒人角色） 　兩圓共同的切線，稱為公切線。 　藉由一圓切線的變化，可找出外離的兩圓之公切線，共有4條，並說明外公切線（2條）、內公切線（2條）。 3.外切（相遇階段） 　藉由公切線的引力，使兩圓交於一點。 　有2條外公切線、1條內功切線，共3條公切線。	8 min	1.兩圓關係之紙片 2.棒子 3.數學領域活動學習單（附件1-1）	1.發數學領域活動學習單（附件1-1） 2.用大型紙片展示兩圓關係的相對位置，並說明公切線的存在。 3.依序張貼小型紙片於黑板或白板上，並且寫出關係名稱、畫出公切線，以便同學回顧與比較。
數C–C–3 數C–C–7 數C–R–1 數C–R–2 數S–1–1 數S–1–6 數S-3-10	數C-E-2 數C-C-8 數C-T-4 數C-E-1 數C-E-5				
		交往篇： 將短劇的第二幕—交往篇，轉換成數學上的兩圓關係。 交於兩點（交往階段）： 當兩圓慢慢靠近之後，則兩圓會出現交於兩點的情形，並說明只有2條外公切線。	3 min		
綜1-4-2 綜4-4-2	綜1-4-2	結婚篇、婚後篇： 將短劇的第三幕—結婚篇、婚後篇，轉換成數學上的兩圓關係。 1.內切（結婚階段） 　兩人終於決定步入禮堂，在公切線（牧師）的見證之下展開了共同生活，並說明只有1條外公切線。 2.內離（新婚階段） 　這階段是屬於只有彼此的兩人世界，不再需要外力的介入，因此外離是沒有公切線的。	5 min		

		3.同心圓（夫妻共同體） 　時間考驗兩人，在生活上已成為 　對方的重心，建立美好家庭，供 　創未來。並說明同心圓是內離的 　一種，也沒有公切線。		
綜1-4-2 綜4-4-2	綜1-4-2	複習與回顧： 1.將前面所教的兩圓關係複習，並 　以快問快答的方式進行。 2.預告下一節課所要進行的活動與 　討論。 ——第一節結束——	4 min	
綜 1-4-1 綜 1-4-2 綜 3-4-1 綜 4-4-1 綜4-4-2	綜1-4-1 綜1-4-2	五、統整所學 　　　數學 鋪地毯問題：教師請說明題意，並 引導學生作答、思考。 　　　輔導 回顧戲劇的最後，志明與春嬌在婚 後的相處過程中，代表兩人的兩個 圓，其大小是否一成不變。若曾改 變，則依劇情發展，兩圓是否發展 至愈來愈相似，最後近似重和。兩 人彼此互相信任、互相體諒，甚至 互相填補對方的不足，以兩性平等 的心態，化為一個完美的圓。 填寫教學回饋單 ——第二節結束——	5min 8min 2min	數學領域 學習回饋 單 （附件 1-3） 教學回饋 單 （附件 1-4）	數學 發數學領域 學習回饋 單 （附件 1-3） 　　輔導 若時間允 許，可請教 師引導同學 思考： 1.若兩性畫 　為一個 　圓，則會 　有怎樣的 　結果？ 2.內離？消 　失？其原 　因為何？ 　是否因疏 　忽了尊 　重，忽略 　了兩性平 　權觀念。

第十三章

協同教學之模式
與設計

　　針對教育部於2001年開始實施九年一貫課程，許多人紛紛質疑目前的教師是否具有統整合科教學的能力？教材與課程是新的，教師與教法是舊的，現職教師的教學方法若是和以前一樣，則課程的更新統整毫無意義。各大學師資培育機構（師範院校及教育學程中心）是否正在培養九年一貫課程所需要之師資？因此，如何設計與加強「合科教學」、「統整課程」或「以學校為中心課程設計」等內容是當前之急需（教育部，1999）。筆者認為先從師資培育機構之教育學程的「教學原理」、「教材教法」和「教學實習」等課程改革開始，課程要求組成各學習領域小組，並嘗試編寫整合教案、課程設計及協同教學演示（張世忠，1990）；然後開設「九年一貫課程之內涵」及「學校為中心之本位課程設計」等相關新課程。當然要完成上述之構想，有待各大學師資培育機構教師之努力。

　　其次是加強跨學系的課程設計，例如：「自然與生活科技」學習領域的師資，可由物理、化學、生物、地球科學、資訊等學系來共同設計，採用協同教學方式授課，這是比較可行而不致改變各大學之學系結構的作法。另一方面，各中小學現職教師自行組成一個「自然與生活科技」協同教學小組，開始運作學習如何協同教學。總而言之，在九年一貫課程之實施，如何由同一位教師任教領域內各不同學科，或由不同學科教師採用協同教學，都是可行之方式，最重要的是看教師整合課程與教學之能力。

第一節　協同教學的意義和方式

一、協同教學的意義

　　儘管協同教學愈來愈受矚目，Welch et al.（1999）談到有一些重要的爭論應納入考量。首先是一些令人困惑的措詞。對於協同教學的措詞不盡相同，而且都使用一些同義字來描繪，諸如：共同教學（co-teaching）、合作教學（cooperative teaching）以及協同教學（team teaching），都是指相似的傳授課業的系統。

　　協同教學卻有很多種不同的操作型定義，例如：這字可能提到：(1)

兩個教師間簡單的責任分派，(2)共同合作計畫、個別執行教學，或(3)共同合作計畫、教學和評價以學得經驗（Sandholtz, 2000）。多種對於協同教學的操作型定義，導致教師間也有多種的協同教學方式。必須澄清的是，不是所有協同教學都必須提供相等的機會去形成共同合作和增進教師的專業發展。

Million及Vare（1997）定義，營造協同合作關係的要求是：共同分享目標、平衡角色位置和平均的參與決策過程。Goodlad（1988）則說這是一個協同教學中很複雜、多元的論點，就像是一種「象徵性的夥伴關係」，其所指的在夥伴們可能有他們各自的興趣、喜好，但他們卻可以一起工作，而且幫助彼此達到他們的目標。Schlechty和Whitford（1988）所說的「原始夥伴關係」模式，其共同的好處是在兩個夥伴關係中，「彼此相互的擁有」。Griffin（1996）回應這個觀點，他說：「我們一起來到相等的地方，我們在相同的立場和態度上一起工作，在這裡，我們其中沒有任何一人是優勢於另一人的，除非在這件事情上，我們必須帶入專家的意見時。這是我們唯一可以帶進的優點。沒有專業的架子、沒有原則立場、沒有學校管理者的態勢。」（p.29）

Bennett、Ishler和O'Loughlin（1992）對協同教學的定義為：(1)協同教學的有效性只建立在當每一個部分的關係都有著真實的平等時；(2)基於不同的學理知識，例如：理論知識和實習技能知識都是同樣重要，不可忽略；(3)兩個負責的部分必須保持持續性的意見交換和共同質詢及照會；(4)所有參與者必須有機會在共同的支持性環境中去體驗彼此的真實；以及(5)協同者必須能接受開放性的討論、議論或提出相關的問題，如此才能提昇教學的品質。另外，Bennett et al.（1992）在文獻中建議三個良好夥伴關係的必要特質為：瞭解夥伴間的相異程度、自我興趣的共同滿意狀況，以及測量出每個夥伴無私的態度。最後，Reed（1998）認為有幾個方式可以使協同教學的情況變得輕鬆一些，例如：增進互相的依賴，交換平日的心得和價值，分享決策過程和調適。

二、協同教學的方式

協同教學的方式可以多元化，以致很難去辨識究竟它是由何種方式所構成一堂協同教學的課。依據Cook和Friend（1996）描述幾種不同情形的協同教學，兩位協同教師可以根據實際的需要採用下列形式：

1. **大班式教學**：是一個教師教學，另一個教師從旁輔助，實施的技巧在於當其中一個教師在引領學生進入課程時，另一個教師能適時地輔助，通常可應用在兩個班以上之大團體上課。

2. **分站式教學**：包含劃分教學內容和教室內實體的安排，每個教師都教課程的一部分，以及到每個教室去上課，所以，教師或學生會輪流從這一間（站）到另一間教室（站）去上課，通常可應用在特殊資源或空間之需求。

3. **循環式教學**：就教師自己的專長，例如社會領域中之歷史專長，選定該領域的若干歷史單元，循環教數班中的每一班歷史部分。通常可應用於同一個領域中包含不同的學科，並且課表必須調整為同一時段。例如：社會、自然與生活科技等領域課程。

4. **分組式教學**：將學生按著主題的需要或學生的能力，加以適當分組，以利各教師進行各單元任務或加深加廣的適性教學，通常可應用於英文、一般實驗操作或數理科等課程。

5. **合作式教學**：教師輪流並合作教學，教學流程分為幾個段落，可分別由兩位協同教師負責，譬如：課程綱要講解、教學活動實施及摘要總結與應用，通常可應用一般課程。

第二節 協同教學的模式

協同教學是教師群之間的合作教學活動，是一種異於一般傳統班級教學，它是由兩個或兩個以上之教師共同組成一個教學群，結合了個人專長及潛能，共同計畫、共同作決定以及共同行動，並實施在單科或合科教學中，其基本目的是要使學生對主題單元有綜合性、連貫性及全盤性的認

識和瞭解（Wood, 1997）。協同教學活動包括共同計畫、共同作決定，以及共同行動等（Oja & Smulyan, 1989）。換句話說，協同教學不僅是共同合作而已，更強調所有教學參與者之間，在民主、平等與自願組合的基礎上，進行平等溝通，交互反省思考，共同分享知識及經驗，以及一起參與教學行動的計畫與執行。

　　Downing和Lander（1997）提出一個教學統整模式，可作為教師實施協同教學之參考依據。此教學模式包括下列三項步驟：

(一) 共同計畫和準備過程

　　教學統整科目之教師必須有共同計畫、協調合科的教學單元，教師必須共同設計課程和教學內容、流程，並協調準備教師所需的設備、教具及安排學習計畫。在開學前，教師應組成協同教學小組，共同決定好要教授之教材、合作學習的時間表、合作選擇適宜的教學方式與策略。

(二) 選擇適宜的教學方法

　　教學統整的內容包括了數個學科領域，因此，教學小組必須採用多樣化的教學方法以因應之。因此，教學統整可用的方法並非唯一，端視何者較為適用可行。許多學者（Davies,1992; Wood,1997）強調以主題單元專題研究、組織、設計教材，並以小組團隊合作學習進行教學。因此，「主題單元」和「合作學習」是教學統整研究中不可或缺的要項（Vars,1995）。例如：「自然與科技」整合課程，若加上建構主義教學理論，貫穿於主題單元的架構與教學方式，那就更完美了。

(三) 採用多元評量

　　評量被視為回饋教師教學和學生學習的一項指標。然而，沒有任何一種評量方法是最好的。因此，教師應熟悉多種評量方式，並採多元評量方式，才能達成評量的目的。尤其是教學統整著重比較連結的概念和技巧表現，期望學生能整合、應用各學科的知識與技能，並發展真實生活中解決問題的技能與指標。因此，採用實作評量（performance assessment）和真實評量（authentic assessment）的方式將更為合宜（簡妙娟，1999）。

　　雖然Downing和Lander（1997）提出一個教學模式的三步驟，然而並沒有清楚說明教師群應該如何協同教學，所選擇的教學方法如何去搭配，並能作課程統整。九年一貫課程中，除了數學、語文單科的學科之外，還有一些是合科的學科，例如：自然與科技、人文與藝術、社會等。而合科教學單元通常會有一中心主題，此一主題通常橫跨數個學科領域範圍，很少有教師專精各個學科領域，因此，各學科領域教師必須採用協同教學，讓學生能有一個完整的概念認識及瞭解。因此，筆者建構了四種協同教學統整之教學模式，包括合作團隊、學科團隊、目標團隊和智慧團隊等教學模式，適合單科或合科之協同教學。下面分別加以詳述之：

一、合作團隊教學模式

　　九年一貫課程中的學科，不論是單科性或合科的學科，協同教學的模式可採用分工合作團隊教學模式（如圖13-1），教學流程分為四個段落，可分別由三位協同教師一同分工合作教學：(1)課程綱要講解（引起動機）；(2)教學活動實施（或小組討論）；(3)摘要總結及應用（生活結合）；(4)課程教學統整（含作業指導及多元評量）。茲詳述如下：

圖13-1　合作團隊教學模式

㈠ 課程綱要講解

　　教師要把講述的主題內容大綱和順序有系統的組織，且應力求簡明、扼要清楚。可採用投影片或輔助教學媒體呈現，一方面吸引學生的注意力和引起動機，另一方面則是節省大量板書的時間。

㈡ 教學活動實施

　　課程綱要重點講完之後，另一位協同教師就要配合一些教學活動或實施小組討論，讓學生從做中學，並有思考和發表意見的機會。因此，教師要能運用相關教學技巧，讓學生研讀相關資料、撰寫報告或在班上口頭報告，並能運用相關所學的各種技能，例如：準備圖表或模型、操作實驗或電腦等來學習。

㈢ 摘要總結及應用

　　在這一個階段，另一位教師可以最簡潔的方式，將整個主題單元之學習活動的內容作一個摘要和結論，並將學過之理論或法則應用於實務，最好能運用並結合於日常生活中。

㈣ 課程教學統整

　　在這一個階段，全體教師在一起做課程整合之工作，並共同回答一些學生學習存在的疑難問題，可採用多元評量方式，例如：學生的成果展示或教學演示等。也可以在此階段提出下一單元相關的主題，或指定學生本單元主題的作業。

二、學科團隊教學模式

　　如圖13-2，「自然與生活科技」協同教學是由理化、生物、地球科學和資訊等學科專長教師組成一個教學群，課程分為四大部分。第一位教師講授理化部分基本概念及活動實施，第二位教師是生物部分，第三位教師是地球科學部分，資訊教師支援各學科所需要電腦操作的基本知識及技術支援，然後教學第四部分是由全體教師群一起做教學概念統整及應用，並回答或討論本主題單元之任何疑難問題。

圖13-2　學科團隊教學模式

三、目標團隊教學模式

　　「綜合活動」、「健康與體育」等學習領域可根據教學目標的需要，去加強認知、情意及技能三方面之教學，因此，可採用目標團隊教學模式，如圖13-3。教學流程分為四部分：第一位教師負責認知部分講解及介紹，著重於知識傳講、理解及應用；第二位教師負責情意部分的教學，著重於欣賞、合作及價值判斷與組織；第三位教師負責技能部分之教學，著重於技能之模仿、練習及表現；第四部分是全體協同教學之課程整合，可結合生活之實例，將認知、情意及技能加以應用。

圖13-3　目標團隊教學模式

四、智能團隊教學模式

　　教師除了採用學科或目標領域進行協同教學外，無論是單科或合科的教學，還可以採用「智能團隊」為特色，團隊的每位成員教師可以確認自己的智能專長。典型的智能團隊包含3至4位教師，每位都至少擔負兩種智能的課程規劃，並且這些教師都互相彼此支援。

　　如圖13-4，組成智能團隊把教學任務一分為四，例如：「人文與藝術」的學習領域，若結合多元智能的教學，三位教師採用協同教學，第一位教師（可以美術科專長或其他）負責邏輯數學、空間智能的教學；第二位教師（工藝專長或其他）負責語文、肢體動作智能的教學；第三位教師（音樂科專長或其他）負責人際、音樂智能的教學；全體教師負責科技、內省等智能的教學。這些教師之教學並不是獨立或分割的，乃是互相合作與支援，讓學生學到多元智能的啟發與能力。

圖13-4　智能團隊教學模式

第三節　協同教學的策略

在真實生活情境中遇到問題要解決或探索等，通常都需要運用至少一個學科以上的知識和技能，因此，合科教學方式與策略就必須鼓勵學生學會一些統整之技巧，讓他們有機會來練習並運用這些知識與技能。

既然課程採用統整的方式，教學就不能採用傳統的方式。加上學生的個別差異，建議教師最好運用建構教學統整或多元教學統整的方法。而協同教學的方法乃是小組教學團隊成員採用協同教學的方式，並以建構主義或多元智能為其理論基礎的一種方法，適合單科或多科之整合課程。

一、協同—建構教學策略

協同—建構教學是採用協同教學小組方式，以建構教學之策略進行教學。合科教學通常是跨越數個學科領域，因此可採用統合主題為中心方式貫通各學科領域之範圍，以建構教學之策略從事中心主題之探索，讓學生從學習過程中學到統整之技能與各學科之間關聯的知識。由不同專長的教

師組成協同教學小組，先由小組共同擬定教學計畫，再由教師依據教學計畫進行教學，選擇合適之教學方式和評鑑指標，最後再由教學小組共同對學生評鑑其表現，並實施教師間交互評鑑。其教學策略或要領如下：

1. 激發學生主動求知的慾望

教師採用鼓勵、獎勵與讚美方式，造勢讓學生有機會去體驗學習的樂趣，和運用幽默言詞或比喻引發學習動機。

2. 提供給學生各種學習經驗的機會

教學儘量採用具體代替抽象教學方式，觀摩、示範、模型與圖片等，要有實驗、合作小組、練習、角色扮演或解題等活動，達到熟練和成功樂趣。讓學生有思考、創意或回饋的機會，注意學習過程，失敗卻不氣餒，培養擔當與毅力。

3. 教學採用互動學習方式

教師要多發問且問得很建構，為什麼、如何得到代替懂不懂、會不會；讓學生解釋主題或問題，應對學生不同回答，應以「思考角度不同」代替不懂，瞭解學生如何想，製造小組討論和學生彼此互動機會，採用小組合作解題、表演或展示等活動。

4. 多元化的評量方式

評量多元化，避免一種方式，過程與結果並重，可使用評量方式，例如：紙筆測驗、檔案、日誌、觀察與討論記錄、實作結果等。

二、合作式教與學策略

合作式教與學是指教師採用合作協同教學方式、而學生採用合作學習的策略。合作小組成員是由能力高、中、低的學生一起工作，共同解決問題或是達成小組目標。在採取異質性的小組組成的情形下，學業成績較低的組員將有許多機會從中獲得協助、鼓勵。事實上，小組學習主要在透過小組成員之間的互動及知識的交換，鼓勵同儕之間互相支持、幫助，建立同舟共濟的關係，而不是彼此間的相互競爭。如此，整個課室環境變成了學習者溝通的殿堂。因此在課堂中以合作學習的方式進行教學，不同能力的學習者透過同儕指導，其學習的表現除了在學業成績方面以外，在社會

技巧與認知發展上也獲得許多成長（Johnson & Johnson, 1990）。其合作式教與學策略流程如下：

1. 擬定教學目標與計畫

在每一個課程新單元，教師要思考要學到什麼，教師要用何種教學的方式與步驟，有哪些教學資源可以運用，例如：圖表、活動器材及錄音帶等。

2. 適當的分組

可依照課程之單元來隨機分組，每組約4至6人，每組不需要太多人，以免讓學生無法參與。分組可以每學期或每階段按任務需要輪換一次，但以成員彼此間充分合作為最高指導原則。

3. 引起學習動機

每一單元都有中心主題之合作學習活動，可引用比喻或開場白刺激學生學習慾望，並採用增強原則，提升他們的學習動機。

4. 活動講解及角色扮演

教師將活動進行之程序寫在黑板或書面上，讓學生清楚整個活動之進行，亦要說明每組成員擔任之角色，提供他們表現之機會。

5. 觀察與記錄

在進行小組活動時，教師要在小組間來回走動，觀察學生操作或進行活動，有無疑問或需要協助的地方，並將之記錄起來以便檢討及改進。

6. 成果展示及分享

活動結束後，教師要學生將他們的成果寫在黑板上或上臺報告或進行展示，讓其他學生觀摩並進一步討論，教師可依其成果作評估。

7. 綜合及總結

在整個教學單元結束前，教師要綜合所學之要點並將它作成有系統、有組織，讓學生有一個整體的概念及輪廓。

8. 檢討及建議

每作一次合作式教與學，都會有優缺點，可依據教師之觀察和學生之回饋加以檢討，並於下一次施行合作教學時特別加以注意並尋求改進（李珀，1999）。

第四節　協同教學之實施步驟與設計

　　以資深教師而言，在理論與實際的專業中，能建立自己的專業認知與能力，逐步發展教師的知能，但新手教師的教學方法是從早年經驗中學習出來的教學知識以形成其獨特的教學風格，故早年經驗對其教學知識發展的影響頗深，所以，新手教師對於學生知識的探究，以及教學的文化情境知識較為缺乏，教學經驗明顯不足。然而，無論是資深教師或是新手教師，教師為提昇自我的學科專業知識，皆可以進行協同教學的方式，多接觸不同教師的教學刺激，並透過群體的討論互動，更能促進教師教學專業成長，協同教師的存在也增加了相互學習的方式與資源。下列是修正自Wood（1997）的協同教學七大步驟，作為實施單元協同教學參考模式：

一、協同教學七大步驟

1. 選擇合適的「主題單元」

　　依據課程的需要，學生認知能力和背景，進行主題單元之設計，可以改編或採用現行教科書之樣本。

2. 列出一般教學目標

　　主題單元教學目標之用途應包括認知、情意和技能各方面，作為評鑑教學是否達成之用途。

3. 設計教學程序與活動

　　藉由腦力激盪方式尋求可以實施的教學程序、過程與活動，並寫出或繪出單元主題之計畫圖表。

4. 列出詳細的教學活動及器材

　　主題概念藉著何種教學活動之設計，要使用哪些器材或教具，例如：錄影帶、實驗道具、圖表等，都要加以列舉。

5. 搭配合適的教學方法和策略

　　根據教學活動之需要及教學目標之達成，教師可選擇合作學習、分組討論、小組探索、角色扮演、多元智慧等教學方法和策略。

6. 決定評量方式

除了傳統紙筆測驗評量外，應著重實作評量，可以觀察記錄、學習札記、參觀訪問等書面報告作為評鑑依據。

7. 協調任務分配

就著單元主題教學和整個教學程序活動，每個協同教學之教師要做什麼、教哪一個段落、負責哪些教學活動，都要事先規劃好。

二、協同教學之單元設計實例

本單元設計採用上述協同教學步驟程序工作單，如表13-1。考量在不調整學校教室與課務編排等教學原貌下進行，採用Cook與Friend（1996）共同教學中—協同教學模式（team-teaching）方式，亦是本章介紹之合作團隊教學模式。主要是教學前共同討論與預備，教學進行中，兩者輪流教學或輔助的角色。本主題單元協同教師每週要定期開會一至兩次，策劃及管制教學目標、進度與流程相關事宜，透過討論方式瞭解本研究的目的、特色、方法及網路資源系統，蒐集在網路上有哪些豐富的補充教材可以運用，並學習如何互動及交流。

表13-1　協同教學程序工作單

一、單元主題：地球的構造	預估教學時數：2小時 對象：國中九年級
二、教學目標： 1. 瞭解地球內部分三層構造 2. 瞭解地球有軟流圈及岩石圈 3. 瞭解岩石圈與板塊間的關係	
三、教學程序與活動： 分三個主要部分：(1)教學前的討論，(2)引起動機，(3)協同教學活動	
四、輔助器材與教學媒體：電腦、單槍投影、圖表等	
五、教學方法與策略：採用T1和T2輪流合作的「合作團隊教學模式」，主要是使學生對資訊 融入教學有深刻印象，並在做中學及互動中建構自己的知識及技能	
六、評量方式： 1. 學習單的作答 2. 學生操作動畫及表現	
七、任務分配： T1教師主要講解課程核心概念 T2教師主要負責電腦科技及融入教學動畫展示	

　　本課程是針對國中三年級上學期的地球科學課程，自然學習領域每週五節課，其中一節分配給地球科學課程，每節課45分鐘進行教學。主題以「地球的構造」單元作一應用在自然與生活科技領域的教學活動設計（如表13-2所示）。

㈠ 教學前的決定

　　協同教學最費時的就是教學前的準備，但是愈詳細的計畫，在上課時能呈現出來將會是最完美的。協同教師在正式上課前，必須先互相瞭解對方的特色，故請協同曾教師利用時間先觀摩慧慧教師（T1）上課的風格及課程內容，如此，雙方將更清楚協同教學時的教學段落。協同曾教師（T2）之資訊背景強，運用其優點，在討論過程中，表達出在課本及講述教學所無法呈現的內容。若以電腦動畫及影片的方式表現出來，將會對於學生產生不同的刺激。協同教師將上課預計要播放的影片及動畫做好後，經過數次討論、修改，確認正式教學內容後，並確定教學時間，即共同準備器材與共同授課。

表13-2 協同教學應用在自然與生活科技上之教學活動設計

教學科目	自然與生活科技	教學年級	國中九年級上學期	
課文名稱	6-1地球的構造	教材來源	康軒版第五冊第6-1章	
教學時間	45分鐘	教學設計	慧慧教師（T1）、曾教師（T2）	
教材分析	1. 瞭解地球內部分三層構造 2. 瞭解地球有軟流圈及岩石圈 3. 瞭解岩石圈與板塊間的關係			
教學流程	協同教學主要活動		配合教具及 教學法	時間 （分）
教學前的討論	1. T1與T2：請T2先至T1別班的課堂上，瞭解整個的教學流程。 2. T1與T2：確定協同上課時間。 3. T2：完成上課投影片內容。 4. T1與T2：討論上課流程。 5. T2：準備軟硬體設備、DV。 6. 學生先作課前預習。		*	未占本節課上課時間
引起動機	T1與T2：教師引發學生的動機並回憶舊經驗 學習活動：介紹協同教師，讓學生發問與認識		講述	5
教學活動	T1：地球內部分三層：地殼、地函、地核，分析三者之間的組成及關係比較 學習活動：學生作筆記並繪圖		板書、講述	10
教學活動	T2：用動畫表現出地球三層間的關係，以及地震波傳動的結果 學習活動：運用影片介紹地球三層之內容，運用發問確認學生是否瞭解		電腦、資訊	5
教學活動	T1：地球內部有兩圈：軟流圈、岩石圈		板書、講述	10
教學活動	T2：用動畫表現出軟流圈熱對流的方向及兩圈之間的關係 學習活動：讓學生嘗試操作並說明原因		電腦、資訊	5
教學活動	T1：說明岩石圈與板塊間的關係		板書、講述	5
教學活動	T2：用動畫作今日課程之總結 學習活動：運用學習單評量學生對課程之瞭解		電腦、資訊	5

㈡引起動機

慧慧教師（T1）先介紹協同教師（T2），讓學生認識新教師，然後開始與協同教師互動，透過對話的方式，讓同學瞭解今日為何有兩位教師共同上課，並讓學生對於今日的課程有所期待，以更積極的態度來對待此課程。

㈢教學活動

進入教學主題，先由慧慧教師（T1）開始進行課程內容，運用講述的方法並配合板書，詳細說明固體地球三層的介紹，讓同學瞭解課程內容，學生能作筆記並繪出固體地球三層圖。接著，由協同教師（T2）利用電腦動畫表現地震波在地底下的傳播方式，並有影片介紹地球三層之內容，以加深同學的印象，同時運用發問技巧詢問學生是否瞭解。接著，T1再將地球內部分成兩圈：岩石圈與軟流圈，利用講述與板書讓同學瞭解地球內部。T2則利用電腦動畫表現軟流圈內熱對流的現象，並透過動畫顯現出因熱對流將會造成岩石圈分裂而產生板塊，並讓學生嘗試操作並說明原因。再由T1作最後的課程內容總結，T2用動畫展示完成一堂課的內容，最後T2運用學習單評量學生對課程瞭解（本示例採用張世忠、羅慧英，2009，pp.54-55）。

第五節 協同教學之實施探究

Roth、Tobin、Carambo與 Dalland（2004）探討的共同教學是由兩位教師共同負責與學生一起進行高中化學課程，指出在這種歷程中，不僅搭配的教師其教學方式愈來愈接近，而且無意識產生共同的在教室內走動、手勢和身體活動的模式，本研究增加初任教師更多獲得教學經驗與學習的機會。Roth、Tobin、Carambo與Dalland（2005）進一步研究探討共同教學，這種社會性和身體上的習慣協調其產生可能的來源，發現協同教師的存在，增加了他們在教學上獲得更多社會與物質資源進入的管道。Abell（2000）敘述協同教學的歷程，由一個大學的研究員和一位教師，一起教導小學六年級的科學所擁有的實際經驗。他們的教學包括計畫、試教、回饋、反應，將其變成一套協同教學的模式。透過協同教學的真實經驗去定義一個協同教學者應有的角色，協同教學讓他們表現得像一個共同學習者。

賴美娟（2004）在探討協同教學與教師的專業成長的研究中，採用張清濱（1999）所提出之協同教學步驟進行，組成教師團，在上課前，五位自然科教師一起設計規劃，並研擬教學流程，再分別進行教學活動，教學活動結束後再進行討論，共同評量。結果發現：(1)協同教學對於教師專業成長有明顯的助益；(2)教師具有強烈學習與改變的動機，可明顯提昇教師專業；(3)教師的互動情形影響教師在協同教學中的成長；(4)協同教學的方式可提昇教師的教學省思。張世忠（2005）探討在國中一年級「自然與生活科技」領域之教學，由某一個國中的三位「自然與生活科技」領域教師自願組成一個協同教學小組，採用質的研究法，以詮釋性的方法作資料分析。結果發現，國一新教材讓教師面臨領域教學、專長不足及能力指標等相關問題；協同教學讓教師可以專長互補，並部分解決領域教學後專長不足的問題；協同教學亦讓學生相互學習，刺激學生的反應，從相互楷模中學習成長。

　　張世忠與羅慧英（2009）探討協同教學對國中學生所知覺的科學教師PCK之影響，兩位協同教師與36位學生參與本研究，包括一位資深教師與一位新手教師，採用輪流教學或輔助之協同教學模式，內容是針對九年級上學期一整學期的地球科學課程。本研究包含量化與質化的分析方式，採用「學生對教師學科教學知覺問卷」來瞭解協同教學前後，學生對個案資深教師之PCK知覺變化，亦使用「省思日誌」、「學習日記」與「晤談記錄」等，經過三角檢證，分析歸納形成研究主張。經過協同教學後，研究發現，學生對這位資深教師的PCK知覺在整體的得分上有達到顯著差異。「學科專業知識」、「教學策略」和「教學表徵」都達到顯著差異，而「學生知識與評量」未達到顯著差異。研究亦發現，協同教學有助於資深教師多運用資訊教學方式來提昇學生學習興趣；教師更常使用動畫並增加故事、生活實例方式解釋科學概念；在科學與科技間之關聯知識有明顯的進步；協同教學亦有助於實施多元評量方式。

同儕教練之模式
與設計

　　針對教育部於2001年開始實施九年一貫課程，如何設計與加強「合科教學」或「統整課程」等內容，是當前師資培育機構面臨的重要問題。本章主要目的是探討一個同儕教練模型如何在一個統整課程中實施，並探討對教學統整之師資培育的效果與應用。研究者（教師）和他的班級學生（師資生）共同組成一個同儕教練小組，這些學生正在修習師資培育「自然與生活科技教材教法」之課程。教學採用一個修正自Joyce與Showers（1983）同儕教練的模型與設計課程，研究發現，本課程讓學生學習如何當教練，並增加他們上臺與領導的經驗。他們認為擔任教練最難的地方是要在短時間內整理出對教學演練者講課的心得、如何引導討論，以及彙結所有人的建議並作出結論。歷經一學期彼此建議與批評，小組學生已成為一個彼此互信與互助的教學團隊，同儕教練的模型已被認為是訓練教師協同教學的好方法。另一方面，要將各學科領域全併入一個課程中實屬不易，幾乎每位學生從未寫過這種教案，要編寫設計一份協同教學的內容，還要特別搭配課程統整與多元智能教學的考量，對職前教師而言不啻是一種新的挑戰，也讓教學注入變化。最後，筆者建議同儕教練小組不僅要在職前教育課程中實施，更要在一般中小學的在職教師進修課程中推廣。

第一節　同儕教練之需求

　　針對教育部於2001年開始實施九年一貫課程，將原有國小和國中階段各科重新調整為七大領域，目的在於「培養國民應具備之基本能力」（教育部，1998）。這次課程改革具有兩大優點：(1)分科轉為統整，將個別化的課程轉為統合學科的教學；更進一步，將以知識性為主體的學科教學，改為以學生為主體的統合教學。(2)提供彈性課程，以學校為中心統整規劃課程，讓學校的課程自主，可因應不同地區、學校的規模與資源來發展，脫離傳統的課程教材進度的限制，這對教師的專業自主與學生為主體的學習，確是一大福音。

　　面對九年一貫課程的實施，無論是國中小教師或是師資培育機構，都期待教育部規劃完整的師資培育配套措施，尤其是各大學師資培育機構

（師範院校及教育學程中心）擔負著培養種子教師之責任。許多人紛紛質疑目前的教師是否具有統整教學的能力？教材是新的，教師是舊的，教師的教學方法若是和以前一樣，則課程的更新統整毫無意義。因此，如何設計與加強「合科教學」、「統整課程」或「以學校為中心課程設計」等內容是當前之急需（教育部，1999）。其次是加強跨學系的課程設計，例如：「自然與生活科技」學習領域的師資，可由物理、化學、生物、地球科學、資訊等學系來共同設計，採用協同教學方式授課，這是比較可行而不致改變各大學學系結構的作法；或是各中小學現職教師自行組成一個「自然與生活科技」協同教學小組。另一方面，各大學「各科教材教法」及「教學原理」授課教師也需要調整或轉型，如何由同一位教師任教領域內各不同學科，或由不同學科教師採用協同教學，都是可行之方式，最重要的是看教師整合課程與教學之能力。總而言之，無論對職前或在職教師之培養，師資培育機構只有邊做邊改進，尋求最佳內容與方法。

　　目前師資教育科目之訓練包括教育基礎課程、教育方法課程和教學實習課程等，但具有關鍵性影響的是各科教材教法；因教材教法課程是應用所學的教育基礎理論與方法，例如：教育心理學、教育哲學、教學原理及班級經營等課程，將它們實際展現在教學情境中。有效之教材教法訓練將會影響將來初任教師之教學品質（張世忠，1999）。目前一般師資培育教材教法訓練之教學模式，就是讓學生準備一個教學單元，然後上臺做教學練習，完畢後由教師評論，即完成這一階段的養成訓練。然而，對於同儕指導、協同教學，甚至同儕之間互動的指導及訓練都缺乏，這會間接影響準教師將來如何在職後的主動再學習及同儕間合作學習意願和空間。因此，「同儕教練」這一個概念的發展，不僅要加以宣導及推廣，更要落實在職前養成教育階段，以因應九年一貫課程統整之師資培育的需要，這對教師的專業成長也有很大的幫助。

　　「同儕教練」這個名詞我們並不陌生，只是真正應用的機會少之又少。同儕教練是指教師夥伴們一同研發、測試新的教學模式或改進既有的教學策略或方法。教學可以說是千變萬化，一位有效能的教師需要熟悉或精通多種教學策略，方能達到有效的教學目標（Joyce & Weil, 1996; 張德

銳，1998）。在師資培育過程中，學生常常是依樣畫葫蘆，對教師所傳授的知識理論，只知記憶而缺乏該有的思考與判斷，如此囫圇吞棗吞了一堆學問而已，等到實際教學時卻發現行不通。而同儕教練給學生一項學習機會，不但可以突破以往的教學瓶頸，更增加與累積上臺和領導的經驗，並訓練每位學生獨立思考與批判的能力，以及同儕間協同教學之能力，這是傳統師資培育所欠缺的。本文主要目的是探討同儕教練模型如何在九年一貫「自然與生活科技」統整課程中實施，並探討對教學統整之師資培育的效果與應用。

第二節 課程與教學統整

目前一般中小學課程中，學生如同在拼圖一樣，因各個獨立的學科知識如同一片一片的拼圖碎片，卻不知完整的圖形為何，學生必須憑著信心才能拼成一幅完整的圖畫（Beane, 1991）。課程統整是一種拼圖的好方法，它係指針對學生學習內容加以有效的組織與連貫，打破現有學科內容獨立的界限，讓學生能獲得較連貫與完整的知識。課程統整可從兩方面著手：一是以學科與學科間的連結，就是以某些學科知識具有相同的知識形式，而將它們進行課程統整。另外一種是以社會生活融入眾多學科知識，社會生活的主題即是統整的基礎，強調的是學校與社會的連結（周淑卿，1999）。

課程統整亦是一種課程設計的策略，打破了學科的限制，亦增加個人和社會的統整，結合了知識經驗與社會。因此，課程統整不僅止於學科的合併或融合，更重要的是重視學習者的統整（方德隆，1999）。換句話說，課程統整的教學就非以學科或教師為中心，乃是要以學生為中心。就實務而言，教師群如何協同教學並把握學生為中心的統整教學，恐怕是目前最重要的課程。

就「自然與生活科技」學習領域而言，包括了物理、化學、生物、地球科學、資訊等學科知識，若要將它們統整，可能不是將物理學科知識編輯成第一章，化學學科知識編輯成第二章，生物學科知識編輯成第三章

等等，然後將它們彙整。「自然與生活科技」學習領域較佳的統整作法是以統整單元為主題或生活化為主題，然後將各學科知識（物理、化學、生物、地球科學、資訊等）融入在教材內容中，學習者從中習得知識關聯性及統整性，培養生活問題解決之基本能力。例如：「地球與大氣壓力」主題單元，除了可融入物理、化學、地球科學外，亦可融入資訊科技，讓主題單元更加生活化和科技化。

　　既然課程採用統整的方式，教學就不能採用傳統的方式。加上學生的個別差異，建議教師最好運用多元統整或多元智能的教學方法。多元智能論為教學方法開了一條寬廣的道路，使之易於在課堂上實行。這些方法已經被許多優秀教師沿用多年，而且多元智能論提供教師一個發展革新教學方法的機會（李平譯，1997）。在多元智能的課堂裡，教師則不斷地變換講課方法，從語言到數學再到音樂等等，經常以創新的方式來結合不同的智能。例如：我們要學生具備在學習自然科學時，能從舊經驗中提取與此科學有關的語文；在學習音樂時，瞭解音樂和科學的關係；甚至在學習體育時，能體認到運動與自我內省的關係。也就是說，任何一個學科的教學都可以和其他七種智能連結起來，使學生在學習中能將各科學習到的知識加以統整，這樣才是真正的學習（張景媛，1998）。

　　多元智能教師也會花一部分時間講課和在黑板上寫字，這畢竟是合理的教學方法，只是一般教師們做過頭了。多元智能教師除了寫黑板外，還會在黑板上畫畫或放一段錄影帶來講解某個概念；他經常在一天中的某個時刻播放音樂，或是為了某個目的、為了建立一個論點、或為了提供一個學習環境而設置場所。多元智能教師提供學生親自動手的經歷，或者傳一件正在學習的事物模型給學生看，使其生動活現，或者讓學生做模型以顯示他們的理解程度。再者，多元智能教師讓學生以不同的方式相互交流（如：成對、小組或大組），他也安排時間給學生個人反省、自我調整，或是把正在學習的材料與個人的經歷和感覺相聯繫（Armstrong, 1994）。

第三節 同儕教練的功能與模型

同儕教練強調教師與教師之間彼此居於平等的地位，有別於傳統的教學視導由行政人員（校長或督學）來觀察教師的教學，指出其優缺點，這種方式容易引起彼此之衝突，也不容易為一般教師所接受（邱錦昌，1988）。同儕教練強調相互共同體，彼此互助、支持和鼓勵，是一種相互的臨床視導，這樣視導的歷程是一種為教師所有、所治及所享的歷程（Pajak, 1993; 張德銳，1998）。Joyce和Weil（1996）認為同儕教練具有下列三種功能：

一、教學相互支援

同儕教練小組可以彼此分享教學的成功與失敗，特別是要突破教學困境時，彼此可以共同研討和鼓勵，甚至研發新的教學模型。同伴不僅提供一些問題解決的方法，更可提供經驗交換，一起提昇教學的品質。

二、加強執行管制

要實踐一個新的教學模型，沒有理論上想像的那麼容易，因它不是你平常熟悉的教學模式，有時做了老半天，卻沒有收到預期的效果，這時，同儕教練小組就必須重新檢核課程的教材、教學的過程和方式，讓下一次施行教學時更能被有效的執行。

三、調整學生適應性

一個成功的教學模型需要成功的學生來配合，如果一個教學模型對學生是全新的，多少會有實行上的困境，這需要學生學習一些新的技巧和觀念，才能滿足新的教學模式，他們才能有新的進展。尤其一班有許多個差異不同的學生，要使他們大部分學習心態與方式作調整，需要許多幫助和耐心。

　　一所學校可以分成許多的同儕小組，每個同儕教練小組平時可以互相觀摩彼此的教學，並從中學習一些新的教學策略與方法。教師如何去改進自己的教學呢？最主要的關鍵就是去整合一些新的技術到現存的教學模式中，有幾個基本要素是構成一個同儕教練完整模型，如圖14-1（Joyce & Showers, 1983）：

一、研究一些新的教學理論、教學方法或教學模式

　　教師們可以採取小組方式（4至8人），共同探討一種特定的教學理論，例如：建構教學，然後探討它的內涵意義為何？如何應用於教學上？有哪些教學步驟或使用時機？讓每位小組成員都能掌握它的精髓。

二、觀察在教學方法有相當經驗專家的展示教學

　　選定建構教學方法之後，由某一位教師擔任教練，或初期可請外界有相當經驗之專家擔任教練，以便讓其餘教師觀摩，並領悟其中要領與技巧。當然展示教學之後，學習者可以發問、討論、回饋並可以提出問題或建議。

三、在保護的情境上作練習與回饋

　　每一位教師以小組成員為教學對象，輪流進行教學，其餘同儕在觀察後給予評論及建議。在這過程中，演練者需要其餘教師善意、敞開的評論，避免惡意的批評，讓每位教師都能熟練此教學技巧。

四、互相指導幫助新的方法納入於每天的教學方式中

　　待新的教學技巧熟練之後，每一位教師需要應用此技巧到自己班級的教學，以試驗新的教學方法或模式是否合適可行。在這過程中，教師同儕需要互相鼓勵及打氣，並適時給予意見，讓新的方法落實於教學之中。

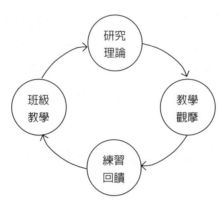

圖14-1　同儕教練之模型（Joyce & Showers, 1983）

　　Joyce和Showers（1983）接著使用一個實驗性的設計去測試這個完整的指導模型。結果證明，教師們可以獲得新且複雜的教學策略，並且成功的轉換這些教學策略成為現在進行的教學練習。Baker（1983）執行接下來的研究去決定是否這些相同的教師在長期時間表內，可保留這些技巧和轉換它們成為班上正常的教學方法，他有興趣於歸納性的思考策略和概念達成策略的轉換。這些複雜的教學模式需要一個熟練的教學方法，這是非常不同從自然發展的教學策略，他指出，受過訓練的教師在新技巧的保留和轉換上，遠遠超過那些沒有受過訓練的教師。

第四節　教學演練與錄影之功能

　　同儕教練需要學習者不斷的教學練習過程，且可以採用教學錄影，提供回饋和反省功能。所謂「熟能生巧、巧能生變」，學習者學會了各種教學策略與方法、教案之設計技巧和實際觀摩過教師之示範教學，他們必須將這些理論方法與實務結合。個別上臺教學練習提供最好的機會，讓每位學習者可以大展身手，互相切磋觀摩。經過不斷反覆的練習，使學生對技能、經驗或特定內容的學習達到正確或純熟的反應或結果（張世忠，1999）。

　　教學採用練習教學法之主要功能，方炳林（1974）認為有三項：(1)

養成習慣：一切需要練習的學習活動，久而久之自然成為習慣，良好習慣的養成對學生的生活具重要意義。(2)熟練技能：各種學科皆有不同的技巧、能力需要培養，例如：語文類科的閱讀、口語表達、寫作，數理自然的演算、觀察實驗，藝能科的運動和演奏技巧，以至於日常生活中應用的各種技能，均有賴教學法的練習。(3)強固聯念：一些重要的教材和經驗，經過認知作用，成為知識，形成心理的聯念，這些是學生繼續學習的基礎，有賴反覆練習才能保持並加以應用。

　　自Dwight Allen與Kevin Ryan（1969）首倡Microteaching的概念以來，錄影技術在教學上的應用，除了可提供視聽訊息、輔助教學外，近期也逐漸被用以評鑑教學成效及教學品質。師資培育過程中諸如：分科教材教法、教學實習、教育實習等課程，可採用教學錄影回饋方式，因為學生能一目瞭然地親眼看到自己在臺上演練教學的表現。人往往不勇於承認自己的缺點或錯誤，因此，藉由錄影教學可以留下教學的表現，再逐一地檢討與修改。從影帶中可以很輕易地看出每個人的教學風格，不僅可以擷取別人的好處，也可改正自己的短處，可謂一舉數得。

　　教學錄影的功用提供了學生自我回饋、同儕回饋和教師回饋。首先，透過錄影帶的觀賞，學生可以自我觀察與評估自己的教學內容和方式或肢體語言；同儕和教師即時的回饋，可以幫助學生對學科內容不瞭解或不清楚的地方，更進一步修正教學方式與技巧；多聽別人的意見或觀點是非常重要的，因為它可以整合不同的觀點，進而幫助學生自己的學習。

第五節　實施步驟與教學設計

　　研究教師和他班級的12位師資生共同組成一個同儕教練小組，這些學生包括物理、化學、生物、資訊等科系，年齡從19至28歲，正在修師資培育有關的教育學程：「自然與生活科技教材教法」課程。本課程採用修正後「同儕教練」的教學模型（如圖14-2），並配合多元智能教學理論，讓學生在教與學過程中，能激發他們的多元潛能。其教學步驟如下：

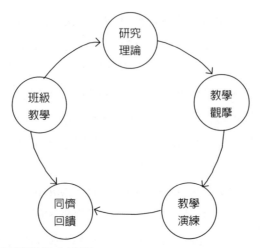

圖14-2　一個修正同儕教練之模型

1. 研習多元智能的意義和理論，並將它融入課程設計中，每位學生學習如何編寫教案及流程，並採用多元教學方式。前兩次採用分科設計及個人編寫教案，後兩次採用課程統整設計及小組編寫教案（3至4人）。

2. 為了讓學生們（師資生）知道如何設計及應用多元智能教學，教師（教練）有必要先示範教學，讓學生領悟其中的要領及技巧。

3. 每一位學生都需要設計單元教學與上臺教學演練，其餘學生當作受教對象，並給予教學演練者適當的回饋與評論。

4. 由同學們輪流當教練（主持人），換句話說，當每一位學生上臺學習演練時，由另一位學生當教練，引導學生發問、回饋及評論，這就是同儕教練的核心。每一位職前教師都需要當過教練，教師最後加以評論。

5. 每一位學生或小組協同教學演練時，需要全程錄影；教學完畢後需要觀看自己的教學錄影帶，並於下次聚集時報告其心得，其他師生給予回饋。

6. 課程統整的教學實施，由小組成員採用協同教學方式，並由其餘小組成員和教師適當地給予回饋及評論。

第六節　實施結果與建議

　　從問卷調查結果及學生心得報告發現，大部分學生喜歡目前課程的教學模式與方法。實施同儕教練活動，不僅讓學生有合作學習的機會，亦使學生相互指導、回饋，並且彙集了大多數人的評論與建議，讓教學演練者更能明確知其待改進之處，其最大受益者仍然是學生同儕本身。更進一步發現實施同儕教練的方式，亦在無形中促進同儕間的情感，成為一個彼此互信與互助的教學團隊。同儕教練的活動讓學生彼此更加瞭解自己的教學，藉由此種方法的磨練與考驗，對於這些準教師在未來的教學會有很大的助益。因此，同儕教練的模型已被認為是訓練教師協同教學的好方法。

　　另有一些同學建議，在同學給予教學回饋之後，可以讓教學演練者發表一些感言，即針對自己教學的感想，讓每一位教學者都能一次比一次進步，達到教與學互相成長的地步。以下就同儕教練模型主要教學活動的三方面：課程統整與多元智能教學、同儕指導與回饋、錄影反省與回饋分別來探討，其研究發現和討論分述如下：

一、課程統整與多元智能教學

　　「課程統整」係指由教師或課程專家所設計的教學活動，以及對學習者內容之規劃，在這些活動與規劃中，不同科目之間將會被聯繫起來，安排成許多學習單元或問題解決的情境（黃譯瑩，1999）。本課程「自然與生活科技」採取單元主題學習方式，學科知識儘量融入物理、化學、生物、資訊等科目領域，使教學脈絡一貫，並配合多元智能教與學理論來設計教案。一位學生指出：「第一次協同教案設計要特別搭配課程統整與多元智能教學的考量，但是由於從未寫過這種教案，以致遲遲難以下筆。經過小組腦力激盪，絞盡腦汁方才完成。但也因有了這次經驗，相信未來教案的編寫應可更貼切與周全。」因此，多元智能的教學方式不僅可以使得學科的教學和多元智能連結起來，並使學生在學習中能將知識加以統整。

　　要做好多元智能與課程統整教學並不是件容易的事，前提是必須要充

分瞭解多元智能規劃問題的教學清單內容及各學科領域主要內容，並分別兼顧到主題的凸顯、內容的銜接及多元智能的均衡使用等。因為要將各學科領域全併入一個課程中實屬不易，對他們而言不啻是一種新的挑戰，也讓教學注入了變化。還有一些學生認為本課程提高了教學過程中師生的互動關係，編寫教案時不只是考慮到教師的認知與教學風格而已，更要考慮到學生的學習動機與能力。以下是學生的反應：

「在設計課程之前，自己就決定應用至少四種智能來配合教學活動。結果第一次的教學設計就使用了六種多元智能，盡可能讓每位學生至少可以從一種模式中得到最大的學習效果。經過幾次教案的編寫，已訓練我應何時給予學生發問、何時給予分組討論、何時安靜聆聽，以及如何教導學生利用基本知識與方法去創造並應用於日常生活中。」

二、同儕指導與回饋

同儕教練的功能可應用下列三種形式：專家式的教練、合作式的教練及反射式的教練（Glickman, 1981；張德銳，1998）。本課程訓練每一位準教師要能做一位專家式的教練，對於教學演練者能加以適當的指導並提供一些建議。同時也要作為一位合作式的教練，每一合作小組共同分析觀察教學的情形，並磋商改進教學的策略與技巧。每一位同儕也是最好的反射式的教練，能將觀察的情形作忠實的反映，讓教學者能發現自己的一些盲點。

教練的角色乃先引言闡述對教學演練者的建言及評論，並請其他同學加以回饋、建議，以期能達到相互指導之目的。要如何增加同學的互動，使得同學對於整個活動能夠很積極、熱絡，端賴教練如何帶動整個活動的氣氛，也可增加自身上臺與領導的經驗。擔任教練最難的地方是要在短時間內整理出對授課者講課的心得，和如何在引導每一位學生發表自己的不同見解後，又能彙結所有人的建議並作出最完整的結論，所以，臨場反應是非常重要的。尤如一位學生的教練心得：「輪到我當教練時，我會對教學演練者的表現特別注意，並觀察、記錄所有活動的過程，最後整理出優缺點再加以講評。」

　　以同儕教練的方式來指正個人教學的優缺點，可以從中學習到其他人教課時的優點，以改善自己的教學技巧，使自己在日後正式教學時有更好的表現。不僅如此，在觀看其他人教課時會不小心漏掉一些沒有注意到的細節，也可以利用回饋時間將疏忽的地方補上去以作為參考。在此，應多增加一些個人的獨立思考與批判的能力，卻非完全接受他人的思想，這是非常重要的。在同儕給予回饋的時候也有需要注意的地方，進行教學者要有寬大的胸襟，樂於接受他人的意見；而給予回饋者不僅只是負面的回饋，也要給予正面的回饋，這樣才能讓教學者更有信心，尤其同儕之間的鼓勵也是很重要的。下面是學生上課後之反應：

　　「這門課最重要的部分就是從同儕和教師回饋的活動中學習到許多寶貴的東西，他們對我的講評都是最有用也是最實際的，因為從中可以改善自己的教學技巧。同儕回饋教學活動需要教學者有寬大的胸襟，樂於接受別人的意見，不管是正面或是負面的回饋，正面回饋可以增強教學，負面回饋可以修正下一次的教學。」

三、錄影反省與回饋

　　教學錄影是一種微型教學的方式，配合錄影的過程及互動分析，可以有效地改變教學行為（Wragg, 1971）。透過錄影帶的觀賞，教學者就可以自我觀察自己的教學方式與表現。每位準教師的心目中，一定都會為自己塑造一個理想的形象，希望自己的教學方式與表現是能符合自己理想的。如果不透過錄影帶，光是以課堂上對自己表現的直覺，一定會有些偏誤。誠如一位學生看完錄影的心得：「所謂旁觀者清，當局者迷，透過看錄影帶可讓自己瞭解上臺的狀況、姿勢、音量、表情和板書的書寫方式，更加瞭解自己臺上的那一面。」

　　透過錄影可以再仔細觀察，發現上課內容是否合適？自己有哪些肢體語言和說話的方式等。其實，不管是自己上課，或是別人「上課」，皆會因當時的情境或只能專注某一件事，所以容易忽略觀察到一些部分，包括自己的和他人的，而再由錄影帶中去觀察與體會一次，皆有不同的看法，甚至還能再一次感受「上課」的氣氛與活動時的師生互動。錄影教學猶

如「照妖鏡」一般，所有的缺失一覽無遺，且具有其真實性，令人印象深刻。而且往往自己的講話技巧，會因為忙於教學過程而未覺知到自己不適宜的動作，教學錄影即可以改變自己的教學方式或肢體語言，一直修正到自己滿意的程度。誠如下列學生的心得記錄：

　　「錄影是要將自己講課時的情況（肢體動作與授課內容）運用電子媒體（錄放影機）記載下來，以供課後自我檢討的依據。此種上課模式對我而言是首見的，我相信這是訓練自我最有效的方式。我的動作若能再放得開一點，不要只站在定點，適時的變換位置走動走動，或許更能引起學生的注意力及專心度。」

　　相信歷經觀看錄影教學後，學生唯有跳出自己的框框後，以局外人的身分看整體的發展，這樣才有些突破與增進。學生能發現到自己許多的缺點，這是有用錄影帶觀賞後才有的收穫。當然，藉此也瞭解與看到別人的表現，讓每一位學生都能在互動中學習，筆者深信這樣的教學模式是成功的。

四、結論與建議

　　有句諺語說：「當局者迷，旁觀者清。」這句話正說明了同儕教練的真正涵義，以往因為同學與同學之間有一份感情，因此當面對該指導的事情時，同學間的力量顯得最小，不願意真實的反應教學情境，反而是教師發揮了極大的作用。同儕教練實施初期，大多數同學可能彼此間不太熟悉，不願意表示意見或簡單評論同儕教學之優點，較缺乏深入觀點之評論，這需要指導教練（教師）即時加以引導，方能漸入佳境。而在本課程中，讓每一位同學都有機會當教練，訓練並培養每一位同學指導學生的能力，正如有位同學所說：「同儕教練的教學活動，對於只曾聽聞而無法親自學習面對的我而言，真是莫名興奮。我想，這是值得提倡的訓練方式之一。」

　　多元智能教學統整可以協助教師把現在的課程或單元，轉換成多元模式的學習機會，例如在教學中，最簡單的方式是用例子、示範、練習及回饋等方式來穿插解釋，亦可採用小組討論或合作學習等來變化教學方式，

以激發學習的動機與智能啟發。雖然不是每一種智能，學生都能充分發揮，但教師可以利用一些小技巧，變化一下教學方法與程序，找出最好的教學模式。教學錄影是訓練學生基本教學技能，兼具教學行為分析與反省之功能，是師資養成教育中的重要過程，亦是同儕教練教學模型中提昇教學品質的關鍵過程，往後應善加應用。由師生互動的理論模式中，我們不難發現在教學過程中，教師與學生或學生彼此之間的知覺及反應，對教學活動的進行及教學成效都具有決定性的影響力（Sun, 1991）。

課程統整與教學實施面臨最大的困境是編寫一個協同單元教案實屬不易，以及協同教學合作不如預期的效果等，光是制定一個整合單元主題與內容，協同小組就花費了老半天，更何況是教學內容完整性與連貫性。而協同教學實際實施時也會遭遇若干挫折，例如：教師配合之意願、教學進度之掌握、如何協同教學讓課程脈絡一貫等等。實施同儕教練有助於協同教學團隊解決遭遇若干挫折，小組成員若能建立彼此的默契與信心，相信往後之協同教學會慢慢上軌道。

目前就我國中小學教師文化仍屬相當孤立（甌用生，1996），教師的工作負擔並不輕（吳清山，1995），如何應用並推展同儕教練之模型乃屬當務之急。加上一些教師比較保守，不願意接受新的教學理論或改革措施，認為舊的最好，維持原樣比較不用費心思，不願意去調整心態，也因此，國內教改的路才會進展得那麼慢。倘若我們無法改變目前的處境（硬體），那就先改變我們自己的心態（軟體）好了。有些現職教師的觀念與心態需要更新，他們甚至告訴實習教師：「進入教室前就把師大（院）或教育學程的那一套放忘了吧！」但目前的師資養成教育和以前不一樣了，教學方法已經多元化和科技化，現職教師不應將自己的舊觀念與作法加諸於實習教師身上。筆者鼓勵現職教師和教育學程準教師們可以多吸收一些新知識理論和新觀念，應用在自己的教學上，這樣一方面可以刺激一些老古板的教師，另一方面也可以教育下一代的學生（張世忠，1998）。

最後建議同儕教練不僅在職前教育課程中實施，更要推廣到一般中小學的現職教師當中，以因應九年一貫課程所需之師資。各中小學教師可以4至8人為一組的方式，組成許多同儕教練小組，可以本學科內同儕教師，

也可以跨學科，甚至邀請資深的行政人員參與。每月定期舉行一至兩次的研習會或座談會，各組請一位資深有創意的教師當召集人兼教練，負責溝通和協調，其餘小組同儕教師負責資料蒐集，大家一起來作經驗交換和回饋，並有實際的教室觀察。當然，學校方面更要全力支持和鼓勵教師互相成長的機會，並提供足夠的空間及設備。

　　總而言之，師資培育法和教師法已正式頒布並付諸實施，九年一貫課程也已全面推動，我國師資培育正面臨重建和重整，如何利用這個關鍵的時刻，轉變師資培育的典範，擬定新師資培育方案，改進課程和教學的革新，以加強教師專業能力，培養有反省、批判能力、能研究並有創意教學的教師，有賴全體教育工作者共同努力。

第七節　教與學活動（八）

主題　同儕教練活動

　　以往學生上臺教學演練或錄影帶之教學觀摩完畢之後，都由授課教師講評，學生很少發表意見。為了增加師生之互動，並讓學生有主持（上課）之實務經驗，每次觀察活動結束之後，即由一位學生（同儕）擔任主持人，引導全班討論並作一些評語或結論。

學生心得分享

　　這學期我是第一個擔任「同儕教練活動」的主持人，覺得滿緊張也滿期待的。擔任主持人時，對於教學展示同學的表現會特別的注意觀察、記錄，最後整理出優、缺點再加以講評。我覺得擔任主持人最難的地方是要在短時間內整理出對授課者講課的心得，和如何去引導每一位同學發表自己不同見解後，又能馬上彙集所有人的建議，作出最完整的結論。這些臨場的反應是非常重要的，因此，擔任主持人時學習到的是訓練自己整合的能力和掌握現場氣氛的能力。在這兩方面，我覺得自己做得比上學期還好，而且也更容易整理出說話的重點了。經由上學期的訓練後，感覺自己

成長了許多。

　　在過去的課堂中，幾乎所有的批判、發問、引言的人都是教師，由於其原本所具有的權威氣息，讓其所提問的問題常流於虛問的形式。因此，我認為同儕教練可以使一些比較內向的同學不再攝於威權，而有較多發表意見的機會；而且有的時候，我們會因為站在臺上的是我們的同學，為避免他發問完後造成冷場，也會逼自己腦力激盪，努力想問題，因此，我認為同儕教練的實施可真正發揮腦力激盪的效果。另外，由於批評的對象是同學，我們多半對其批評較不會有太大的得失心，反而能在心靈不受傷的情況下虛心接受其意見。

　　這次的同儕教練，我有參與主持的角色，比起以往，我覺得自己的表現不再那麼緊張害怕了，我想這要歸功於教師。因為教師讓我們有機會磨練自己，最重要的是可以藉由同儕教練的實施，能更加瞭解他人或是自己教學的優缺點，不僅個人可以成長，也可以增進同儕的互動，何樂而不為呢？同儕教練之實施的優點很多，但要注意的是當批判別人教學的時候，言詞應該婉轉些，而受批判者也應該虛心接受，才不至於引起不必要的紛爭而破壞同儕的友誼，否則這樣的同儕教練就顯得沒什麼意義了。總之，我覺得同儕教練是同儕之間互相學習的好機會，可以和同儕一起切磋、勉勵及加油，共同為教學而努力是大家一致的目標。

　　由於我們對同儕教練的實施都還算是新手，所以難免還是有一些值得改進的缺點，例如：有時候教練的引言會太長，把優點或缺點都快講完了，使得後來的發言狀況通常較不熱絡。我覺得同儕教練的實施，有時候並非完全重於內容，同學發言的狀況也應是重點之一，同學的熱絡參與也可增加彼此溝通、增進友誼，同學間的感情好對班級經營有莫大的助益；有時候礙於時間的關係，使得討論不得不中斷時，下課之後同學們還是繼續交換意見呢！互相切磋討論的習慣，在無形之中逐漸成型，我想，這樣的狀況才是同儕教練最成功的地方。

參 考 文 獻

一、中文部分

方炳林（1974）。**普通教學法**。臺北：教育文物。

方隆德（1999）。**九年一貫課程學習領域之統整**。新世紀中小學課程改革與
　　創新教學學術研討會，十二月，國立高雄師範大學。

王國華、段曉林、張惠博（1998）。國中學生對科學教學教師學科教學之知
　　覺。**科學教育學刊，6**（4），363-368。

王曉璿（1998）。網路環境與教學應用。**教師之友，39**（1），7-13。

王政彥（2011）。大學校院學生來源異質化與其適性教學偏好之因應策略，
　　人文與社會學報，2（7），1-27。

沈中偉（2008）。**科技與學習理論與實務**。臺北：心理。

何榮桂（2002）。資訊科技融入教學的意義與策略。**資訊與教育，88**，1-2。

何榮桂、王緒溢（1997）。**網際網路教學設計：一個國小之網路教學實驗**。
　　高雄師大：1997電腦輔助教學論文集。

吳明崇（2003）。**國中數學專家教師教學專業知識內涵之個案研究**。國立臺
　　灣師範大學教育研究所碩士論文，未出版，臺北。

吳美靜（2003）。**國民中學社會學習領域教師教學專業知識之個案研究**。國
　　立臺灣師範大學公民教育與活動領導學系在職進修碩士班論文，未出
　　版，臺北。

吳清山（1995）。現實與理想之間：當前國小教育改革芻議。**教改通訊，**
　　4，19-20。

吳鼎（1974）。**教學原理**。臺北：國立編譯館。

吳鐵雄、林奇賢（1998）。**電腦網路在中小學教育之應用研究**。國科會87年
　　專案成果發表會。

宋佩芬（2003）。培養「帶得走的能力」再思統整與學科知識。**教育研究月**

刊，**115**，123-136。

李平譯（1997）。**經營多元智慧**。臺北：遠流。

李佳慧（2005）。**國小自然與生活科技資深教師運作之個案研究**。國立高雄師範大學科學教育研究所碩士論文，未出版，高雄。

李美鳳、李藝（2008）。TPCK：整合技術的教師專業知識新框架。**黑龍江高教研究**，**168**，74-77。

李祖壽（1981）。**教學原理與教法**。臺北：大洋。

李曉萱（1999）。**華語文教師教學專業知能之研究**。國立臺灣師範大學華語文教學教育研究所碩士論文，未出版，臺北。

李瓊、倪玉菁（2006）。教師知識研究的國際動向：以數學學科爲例。**教師教育研究**，**18**（3），74-80。

周淑卿（1999）。論九年一貫課程的統整問題。載於「九年一貫課程之展望」，55-78，中華民國課程與教學學會主編。臺北：揚智。

林文生、鄔瑞香（1999）。**數學教育的藝術與實務**。臺北：心理。

林寶山（1995）。教學論：理論與方法。臺北：五南圖書出版有限公司。

林俊賢（2008）。Shulman模式之「轉化」運用：以玻璃娃娃事件爲例。**教育資料與研究雙月刊**，**82**，167-192。

林美淑（2005）。**國中自然科教師學科教學知識成長之行動研究**。國立彰化師範大學數理教育研究所碩士論文，未出版，彰化。

林國凍（2009）。日本的Lesson Study如何引發教師專業發展之研究。**教育研究與發展期刊**，**5**（1），165-184。

林清江（1999）。**國民教育九年一貫課程規劃簡報**。臺北：教育部。

林進材（2002）。教師知識的內涵、建構及其在師資培育上的應用。**中等教育**，**48**（1），34-39。

林碧珍（2001）。**發展國小教師之學生數學認知知識：理論結合實務研究取向的教師專業發展**。臺北：師大書苑。

林福來、黃敏晃、呂玉琴（1996）。分數啓蒙的學習與教學之發展性研究。**科學教育學刊**，**4**（2），161-196。

林璟平（2008）。**協同教學發展國小數學教師學科教學知識之行動研究**。私

立中原大學教育研究所碩士論文，未出版，桃園。

林寶山（1988）。**教學原理**。臺北：五南。

林寶山（1995）。**教學論：理論與方法**。臺北：五南。

邱天助（1995）。電訊網路與終身教育的發展。**教學科技與媒體**，**20**，10-15。

邱美虹、江玉婷（1997）。初任與資深國中地球科學教師學科教學知識之比較。**科學教育學刊**，**5**（4），419-460。

邱美虹、張欣怡（1998）。科學教師學科教學知識之研究：一位國中理化教師之個案研究。**亞太教師教育及發展學報**（**Asia-Pacific Journal of Teacher Education and Development**），**1**（1），93-104。

邱憶惠（2002）。**國小級任教師知識之個案研究**。國立高雄師範大學教育學系研究所博士論文，未出版，高雄。

邱錦昌（1988）。**臺灣地區國民中學教學視導工作之研究**。政大教育研究所博士論文。

段曉林（1996）。學科教學知識對未來師資培育上的啟示。**第一屆數理教學及師資培育學術研討會論文彙編**，118-143。

夏林清、中華民國基層教師學會（譯）（1997）。Altrichter Posch & Somekh 著。**行動研究方法導論**。臺北：遠流。

秦麗花（2007）。**數學閱讀指導的理論與實務**。臺北：洪葉。

高廣孚（1995）。**教學原理**。臺北：五南圖書出版有限公司。

張世忠（1997）。建構主義與科學教學。**科學教育月刊**，**202**，17-25。

張世忠（1998a）。蘇格蘭開放式教育的省思。**中等教育**，**49**（5），42-49。

張世忠（1998b）。多元智慧教學方法在師資教育科目上的應用與研究，87年度中華民國師範教育學會年刊。

張世忠（1998c）。討論教學的技巧與發現。**科學教育月刊**，**205**，2-10。

張世忠（1999）。**教材教法之實踐：要領、方法與研究**。臺北：五南。

張世忠（2000）。**協同教學之模式建構與實施探究**。教師專業展與師資培育學術研討會，五月。臺北：淡江大學。

張世忠（2001）。協同教學模式之初探。**教育研究資訊雙月刊**，**9**（4），66-

82。

張世忠（2002）。協同教學之研究與省思：以兩位初任教師為例。**教育研究資訊雙月刊，10**（4），139-158。

張世忠（2005）。網路融入協同教學之研究：以國中自然與生活科技領域為例。**中原學報，33**（4），725-743。

張世忠（2008）。**發展一個研究：反思模式提升國中在職科學教師PCK之研究**。行政院國家科學委員會多年期專題研究計畫，未出版。

張世忠、侯凱曉（1999）。網路在中學建構教學上之應用。**中等教育雙月刊，50**（2），90-97。

張世忠、謝幸芬（2008）。教育行動研究的反思理論與實踐原則。**教育資料與研究雙月刊，85**，83-108。

張世忠、羅慧英（2009）。協同教學對國中學生所知覺的科學教師PCK之影響。**科學教育學刊，17**（1），49-68。

張世忠、蔡孟芳、陳鶴元（2012）。國中科學教師的學科教學知識與科學教學導向之探討。**科學教育學刊，20**（5），413-433。

張世忠、李俊毅、謝幸芬（2013）。一個同儕教練為基礎之發展模式對國中科學教師PCK之影響：以「熱與溫度」單元為例。**科學教育學刊，21**（1），1-24。

張玉燕（1994）。**教學媒體**。臺北：五南。

張春興（1996）。**教育心理學：三化取向的理論與實踐**。臺北：東華。

張振成（1997）。如何營造師生的良好互動教學情意。**教育實習輔導季刊，**第二卷，第四期。

張淑惠譯（1990）。**改變生命的教學：教師七大定律**。臺北：中國主日學會。

張景媛（1998）。新學習時代的來臨：建構學習的理論與實務。**教育研究資訊，6**（1），52-65。

張德銳（1998）。以同儕教練模式提昇教師專業。載於學校本位課程與教學創新，218-235。臺北：揚智。

張靜儀（2006）。學科教學知識（PCK）應用於課程設計之研究。**國立編譯**

館館刊，**34**（1），85-95。

張靜馨（1996）。傳統教學有何不妥？建構與教學，第四期。彰化師範大學科學教育研究所。

教育部（1998）。**國民教育階段九年一貫課程總綱綱要**。臺北市：教育部。

教育部（1999）。**國民教育階段九年一貫課程配合工作計畫**。臺北：教育部。

教育部（2008）。**教育部中小學資訊教育白皮書2008-2011**。教育部編印。

許美華（2004）。教師知識對學生學習之影響。研習資訊，**21**（3），84-95。

許綾娟（2009）。**兩位自然科教師學科教學知識發展與比較之個案研究**。中原大學科學教育研究所碩士論文，未出版，桃園。

郭俊賢、陳淑惠譯（1998）。**多元智慧的教與學**。臺北：遠流。

陳茹玲（2011）。**國小自然科教師發展科技學科教學知識（TPACK）之個案研究**。未出版碩士論文。中壢：中原大學。

陳俐婷（2008）。**天文教學模組開發歷程對學生概念與教師專業成長之影響**。國立臺南大學自然科學教育研究所碩士論文，未出版，臺南。

陳美玉（1996）。**教師專業實踐理論與應用**。臺北：師大書苑。

陳美如（2004）。**國小高年級學生對教師數學科教學之知覺**。國立臺北師範學院數理教育研究所碩士論文，未出版，臺北。

陳國泰（2007）。學科教學知識的內涵與發展歷程：以三位國小自然與生活科技資深專家教師為例。**新竹教育大學教育學報**，**24**（1），29-60。

陳淑敏（1994）。Vygotsky的心理發展理論和教育。**國立屏東師範學院學報**，**7**，11-144。

陳惠邦（1998）。**教育行動研究**。臺北：師大書苑。

陳惠邦、李麗霞（2001）。**行行重行行**。臺北：師大書苑。

陳新轉（2002）。社會學習領域能力指標之「能力表徵」課程轉化模式，**教育研究月刊**，**100**，86-100。

陳筱雯（2004）。**國小自然科教師科學本質學科教學知識之研究**。屏東師範學院數理教育研究所碩士論文，未出版，屏東。

陳澤民（譯）（2002）。Richard R. Skemp（1987）著。**數學學習心理學**。臺北：九章。

陳龍安（1997）。**創造思考教學的理論與實際**。臺北：心理。

游進年（2007）。**多元評量的實施困境與因應策略**，載於周淑卿、陳麗華主編，教育改革的挑戰與省思，頁245-276，高雄：麗文。

游進年（2009）。適性化教育的政策與教學實踐。**教師天地**，第159期，4月，4-15。

單文經（1992）。**課程與教學研究**。臺北：師大書苑。

單文經、張惠昭、蘇順發（1999）。一位英文教師教學推理與行動過程的分析。人文及社會學科教學通訊，**10**（2），176-184。

黃一農（1998）。**網際網路虛擬科學館**。國科會87年專案成果發表會。

黃永和（1996）。國小實習教師數學學科教學知識之個案研究。**新竹師院國民教育研究所論文集**，**2**，219-247。

黃永和（1997）。「教學表徵」：教師的教學法寶。**國教世紀**，**178**，17-24。

黃光雄（1993）。**教學原理**。八版。臺北：師大書苑。

黃光雄（1996）。**教學理論**。高雄：復文。

黃幸美（2000）。教師的數學教學知識與其對兒童數學知識認知之探討。**教育與心理研究**，**23**，73-98。

黃政傑（1996）。**教材教法的問題與趨勢**。臺北：師大書苑。

黃政傑（1997）。**教學原理**。臺北：師大書苑。

黃桂妮（1997）。**國中數學教師的數學教學知識之分析：關於文字符號的使用**。國立高雄師範大學數學教育研究所碩士論文，未出版，高雄。

黃瑞琴（2004）。**質的教育研究方法**。臺北：心理。

黃詩雯（2009）。**運用Shulman教學推理模式發展國小數學教師PCK之行動研究**。中原大學教育研究所碩士論文，未出版，中壢。

黃譯瑩（1999）。九年一貫課程中課程統整相關問題探究。**教育研究資訊**，**7**（5），60-81。

楊招儀、徐新逸（1997）。建構網路學習社群的教學設計模式。**視聽教育**，

39（3），15-27。

楊思偉（2002）。基本能力指標之建構與落實，**教育研究月刊，96**，17-22。

楊婷婷、張世忠（2012）。國小數理教師有無使用電子白板與其TPACK之調查研究：以桃園縣爲例。**數理學科教學知能，3**，56-70。

賈馥茗（1983）。**教育哲學**。臺北：三民。

趙居蓮譯（1997）。**學習與教學**。臺北：心理。

劉芷源（2010）。運用教師社群發展國小數學教師TPCK之行動研究。**數理學科教學知能，2**，24-44。

劉健慧（2005）。**國民小學數學領域輔導員學科教學知識之個案研究**。國立臺中教育大學數理教育研究所碩士論文。未出版，臺中。

歐用生（1996）。**教師專業成長**。臺北：師大書苑。

蔣治邦（1994）。由表徵觀點探討新教材數與計算活動的設計。**臺灣省國民學校教師研習會主編：國民小學數學科課程概說（低年級）**。新北市：臺灣省國民學校教師研習會。

鄭晉昌（1993）。電腦輔助學習的新教學設計觀：認知學徒制。**教育資料與圖書館學，31**（1），55-66。

鄭章華（2000）。**影響國中數學教師進行教學改變之因素：合作協助者之立場作爲與成效分析**。國立彰化師範大學科學教育研究所碩士論文，未出版，彰化。

賴美娟（2004）。**協同教學與教師的專業成長：個案研究**。國立臺灣師範大學化學研究所碩士論文，未出版，臺北。

賴伯勇（1998）。網路文獻的引用初探。**教育資料與研究，23**，41-50。

謝秀月（2001）。**國小自然教師科學教學實踐知識與科學教學表徵之個案研究**。彰化師範大學科學教育研究所博士論文，未出版，彰化。

謝秀月、郭重吉（2001）。國小自然科教師學科教學實踐知識與科學教學表徵之個案研究。**科學教育，12**，147-156。

鍾靜（1997）。低年級數學教師文化的轉變研究。**臺北師院學報，10**，501-532。

鍾靜（1999）。學校本位的行動研究：北師實小經驗。**1999行動研究國際學**

術研討會：中小學組論文集，1999下，299-312。

簡妙娟（1999）。合科教學的理論與實施，迎向千禧年新世紀中小學課程改革與創新教學學術研討會。十二月，高雄：國立高雄師範大學。

簡紅珠（2002）。教師知識的不同詮釋與研究方法。**課程與教學季刊，5**（3），1-16。

簡梅瑩（2008）。促進反思教學發展與實施之行動研究。**中等教育，59**（1），22-35。

饒見維（2003）。**教師專業發展：理論與實務**。臺北：五南。

甄曉蘭、侯秋玲（2014）。從支援學生學習談差異化教學，**教師天地**，第190期，6月，31-38。

二、英文部分

Abell, S. K. (2000). From professor to colleague: Creating a professional identity as collaborator in elementary science. *Journal of Research in Science Teaching, 37*(6), 548-562.

Abell, S. K. (2008).Twenty years later: does pedagogical content knowledge remain a useful idea? *International Journal of Science Education, 30*(10). 1405-1416.

Allen, D. & Ryan, K. (1969). *Microteaching reading*. MA: Addison-Wesley.

Angeli, C. & Valanides, N. (2009). Epistemological and methodological issues for the conceptualization, development, and assessment of ICT-TPCK: Advances in technological pedagogical content knowledge (TPCK). *Computers & Education, 52*, 154-168.

Archambault, L. M. & Barnett, J. H. (2010). Revisiting technological pedagogical content knowledge: Exploring the TPACK framework. *Computers & Education, 55*(4), 1656-1662.

Armstrong, T. (1994). Multiple intelligences in the classroom. Association for Supervision and Curriculum Development, Alexandria, Virginia.

Ausubel, D. P. & Robinson et al. (1969). *Education psychology*. (2nd ed) N.Y.: Holt,

Rinehart & Winston.

Baker, R. G. (1983). The contribution of coaching to transfer of training: An extension study. Unpublished dissertation, University of Oregon.

Ball, D. & Cohen, D. (1999). Developing practice, developing practitioners: Toward a practice-based theory of professional education. In L. Darling-Hammond & C. G. Sykes (Eds), *Teaching as the learning profession: Handbook of policy and practice* (pp.1-32). San Francisco, California: Jossey-Bass.

Bandura, A. (1986). Social foundations of thought and action: A social cognitive theory. Englewood cliffs, NJ: Prentice-Hall.

Barak, M. (2007). Transition from traditional to ICT-enhanced learning environments in undergraduate chemistry courses. *Computers & Education, 48*(1), 30-43.

Barnett, J. & Hodson, D. (2001). Pedagogical context knowledge: Toward a fuller understanding of what good science teachers know. *Science Education, 85*(4), 426-453.

Bayer, A. S. (1990). *Collaborative-apprenticeship learning: Language and thinking across the curriculum, K-12*. London: Mayfield Publishing Company.

Beane, J. A. (1991). The middle school: the natural home of integrated curriculum. *Educational Leadership, 49*(1), 9-13.

Beijaard, D. & Verloop, N. (1996). Assessing teachers' practical knowledge. *Student in Education Evaluation, 23*(3), 275-286.

Bell-Gredler, M. E. (1986). *Learning and instruction: Theory into practice*. N. Y.: Macmillan.

Bennett, R.V., Ishler, M. F., & O' Loughlin, M. (1992). Effective collaboration in teacher education. *Action in Teacher Education, 14*(1), 52-56.

Bloom, B. S. etc. (1956). Taxonomy of educational objectives-the classification of educational goals. Handbook I: cognitive domain. New York: David Mckay Company, Inc.

Bloom, B. S. (1968). Learning for mastery. *Education Comment, 1*, 1-2. (UCLA-

CSEIP).

Bloom, B. S. (1974). An introduction to mastery learning theory. School, society and mastery learning. New York: Holt, Rinehart & Winston.

Bloor, D. (1993). *A social theory of knowledge*. New York: Columbia University Press.

Bodner, G. M. (1986). Constructivism: A theory of knowledge. *Journal of Chemical education, 63*(10), 873-878.

Bogdan, R. & Biklen, S. K. (1992). *Qualitative research for education: An introduction to theory and methods*. Boston: Allyn and Bacon.

Borich, G. D. (1988). *Effective teaching models*. Columbus, Ohio: Merrill Publishing Company.

Brophy, J. (1986). T*eacher effects research and teacher quality*. Paper presented at the meeting of the American Educational Research Association, San Francisco, CA.

Bruner, J. S. (1960). *Process of education*. Harvard University Press.

Bruner, J. S. (1966). *Toward a theory of instruction*. Cambridge: Harvard University.

Bryk, A. S. & Driscoll, M. E. (1988). *The high school as community. Contextual influence and consequences for students and teachers*. Chicago, IL: National Center on Effective Schools.

Campbell, L. B. & Dickinson D. (1996). *Teaching and learning through multiple intelligences*. Allyn & Bacon.

Carin, A. A. & Sund, R. B. (1985). *Teaching modern Science*. Ohio: Charles E. Merrill Publishing Company.

Carlsen, W. S. (1993). Teacher knowledge and discourse control: Quantitative evidence from novice biology teachers' classrooms. *Journal of Research in Science Teaching, 30*, 471-481.

Carroll, J. B. (1963). A mode of school learning. *Teacher College Record, 64*, 723-733.

Carter, K. (1990). Teachers' knowledge and learning to teach. In W. R. Houston and J. Sikula (Eds), *Handbook of research on teacher education* (pp.328-375). New York: MacMillan.

Chai, C. S., Koh, J. H. L., & Tsai, C. C. (2010). Facilitating pre-service teachers' development of technological, pedagogical, and content knowledge (TPACK). *Educational Technology & Society, 13* (4), 63-73.

Chai, C. S., Koh, J. H. L., & Tsai., C. C. (2011). Exploring the factor structure of the constructs of technological, pedagogical, content knowledge (TPACK). *Asia-Pacific Education Researcher, 20(3)*, 595-603.

Chai, C. S., Koh, J. H. L., Tsai, C.-C, & Tan, L. L. W. (2011). Modeling primary school pre-service teachers' Technological Pedagogical Content Knowledge (TPACK) for meaningful learning with information and communication technology (ICT). *Computers & Education*, 57, 1184-1193.

Chang, Y., Tsai, M.-F., & Jang, S.-J. (2014). Exploring ICT use and TPACK of secondary science teachers in two contexts. *Journal of US-China Education Review, 4*(5), 298-311.

Chou, C. (2003). Interactivity and interactive functions in web-based learning systems: A technical framework for designers. *British Journal of Educational Technology, 34*, 265-279.

Clandinin, D. J. (1985). Personal practical knowledge: A study of teachers' classroom images. *Curriculum Inquiry, 15*(4), 361-385.

Clark, L. & Starr, I. (1986). Secondary and middle school teaching methods. N.Y. : Macmillan Publishing Company, pp.223-248.

Clough, E. & Driver, R. (1986). A study of consistency in the use of students' frameworks across different task contexts. *Science Education, 70*, 473-496.

Cobb, P. (1988). The tension between theories of learning and instruction in mathematics education. *Education Psychologist, 23*, 87-103.

Cochran, K. F., DeRuiter, J. A., & King, R. A. (1993). Pedagogical content knowing: An integrative model for teacher preparation. *Journal of Teacher Educa-*

tion, *44*(4), 263-272.

Cochran, K. F., King, R. A., & DeRuiter, J. A. (1991). *Pedagogical content knowledge: A tentative model for teacher preparation*. Paper presented at the annual meeting of the American Educational Research Association, Chicago, IL. effects of teacher education. *Teacher & Teacher Education, 4*(1), 53-62.

Confry, J. (1990). The concept of exponential functions: A student's. perspective. Epistemological Foundations of Mathematical Experience, New York.: Springer-Verlag.

Connelly, F. M. & Clandinin, D. J. (1988). Teachers as curriculum planners: Narratives of Experience. New York: Teachers College Press.

Connelly, F. M. & Clandinin, D. J. (1988). On narrative method, biography and narrative unites in the study of teaching. *The journal of Educational Thought, 21*(3), 130-139.

Collette, A. T. & Chiappetta, E. L. (1989). Science instruction in the middle and secondary schools. (2nd ed.) Columbus, Ohio: Charles E. Merrill Publishing Company.

Cook, L. & Friend, M. (1996). Co-teaching: Guidelines for creating effective practices. In E. L. Meyen, G. A. Vergason & R. j. Whelan (Eds.), *Strategies for teaching exceptional children in inclusive settings* (pp. 155-182). Denver: Love.

Corno, L. (2008). On teaching adaptively. *Educational Psychologist, 43*(3), 161-173.

Cortazzi, M. (1993). Narrative and the study of teaching. In M. Cortazzi, Narrative analysis (pp 5-25) .Washington, D.C: The Falmer Press.

Cox, S. & Graham, C. R. (2009). Diagramming TPACK in practice: Using and elaborated model of the TPACK framework to analyze and depict teacher knowledge. *TechTrends, 53*(5), 60–69.

da Ponte, J. P., Oliveira, H., & Varandas, J. M. (2002). Development of pre-service mathematics teachers' professional knowledge and identity in working with information and communication technology. *Journal of Mathematics Teacher Education, 5*, 93-115.

Dalgarno, N. & Colgan, L. (2007). Supporting novice elementary mathematics teachers' induction in professional communities and providing innovative forms of pedagogical content knowledge development through information and communication technology. *Teaching and Teacher Education, 23*, 1051-1065.

Davies, I. (1981). *Instructional technique*. N.Y.: McGraw-hill book company. 301-317.

Davies, M. A. (1992). *"Are interdisciplinary units worthwhile? Ask students."* Connecting the curriculum through interdisciplinary instruction. Columbus, OH: National Middle School Association.

De Jong, O. Van Driel, J. H., & Verloop, N. (2005). Preservice teachers' pedagogical content knowledge of using particle models in teaching chemistry. *Journal of Research in Science Teaching, 42*(8), 947-964.

Deng, Z. (2007). Transforming the subject matter: Examining the intellectual roots of pedagogical content knowledge. *Curriculum Inquiry, 37*(3), 279-295.

Doise, W. & Mugny, G. (1984). *The social development of the intellect*. Oxford: Pergamon Press.

Downing, J. H. & Lander, J. E. (1997). Fostering critical thinking through interdisciplinary cooperation: Integrating secondary level physics into a weight training unit. *NASSP Bulletin, 81* (591), 85-94.

Dunkin, M. J. (1987). The international encyclopedia of teaching and teacher education. N. Y.: Pergamon Press. pp. 11-14.

Ebert, C. L. (1993). *An assessment of perspective secondary teachers' pedagogical content knowledge about functions and graphs*. (ERIC Document Reproduction Service, NO. ED366580).

Erickson, F. (1986). Qualitative methods in research on teaching. Handbooks of research on teaching. (pp. 119-161). New York: Macmillan.

Felder, R. M. & Soloman, B.A. (1999). Learning styles and strategies, Retrieved April 13, 2015, from http://www4.ncsu.edu/unity/lockers/users/f/felder/public/ILSdir/styles.htm

Fennema, E. & Franke, M. L. (1992). Teacher's knowledge and its impact. In D. A. Grouws (Ed.). *Handbook of research on mathematics teaching and learning* (pp. l47-l64). New York: Macmillan .

Fisher, K. & Lipson, J. (1985). Information processing interpretation of errors in college science learning. *Instructional Science, 14*(1), 49-74.

Elbaz, F. (1983). *Teacher thinking: A study of practical knowledge*. New York: Nichols.

Fosnot, C. T. (1989). *Enquiring teachers, enquiring learners: A constructivist approach for teaching* .New York: Teachers College Press.

Friedrichsen, P. J., Abell, S. K., Pareja, E. M., Brown, P. L., Lankford, D. M., & Volkmann, M. J. (2009). Does teaching experience matter? Examining biology teachers' prior knowledge for teaching in an alternative certification program. *Journal of Research in Science Teaching, 46*, 357-383.

Gagne, R. M. (1974). *Essentials of learning for instruction*. Illinois: Dryden press.

Gagne, R. M. (1985). *The condition of learning and theory of instruction* (4th ed.) N.Y.: Holt, Rinehart & Winston.

Gall, M. D. (1987). Discussion method. In M. J. Dunkin (ed.), The international encyclopedia of teaching and teacher education. N. Y.: Pergamon Press.

Gardner, H. (1983). *Frames of mind: The theory of multiple intelligences*. NY: Basic Books.

Gardner, H. (1993). *Multiple intelligences-The theory in practice*. NY: Basic Books.

Gardner, H. (1995). Reflections on multiple intelligences: Myths and messages. *Phi Delta Kappan, 77*(3), 200-209.

Gardner, H. (1999). *Intelligence reframed: Multiple intelligences for the 21st century*. NY: Basic Books.

Geddis, A. N. (1993). Transforming subject matter knowledge: The role of pedagogical content knowledge in learning to reflect on teaching. *International Journal of Science Education, 15*(6), 673-683.

Geddis, A. N., Onslow, B., Beynon, C., & Oesch, J. (1993). Transforming content knowledge: Learning to teach about isotopes. *Science Education, 77*(6), 575-591.

Gergen, H. (1982). *Toward a transformation in social knowledge*. New York: Springer-Verlag.

Gess-Newsome, J. (1999). Pedagogical content knowledge: An introduction and orientation. In J. Gess-Newsome & N. G. Lederman (Eds.) (1999). *Examining pedagogical content knowledge : The construct and its implications for science education* (pp.12). Dordrecht, the Netherlands: Kluwer.

Glickman (1981). Developmental supervision: Alternative practices for helping teachers improve instruction. (Eric Document Reproduction Service. NO. ED. 206487.)

Goodlad, J. I. (1988). School-university partnerships for educational renewal: Rationale and concepts. In *School-university partnerships in action: Concepts, cases, and concerns* (pp. 3-31). New York: Teachers College Press.

Graham, C. (2011). Theoretical considerations for understanding technological pedagogical content knowledge (TPACK). *Computers & Education, 57,* 1953-1960.

Graham, C. R., Burgoyne, N., Cantrell, P., Smith, L., Clair, L. S., & Harris, R. (2009). TPACK development in science teaching: Measuring the TPACK confidence of in-service science teachers. *TechTrends, 53,* 70-79.

Griffin, G. A. (1996). Realizing community in schools through inquiry. In *Cultivating collaboration: Proceedings form the first professional development schools conference* (pp. 15-38). West Lafayette, IN: Purdue University School of Education Office of Research and Development.

Grossman, P. L. (1989). A study in contrast: Sources of pedagogical content knowledge for secondary English. *Journal of Teacher Education, 40*(5), 24-31.

Grossman, P. L. (1990). *The making of teacher: Teacher knowledge and teacher education.* New York: Teacher College Press.

Grossman, P. L. (1994). Teachers' knowledge. In T. Husen & T. N. Postlethwaite (Eds.), *The international encyclopedia of education.* (2nd ed., pp.6117-6122). Oxford: Pergamon Press.

Grossman, P. L. (1995). Teachers' knowledge. In L. Anderson (ED.), International encyclopedia of teaching and teacher education (pp. 20-24). Cambridge, UK: Pergamon.

Grossman, P. L. & Wilson, S. M., & Shulman, L. S. (1989). Teacher of Substance: subject matter knowledge for teaching. In M. C. Reynolds (Ed.). Knowledge base for the beginning teacher (pp. 23-36). Oxford: Pergamon.

Gudmundsdottir, S. (1991). *The narrative nature of pedagogical content knowledge.* Paper presented at the annual meeting of the American Educational Research Association, Chicago, IL.

Guskey, T. R. & Huberman, M. (1995). *Professional development in education: New paradigms and practices.* New York: Teachers College Press.

Hakkarainen, K., Muukonen, H., Lipponeni, L., Ilomaki, L., Rahikainen, M., & Lehtinen, E. (2001). Teachers' information and communication technology (ICT) skills and practices of using ICT. *Journal of Technology and Teacher Education, 9*(2), 181-197.

Hardy, M. (2010). Enhancing preservice mathematics teachers' TPCK. *Journal of Computers in Mathematics and Science Teaching, 29*(1), 73-86.

Harris, J. B. & Hofer, M. J. (2011). Technological pedagogical content knowledge (TPACK) in action: A descriptive study of secondary teachers' curriculum-based, technology-related instructional planning. *Journal of Research on Technology in Education, 43*, 211-229.

Haste, H. (1987). Growing into rules. *Making sense: The child's construction of the world.* New York: Methuen.

Hendricks, H. (1987). *Teaching to change lives*, Multnomah Press.

Henze, I., van Driel, J. H., & Verloop, N. (2008). Development of experienced science teachers' pedagogical content knowledge of models of the solar system and the universe. *International Journal of Science Education, 30*(10), 1321-1342.

Heo, H., and Joung, S. (2004). *Self-regulation strategies and technologies for adaptive learning management systems for web-based instruction*. Association for educational Communications and Technology.

Hsu, J. (2000). How do teachers justify their practical knowledge? Conceptualizing general and relative justification. *Asia-Pacific Journal of Teacher Education & Development, 3*(1), 163-186.

Iaccino, J. F. (1993). *Left brain, right brain differences: Inquiries, evidence, and new approaches*. Hillsdale, NJ: Lawrence Erlbaum Associates.

International Technology Education Association (2000). Standards for Technological Literacy: Content for the Study of Technology. Retrieved from the World Wide Web: http://www.iteawww.org/TAA/PDFs/xstnd.pdf

Jamieson-Proctor, R., Finger, G., & Albion, P. (2010). Auditing the TK and TPACK confidence of pre-service teachers: Are they ready for the profession? *Australian Educational Computing, 25*(1), 8-17.

Jang, S. J. (2006). The effects of incorporating web assisted learning with team teaching in seventh-grade science classes. *International Journal of Science Education. 28*(6), 615-632.

Jang, S. J. (2008a). Innovations in science teacher education: Effects of integrating technology and team-teaching strategies. *Computers & Education, 51*(2), 646-659.

Jang, S.-J. (2008b). Innovations in science teacher education: Effects of integrating technology and team-teaching strategies. *Computers & Education, 51*(2), 646-659.

Jang, S. J. (2009). Development of a research-based model for enhancing PCK of secondary science teachers. In A. Selkirk & M. Tichenor (Ed.) *Teacher Education: Policy, Practice and Research* (pp.189-212). NY: Nova Science Publishers, Inc.

Jang, S. J. (2010). Integrating the interactive whiteboard and peer coaching to develop the TPACK of secondary science teachers. *Computers & Education, 55*(4), 1744-1751

Jang, S. J. & Chen, K. C. (2010). From PCK to TPACK: Developing a transformative model for pre-service science teachers. *Journal of Science Education and Technology, 19*(6), 553-564.

Jang, S. J. & Tsai, M. F. (2012). Exploring the TPACK of Taiwanese elementary mathematics and science teachers with respect to use of interactive whiteboards. *Computers & Education, 59*(2), 327-338.

Johnson, D. W. & Johnson, R. T. (1990). Cooperative learning and achievement. *Cooperative learning: Theory and Research* (pp.23-27). New York: Praeger.

Joyce, B. R. & Showers, B. (1983). Power in staff development through research on training. Association for Supervision and curriculum Development, Washington, DC.

Joyce, B. & Weil, M. (1996). *Model of teaching* (5[th]ed). Boston: Allyn and Bacon.

Keller, F. S. (1968). "Good-bye, Teacher." *Journal of Applied Behavior Analysis, 1*, 78-89.

Kenny, C. & Pahl, C. (2009). Intelligent and adaptive tutoring for active learning and training environment. *Interactive Learning Environments, 17*(2), 181-195.

Koehler, M. J. & Mishra, P. (2005). What happens when teachers design educational technology? The development of Technological Pedagogical Content Knowledge. *Journal of Educational Computing Research, 32*(2), 131-152.

Koh, J. H. L., Chai, C. S., & Tsai, C. C. (2010). Examining the technological pedagogical content knowledge of Singapore preservice teachers with a large-scale survey. *Journal of Computer Assisted Learning, 26*, 563-573.

Krathwohl, D. R., Bloom, B. S., & Masia, B. (1964). Taxonomy of educational objectives. *Handbook II: Affective domain*. New York: David Mckay company, Inc.

La Velle, L. B., McFarlane A., & Brawn, R. (2003). Knowledge transformation through ICT in science education: A case study in teacher-driven curriculum development. *British Journal of Educational Technology, 34*(2), 183-199.

Lee, H. & Hollebrands, K. (2008). Preparing to teach mathematics with technology: An integrated approach to developing technological pedagogical content *knowledge. Contemporary Issues in Technology and Teacher Education, 8*(4), 326-341.

Lee, M. H. & Tsai, C. C. (2010). Exploring teachers' perceived self efficacy and technological pedagogical content knowledge with respect to educational use of the world wide web. *Instructional Science, 38*, 1-21.

Lee, E. & Luft, J. A. (2008). Experienced secondary science teachers' representation of pedagogical content knowledge. *International Journal of Science Education, 30*(10), 1343-1363.

Lemke, J. L. (1990). *Talking science: Language, learning and values*. Norwood, NJ: Ablex.

Lieberman, A., Saxl, E. R., & Miles, M. B. (1988). Teaching leadership: Ideology and practice. In A. Lieberman (Ed.), *Building a professional culture in schools*. New York: Teachers College Press.

Loo, R. (2004). Kolb's learning styles and learning preferences: Is there a linkage? *Educational Psychology, 24*(1), 99-108.

Magnusson, Krajcik & Broko. (1999). Nature, sources, and development of pedagogical content knowledge for science teaching. In J. Gess-Newsome& N. G. Lederman (Eds.), Examining pedagogical content knowledge (pp.147-161). Netherlands: Kluwer.

Marks, R. (1990) Pedagogical content knowledge: From a mathematical case to a modified conception . *Journal of Teacher Education, 41*(3), 3-11.

Marx, R. W., Freeman, J. G., Krajcik, J. S., & Blumenfeld, P. C. (1998). Professional development of science teachers. *International Handbook of Science Education*, 667-680.

Marino, M. T., Sameshima, P., & Beecher, C. C. (2009). Enhancing TPACK with assistive technology: Promoting inclusive practices in preservice teacher education. *Contemporary Issues in Technology and Teacher Education, 9*(2), 186-207.

Massarella, J. A. (1980). Synthesis of research on staff development. *Educational Leadership, 38*(2), 182-185.

McDiarmid, C. W., Ball, D. L., & Anderson, C.W. (1989). *Why staying one chapter ahead doesn't really work: Subject-specific pedagogy*. In M. C.

McFarlane, A. & Sakellariou, S. (2002). The role of ICT in science education. *Cambridge Journal of Education, 32*, 219-232.

McGrath, J., Karabas, G., & Willis. J. (2011). From TPACK concept to TPACK practice: An analysis of the suitability and usefulness of the concept as a guide in the real world of teacher development. *International Journal of Technology in Teaching and Learning, 7*(1), 1-23.

Miller, G. A. (1956).The magical number seven, plus or minus two: Some limits on our capacity for processing information. *Psychological Review, 63*, 81-97.

Miller, L. (1988). Unlikely beginnings: The district office as a starting point for developing a professional culture for teaching. In A. Lieberman (Ed.), *Building a professional culture in schools*. New York: Longman.

Million, S. K. & Vare, J. W. (1997). The collaborative school: A proposal for authentic partnership in a professional development school. *Phi Delta Kappan, 78*, 710-713.

Mishra, P. & Koehler, M. J. (2006). Technological pedagogical content knowledge: A new framework for teacher knowledge. *Teachers College Record. 108(6)*, 1017-1054.

Mishra, P. & Koehler, M. J. (2009).Teachers technology pedagogical content knowledge and learning activity types: Curriculum-based technology integration reframed. *Journal of Research on Technology in Education, 41*(4), 393-416.

Mitchener, C. & Anderson, R. D. (1989). Teachers' perspective: developing and implementing an STS curriculum. *Journal of Research in Science Teaching, 26*(4), 351-369.

Niess, M. L. (2005). Preparing teachers to teach science and mathematics with technology: Developing a technology pedagogical content knowledge. *Teaching and Teacher Education, 21*, 509-523.

Niess, M. L., Ronau, R. N., Shafer, K. G., Driskell, S. O., Harper S. R., Johnston, C., Browning, C., Özgün-Koca, S. A., & Kersaint, G. (2009). Mathematics teacher TPACK standards and development model. *Contemporary Issues in Technology and Teacher Education, 9*(1), 4-24.

Nussbaum, J. & Novick, S. (1980). Brainstorming in the classroom to invent a model: A case study. Jerusalem: Israel Science Teaching Center, The Hebrew University.

Oja, S. N. & Smulyan, L. (1989). *Collaborative action research: A developmental approach*. London: Falmer.

Osbone, A. F. (1957). *Applied imagination* (th edition). New York: Scribner's.

Osborne, R. J. & Cosgrove, M. (1983). Children's conceptions of the change of state of water. *Journal of Research in Science Teaching, 20*, 825-835.

Osborne, R. J., & Wittrock, M. C. (1983). Learning science: A generative process. *Science Education, 67*(4), 489-508.

Özgün-Koca, S. A., Meagher, M., & Edwards, M. T. (2010). Preservice teachers' emerging TPACK in a technology-rich methods class. *The Mathematics Educator, 19*, 10-20.

Paivio, A. (1971). *Imagery and verbal processes*. New York: Holt, Rinehart and Winston.

Pajak, E. (1993). *Approaches to clinical supervision: Alternatives for improving instruction*. Norwood, MA: Christopher-Gordon.

Paramythis, A. & Loidl-Reisinger, S. (2004). Adaptive learning environments and e-learning standards. *Electronic Journal of eLearning, 2*(1), 181-194.

Park. S. & Oliver, J. S. (2008). Revisiting conceptualization of PCK: PCK as a conceptual tool to understand teachers as professionals. *Research in Science Education, 38*(3), 261-284.

Patton, M. Q. (1990) .*Qualitative Evaluation and Research Methods.* London: Sage Publications.

Peterson, P. L. (1988). Teachers and students' cognitional knowledge for classroom teaching and learning. *Educational Researcher, 17*(5), 5-14.

Piaget, J. (1970). *Piaget's theory: Carmichael's of Child Psychology.* Wiley, New York.

Reed, P. (1998). *School/ university collaboration.* Paper presented at the annual meeting of the Association of the Association of Teacher Education, St. Louis, Mo.

Reynolds, A. (1992). What is competent beginning teaching? A review of the literature. *Review of Educational Research, 62*(1), 1-35.

Rodrigues, S., Marks, A., & Steel, P. (2003). Developing science and ICT pedagogical content knowledge: A model of continuing professional development. *Innovations in Education and Teaching International, 40,* 386-394.

Rogers, L. (2004). Integrating ICT into science education and the future. In R. Barton (Ed.), *Teaching secondary science with ICT* (pp. 139-154). Maidenhead, England: Open University Press.

Rogoff, B. (1990). Apprenticeship in thinking: Cognitive development in social box. Paper presented at the annual meeting of the American Educational Research Association, Chicago, IL.

Roth, W. & Roychoudury, A. (1994). Physics students' epistemologies and views about knowing and learning. *Journal of Research in Science Teaching, 27,* 35-54.

Roth, W. M., Tobin, K., Carambo, C., & Dalland, C. (2004). Coteaching: Creating resources for learning and learning to teach chemistry in urban high schools. *Journal of Research in Science Teaching, 41*(9), 882-904.

Roth, W., Tobin, K., Carambo, C., & Dalland, C. (2005). Coordination in coteaching: Producing alignment in real time. *Science Education, 89*(4), 675-702.

Sadler-Smith, E. & Smith, P. J. (2004). Strategies for accommodating individuals' styles and preferences in flexible learning programs. *British Journal of Educational Technology, 35*(4), 395-412.

Sahin, I. (2011). Development of survey of technological pedagogical and content knowledge (TPACK). *The Turkish Online Journal of Educational Technology, 10*(1), 97-105.

Sandholtz, J. H. (2000). Interdisciplinary team teaching as a form of professional development. *Teacher Education Quarterly, 27*(3), 39-50.

Schmidt, D. A., Baran, E., Thompson, A. D., Mishra, P., Koehler, M. J., & Shin, T. S. (2009). Technological pedagogical content knowledge (TPACK): The development and validation of an assessment instrument for preservice teachers. *Journal of Research on Technology in Education, 42*(2), 123-149.

Schlechty, P. C. & Whitford, B. L. (1988). Shared problems and shared vision: Organic collaboration. In *School-university partnerships in action: Concepts, cases, and concerns* (pp. 191-204). New York: Teachers College Press.

Seels, B. B. & Richey, R. C. (1994). *Instructional technology: The definition and domains of the field.* Washington, DC: Association for Educational Communications and Technology.

Shulman, L. S. (1986). Those who understand: knowledge growth in teaching. *Education Researcher, 15*(2), 4-21.

Shulman, L. S. (1987). Knowledge and teaching: Foundation of the new reform. *Harvard Educational Review, 57*(1), 1-22.

Sigel (1978). Constructivism and teacher education. *The Elementary School Journal, 78*, 333-338.

Simpson, J. S. (1972). The classification of education objective in the psychomotor domain. The psychomotor Domain 3, Gryphon House, 43-56.

Skinner, B. F. (1954). The science of learning and the art of teaching. *Harvard Educational Review, 24*, 86-97.

Skinner, B. F. (1968). *The technology of teaching.* N.Y.: Appleton-Century-Crofts.

Skinner, B. F. (1969). *Contingencies of reinforcement: A theoretical analysis.* N. J.: Prentice-Hall.

Slavin, R. (1983). *Cooperative learning.* New York: Longman.

Slavin, R. (1984). Students motivating students to excel: Cooperative incentives, cooperative tasks, and student achievement. *The Elementary School Journal, 85*(1), 53-63.

Smith, S. & Scott, J. (1990). The collaborative school: A work environment for effective instruction. Eugene, OR: ERIC Clearinghouse on Educational Management.

Solomon, J. (1987). Social influences on the construction of pupils' understanding of science. *Studies in Science Education, 14*, 63-82.

Sorensen, P., Twidle, J., Childs, A., & Godwin, J. (2007). The use of the internet in science teaching: A longitudinal study of developments in use by student-teachers in England. *International Journal of Science Education, 29*, 1605-1627.

Sparks, G. M. (1983). Synthesis of research on staff development for effective teaching. *Educational Leadership, 41*(3), 65-72.

Sternberg, R. J. (1984). Toward a triarchic theory of human intelligence. *Behavioral and Brain Sciences, 7*, 269-287.

Sternberg, R. J. (1985). *Beyond IQ: A triarchic theory of human intelligence.* New York: Cambridge University Press.

Sternberg, R. S. & Horvath, J. A. (1995). A prototype view of expert teaching. *Education Researcher, 24*(6), 9-17.

Strauss, A. (1987). *Qualitative analysis for social scientists.* New York: Cambridge University Press.

Sutherland, R., Armstrong, V., Barnes, S., Brawn, R., Breeze, N., Gall, M., & John, P. (2004). Transforming teaching and learning: Embedding ICT into everyday classroom practices. *Journal of Computer Assisted Learning, 20*, 413-425.

Sun, Chung-Shan (1991). An analysis of personality congruence and selected variables on academic achievement. Unpublished doctoral dissertation, University of Wisconsin-Madison, WI, U.S.A.

Sykes, G. (1996). Reform of and as professional development, *Phi Delta Kappan, 77*(7), 465-467.

Tamir, P. C. (1988). Subject matter and related pedagogical knowledge in the teacher education. *Teaching & Teacher Education, 4*(2), 99-110.

The Ministry of Education. (2001). *Content of educational reform: Secondary education curriculum and innovation of instructional materials and strategies*. Retrieved from http://www.edu.tw/secretary/content.aspx?site_content_sn=19572

Thompson, A. G. (1992). Teachers' beliefs and conceptions: A synthesis of the research. In Grouws, A. (Ed.), *Handbook of research on mathematics teaching and learning*, 127-146. NY: Macmillan.

Thorndike, E. L. (1898). Animal intelligence: An experimental study of the associative process in animal. (Psychological Review, Monograph Supplement, No. 8). New York: Macmillan.

Thorndike, E. L. (1913). *The psychology of learning*. New York: Teacher College, Columbia University Press.

Tobin, K. & Gallagher, J. (1987). What happens in high school science classrooms? *Journal of Curriculum Studies, 19*, 549-560.

Tomlinson, C. A. (1999). *The differentiated classroom: Responding to the needs of all learners*, 2nd edition. ASCD: Alexandria, VA.

Tomlinson, C. A. (2003). Deciding to teach them all. *Educational Leadership, 61*(2), 6-11.

Trautmann, N. M. & MaKinster, J. G. (2010). Flexibly adaptive professional development in support of teaching science with geospatial technology. *Journal of Science Teacher Education, 21*(3), 351-370.

Tumposky, N. (1989). *Adaptive instruction and second language learning: The dilemma.* In NYS TESOL conference proceedings, Realizing the dream (pp. 87-94).

U.S. Department of Education. (2001). *Education through technology act of 2001.* Retrieved from http://www2.ed.gov/policy/elsec/leg/esea02/pg34.html

Van Dijk, E. M. & Kattmann, U. (2007). A research model for the study of science teachers' PCK and improving teacher education. *Teaching and Teacher Education, 23*, 885-897.

Van Driel, J. H., De Jong, O., & Verloop, N. (2002). The development of preservice chemistry teachers' PCK. *Science Education, 86*, 572-590.

Van Driel, J., Verloop, N., & de Vos, W. (1998). Developing science teachers' pedagogical content knowledge. *Journal of Research in Science Teaching, 35*(6), 673-695.

Vars, G. F. (1993). *Interdisciplinary teaching: Why and how.* Columbus, Ohio: National Middle School Association.

Vekiri, I. & Chronaki, A. (2008). Gender issues in technology use: Perceived social support, computer self-efficacy and value beliefs, and computer use beyond school. *Computers & Education, 51*(3), 1392-1404.

Von Glasersfeld, E. (1984). An introduction to radical constructivism. *The invented Reality* (pp.17-40). New York, W.W. Norton.

Von Glasersfeld, E. (1987). *Constructivisim as a scientific method.* Pregamon Press.

Von Glasersfeld, E. (1989). *Cognition, construction of knowledge, and teaching. Syntheses, 80*, 121-140.

Von Glasersfeld, E. (1990). *Environment and communication.* Transforming early childhood mathematics education: An international perspective. Hillsdale, Lawrence Erlbaum Preso.

Vygotsky, L. S. (1978). Mind in society: The development of higher psychological processes. Translated by Knox and Carol. Cambridge, MA: Harvard University Press.

Wang, M. C., (1992). *Adaptive education strategies: Building on diversity*. Baltimore: Paul H. Brookes Publishing Co.

Wang, M. C. (2001). Adaptive instruction: Building on diversity. *Theory into Practice, 16*(2), 122-127.

Wang, Q. (2008). A generic model for guiding the integration of ICT into teaching and learning. *Innovations in Education and Teaching International, 45*, 411-419.

Wastson, J. B. (1913). Psychology as the behaviorist view it. *Psychological Review, 20*, 158-177.

Watson, J. & Rayner, R. (1920). Conditioned emotional reactions. *Journal of Experimental Psychology, 3*, 1-14.

Welch, M., Brownell, K., & Sheridan, S. M. (1999). What's the score and game plan on teaming in school: A review of the literature on team teaching and school-based problem-solving teams. *Remedial and Special Education, 20*, 36-49.

Wertsch, J. V. (1984). The zone of proximal development. Children's learning in the "zone of proximal development" (pp.7-18). San Francisco: Jossey-Bass.

White, R. T. & Tisher, R. P. (1986). *Research on natural sciences*. Handbook of research on teaching. New York: Macmillan.

Wilson, S. M., Shulman L. S., & Richert, A. E. (1987). l50 different ways of knowing: Representations of knowledge in teaching. In J. Calderhead (Ed.), *Exploring teachers' thinking*. 104-124.London: Cassell Education Limited.

Wilson, S. M., Shulman, L. S., & Richert, A. E. (1987). *150 different ways' of knowledge: Representations of knowledge in teaching*. In J. Calderhead (ED.) Exploring teachers' thinking, pp.104-124. London: Cassell Educational Limited.144.

Wood, K. E. (1997). *Interdisciplinary instruction: A practical guide for elementary and middle school teachers*. Upper Suddle Riven. N.J.: Merrill.

Wragg, E. C. (1971). Interaction analysis as a feedback system for student teachers. *Education for teaching, 81*, 38-47.

Yuen, A. H. K. & Ma, W. W. K. (2002). Gender differences in teacher computer acceptance. *Journal of Technology and Teacher Education, 10*, 365-382.

Yurdakul, I. K., Odabasi, H. F., Kilicer, K., Coklar, A. N., Birinci, G., & Kurt, A. A. (2012). The development, validity and reliability of TPACK-deep: A technological pedagogical content knowledge scale. *Computers & Education, 58*(3), 964-977.

哈囉：

我們的粉絲專頁終於成立囉！

2015年5月，我們成立了【五南圖書　教育／傳播網】粉絲專頁，期待您按讚加入，成為我們的一分子。

在粉絲專頁這裡，我們提供新書出書資訊，以及出版消息。您可閱讀、可訂購、可留言。有什麼意見，請留言讓我們知道。提升效率、提升服務，與讀者多些互動，相信是我們出版業努力的方向。當然我們也會提供不定時的小驚喜。

期待更好，有您的加入，我們會更加努力。

五南圖書出版股份有限公司
WU-NAN BOOK COMPANY LTD.

【五南圖書　教育／傳播網】臉書粉絲專頁

提供您，五南文化事業機構其他相關粉絲專頁：

　　五南圖書 法律／政治／公共行政

　　五南財經異想世界

　　五南圖書中等教育處編輯室

　　五南圖書 史哲／藝術／社會類

　　台灣書房

　　富野由悠季《影像的原則》台灣版　10月上市！！

　　魔法青春旅程─4到9年級學生性教育的第一本書

國家圖書館出版品預行編目資料

教學原理：統整、應用與設計／張世忠著.
－－二版.－－臺北市：五南圖書出版股份
有限公司, 2023.08
面；　公分
ISBN 978-626-366-366-4（平裝）

1.CST: 教學理論　2.CST: 教學設計
3.CST: 教學法

521.4　　　　　　　　　112011862

1IYV

教學原理：統整、應用與設計

作　　　者 ― 張世忠

編輯主編 ― 黃文瓊

責任編輯 ― 李敏華

封面設計 ― 陳亭瑋

出 版 者 ― 五南圖書出版股份有限公司

發 行 人 ― 楊榮川

總 經 理 ― 楊士清

總 編 輯 ― 楊秀麗

地　　　址：106臺北市大安區和平東路二段339號4樓

電　　　話：(02)2705-5066　　傳　　真：(02)2706-6100

網　　　址：https://www.wunan.com.tw

電子郵件：wunan@wunan.com.tw

劃撥帳號：01068953

戶　　　名：五南圖書出版股份有限公司

法律顧問　林勝安律師

出版日期　2015年 9 月初版一刷（共四刷）
　　　　　2023年 8 月二版一刷
　　　　　2024年12月二版二刷

定　　　價　新臺幣430元

經典永恆・名著常在

五十週年的獻禮──經典名著文庫

五南，五十年了，半個世紀，人生旅程的一大半，走過來了。

思索著，邁向百年的未來歷程，能為知識界、文化學術界作些什麼？

在速食文化的生態下，有什麼值得讓人雋永品味的？

歷代經典・當今名著，經過時間的洗禮，千錘百鍊，流傳至今，光芒耀人；

不僅使我們能領悟前人的智慧，同時也增深加廣我們思考的深度與視野。

我們決心投入巨資，有計畫的系統梳選，成立「經典名著文庫」，

希望收入古今中外思想性的、充滿睿智與獨見的經典、名著。

這是一項理想性的、永續性的巨大出版工程。

不在意讀者的眾寡，只考慮它的學術價值，力求完整展現先哲思想的軌跡；

為知識界開啟一片智慧之窗，營造一座百花綻放的世界文明公園，

任君遨遊、取菁吸蜜、嘉惠學子！